JN028427

学校で知っておきたい精神医学 ハンドブック

養護教諭, スクールカウンセラー, 一般教諭, スクールソーシャルワーカー
のための心身医学, 精神医学

著

髙宮靜男

星和書店

挿画（p.12, 50, 78, 89, 101, 118, 129, 194, 277）：河村麻美子

は　じ　め　に

　わたしが子どものときとは，学校の保健室，教室の様子はずいぶんと違います。保健室の清潔な印象は変わりませんが，赤チン跡が床に付いていることは今ではなさそうです。教室も各種教材が導入され，黒板と黒板ふき，大きな三角定規，分度器・コンパスだけだった頃とは様変わりしています。しかしながら，養護教諭や一般教諭，管理職の方々の子どもの心身の健康を願う気持ちはずっと変わらず続いています。また，スクールカウンセラーという新たな支援者が学校現場で活躍するようになったのも夢のようです。さらに，スクールソーシャルワーカーが少しずつ動き始めているのも隔世の感をもちます。学校保健安全法が改正され，養護教諭の役割が初めて記載され，心身の状況を把握し，健康上の問題があれば，児童生徒への必要な指導，保護者への助言を行うよう明記されました。学校と医療機関とが児童生徒の支援にあたる協働もさまざまな分野で始まっています。

　心身の健康について注目され始めた阪神淡路大震災以後，神戸では，教職員の研修で事例検討会が定期的に開かれるようになりました。25年以上経った現在も続いています。一方，その当時，神戸では基礎的な知識を得る研修が少ないという話を養護教諭の先生方からお聞きし，一肌脱いで開催したのが第1回の「養護教諭のための心身医学，精神医学講座」です。講座は2010年5月から2011年3月までに1ヵ月に1回開催されました。講師も手弁当で，会費なしで開催され，毎回50〜60名の養護教諭が参加しました。5年後には，再度の開催を望む声があがり，第2回が開かれました。2回目は，2015年4月から2016年3月まで12回のシリーズ「養護教諭，スクールカウンセラー，一般教諭のための心身医学・精神医学」と銘打ち，対象を広げて開催しました。毎回100名近くの養護教諭や，スクールカウンセラー，一般教諭が集まりました。本書は，これまでの2回分の講義内容をまとめ，さらに新たな知見を加えたもので，養護教諭のみならず，一般教諭，スクールカウンセラー，スクールソーシャルワーカーなど学校関係者のために書か

れたものです。

　本書は，第1部から第3部まであります。根本の精神は，拙著『摂食障害の子どもたち』（合同出版）で述べた基本概念「子どもを大事に思うこころ」です。この考えを基盤に児童生徒のこころを支え，育むために学校で何ができるかを養護教諭の先生方と相談しながら書き進めました。第1部では，疾患・症状から見る心とからだの基礎と学校でできること，第2部では，状態・行動から見る心とからだの基礎と学校でできること，第3部では，子どもを支援するうえで必要な事柄と学校でできることについて述べ，精神医学的問題，心身医学的問題を抱える子どもたちに学校で遭遇したときに，校内でどのように支援したらよいかの糸口になる内容をさまざまな角度から概説しています。

　それぞれの部で，1項目ずつ，症例から始め，疾患の概要，症状，対応と治療，学校でできること（保健室，教室，相談室，学校全体でできること），ピットフォール（落とし穴），についてできるだけ簡潔かつ明快に説明しています。症例（複数の症例を組み合わせたものであり，プライバシーに配慮した架空のものです）にてイメージしていただき，後の解説を読めば全体像が把握できるようになっています。これまでの学校との協力支援体制に基づいた経験と，養護教諭の方々のご意見に基づいて学校でできることも示しています。ここでは，保健室で養護教諭ができること，教室で担任（学級担任）や教科担当ができること，相談室でスクールカウンセラーやコーディネーターらができること，学校全体で管理職を中心としてできることを示しています。また，つい出てしまいそうな言葉かけやしてしまいそうな行動をピットフォール（落とし穴）として挙げています。時間のないときには，症例と学校でできること，ピットフォールを読まれるだけでも現場で役に立つ最小限の情報は手に入ります。最後に，子どもの心身の問題には欠かせない保護者への対応，教職員のメンタルヘルス，薬物療法の基礎知識，医療機関との協力支援体制についても具体的に説明しています。

リエゾン精神医学*の考えを多くの項目に導入し，学校精神保健活動も広義のリエゾン精神医学として紹介しています。実践例として小児摂食障害に対する協力支援体制としてのチーム医療・チャートを示しました。養護教諭がどのようにチーム医療に関わっているか，貢献しているかが手にとるようにわかると思います。

診断名は，DSM-5（精神疾患の診断・統計マニュアル第5版），ICD-11（国際疾病分類第11版）の日本語版，英語版の両方を併記しました。診断名も変遷がみられますが，最近はより現場で使いやすくなっています。ただ，学校現場では，診断名の一人歩きには注意が必要です。診断名でその子どもを名づける，特徴づけるのではなく，その子どものもつ特性，症状，状態に合った支援を常に考えていただきたいと心から思います。

本書は大先輩の清水將之先生が書かれた『子どもの精神医学ハンドブック』，『養護教諭の精神保健術』，監修された『青春期精神医学』（髙宮靜男，渡邉直樹編集）を参考にさせていただき，これらの書を補完した形にもなっています。本書とともに目を通していただくと学校での子ども臨床のあり方がさらにみえてくると思います。

本書を学校に関連する支援者が手にとって役立てていただければ，幸甚の至りです。多くの方に利用されることを期待します。

＊リエゾン精神医学とは「身体疾患に伴う心理的問題をチーム医療の中で包括的に推進する精神医学」のことであるが，リエゾンはもともと「連携」を意味する言葉でもあり，リエゾン精神医学は学校と連携して行う精神保健活動，チーム医療という広義の解釈も可能である。

付　記

▶「障害／障碍」の表記について

　「害」には他人を「害する」などの否定的なイメージがあり，「妨げる」という意味の「碍」を使うほうが「しょうがい」の本来の意味にふさわしいと，兵庫県宝塚市は全国の自治体で初めて，公文書で「障害」から「障碍」へ表記変更に踏み切りました（2019 年 2 月 5 日，毎日新聞）。そこで，本書では，当初障碍という文字を全編にわたって使用する予定でした。しかしながら，本書執筆時点では「碍」は常用漢字表（2010 年内閣告示）に含まれておらず，一般には馴染みが少なく，学校関係者も違和感をもちやすいという理由で使用しないことになりました。今後は，おそらく「障碍」が多く使われるようになると思います。読者の方々には，記憶に留めておいていただくようお願いいたします。また，ICD-11 の診断名の日本語訳では，「摂食症」など「……症」と柔らかい名称に変わりつつあります。実態に合った柔らかい名称のほうが使いやすい感じをもちます。

▶疫学について

　本書においては有病率については一部を除いて記載していません。これは子どもの有病率がはっきりしないものが多いためであり，また外国の有病率を日本にそのまま当てはめることが適切かどうか不明であるためです。どうしても知りたい方は文献を参考にしてください。

目　　次

図　表　一　覧

1. 小児心身医学・児童精神医学とは？

　小児心身医学とは，子どもの身体面だけでなく心理・社会面を含めて人間を統合的にみていこうとする全人的医療を目指す医学の一分野である。主に心身症や心理ストレスによる身体症状を対象にしている。子どもは心身が未分化であり，成長発達している存在であるため，身体症状に現れやすく，成人より広範囲により多くの心身症を発症するといわれている。

　児童精神医学は，子どもが示す多彩な問題行動や精神症状，身体症状を検討し，発達レベル，遺伝的および生物学的背景，家族の機能や問題点，友人関係，保育所・幼稚園・学校における行動などを総合的に評価する。発達的視点を重視した診断・治療・予防を行いながら，子どもの精神的健康の達成を企図するものである。

　2020年5月現在，日本小児心身医学会（小児科医が中心）では認定医が131名，日本児童青年精神医学会（児童精神科医が中心）では認定医が386名と公表されている。最近，子どものこころの専門医制度が確立し，2020年5月現在で554名が登録され，子どものこころに関わる分野で活躍している（詳細は子どものこころ専門医機構のホームページ参照）。

2. 市中の心療内科とは？

　心療内科とは，心理治療を行う内科という意味で，心身症を専門的に診る医療機関を示す。しかし，日本心療内科学会の登録医，専門医は少なく，しかも心療内科は高校生以上の心身症が専門で，子どものことはそれほど詳しくない。また，「精神科」受診に抵抗のある生徒や保護者にとって内科の名称のつく「心療内科」へのニーズは高い。そのため，市中では，心療内科を専門にしていない精神科医が「心療内科」を標榜していることも見受けられる。この場合，大人の精神疾患は得意であるが，子どもの心身症や精神症状を示す身体疾患の診療には慣れていないこともある。また，最近「神経内科

（脳や，脊髄，神経，筋肉を診療する内科）」は，診療内容を理解してもらうため，「脳神経内科」と標榜するようになった。心療内科や精神科とは別の専門分野であるので，注意が必要である。

3. 教育現場でのコミュニケーション

養護教諭が常駐している保健室，スクールカウンセラーが面接に利用する相談室，教諭の活躍の場である教室，音楽室などの特別教室，運動場，どこでも同じであるが，「みる」，「きく」，「語る」，「感じる」，「手当て」がコミュニケーションに使われることが多い。授業中でも，給食，掃除，朝会の時間などあらゆる場面でコミュニケーションを図ることができる。「みる」は，視覚によって状態を捉え判断し，実際に確かめる（看護，観察，介護，見守り）。「きく」は，注意深く耳を傾け，尋ねる，問うことも含まれる。「語る」は，感情表現や言語表現を通して，わかってもらえたという感覚を生み出す。「感じる」は変化を五感でつかみ「いつもと違う感覚」をつかむ。そして，「手当て」は，広い意味でのケアであり，配慮，お世話，気配りが含まれる。身体に触れることができる保健室の養護教諭にとって極めて有効なコミュニケーション手段である。脈拍や血圧，体温を測りながらのコミュニケーションにて重要な情報が入ることが意外と多い。言語的コミュニケーションが取れなくても，子どもにお手伝いを依頼して，黙々と一緒に作業するだけでも同一空間での共通体験を通して対人関係を深めることに役立つ。

4. 保健室，相談室，教室でできることの基本

常に適切な距離感を意識する。踏み込みすぎず，されど逃げず。来室した子どもの自尊心を常に大切にする。いつもと違う点に注目する。挨拶を忘れずにして，ねぎらいの言葉が自然に出るようにする。困ったときには視点を変えてみる。わからないことは素直にわからないと述べ，調べる約束をする。気軽に相談できる仲間，専門家をもつ。正確な知識をもつ。これらの

ことは基本中の基本であるが，特にいつもと違う点への「気づき」，そして「ねぎらい」を忘れないように常に意識しておくことを期待したい。「ねぎらい」は「褒める」とは違うニュアンスがあることを学校現場では理解しておいてほしい。

5．予防に関する最近の動向

　最近話題となっているメンタルヘルス・リテラシー（精神保健の知識と理解：MHL）では，予防と早期対処のための兆候，症状，特徴，適切な対処法の知識と理解が必要とされている。学校教育においても生徒や教員へのMHLの提供が必要といわれるようになってきている。2022年には，高校の学習指導要領が改訂され，早期発見，および社会的対策が必要な疾患として，そして生涯の健康維持に欠かせない知識として不安症，うつ病，統合失調症，摂食障害，精神保健が保健授業で取り上げられることになった＊。各論を読む際にも確認すると，それぞれの病態や経過が理解しやすい。アニメーションになっており，非常にわかりやすい内容になっている。また，千葉大学では小学校高学年（〜中学生）の児童生徒を対象にした不安の問題への対処法に焦点を当てた楽しく学習できる予防教育プログラム「勇者の旅」プログラムを開発した。教師用のワークショップもあり，ホームページをご覧いただきたい＊＊。

＊心の健康教室サニタ：文部科学省：高等学校学習指導要領改訂に向けた教材
　（https://sanita-mentale.jp/）
＊＊千葉大学子どものこころの発達教育研究センター：勇者の旅プログラム
　（https://www.cocoro.chiba-u.jp/yuusha/outline.html）

注：本書に記載されたホームページアドレスは，2021年1月確認時点でのものです。

6．併存症

　本書では各疾患について一つずつ詳細に説明しているが，合併または併存についてはほとんど記載していない。これは各疾患の基本的な特徴を知ることが学校精神医学の基礎になると思われるからである。しかしながら，例えば自閉スペクトラム症（ASD）と注意欠如多動症（ADHD）は併存することが多く，他の疾患でもしばしば併存が認められるのは確かである。また，多くの症状が認められても，実は併存症ではなく単一の疾患である場合もある。したがって，疾患に捉われず，特徴に基づいた幅広い眼を養うことが求められていることを理解していただきたい。もちろん，ある疾患の特徴と他の疾患の特徴の両方に気づいた場合は併存している可能性が高いことには留意しておく必要があろう。

7．子どもの精神科外来の診察現場の様子

　子どもの精神科外来の診察現場の様子を知りたいという養護教諭の希望が多くあったので，ここで筆者のクリニックの場面を例として示したいと思う。スクールカウンセラーには経験するチャンスはあるだろうが，教員にはほとんどないと思われるので参考にしていただきたい。

　初診時，子どもは保護者に連れてこられることが圧倒的に多い。待合室の様子からさまざまなことがわかる。診療所（クリニック）に入った瞬間から保護者から離れ，脇目も振らずプレイコーナーへ行きおもちゃで遊ぶ子ども，本棚へ行き，一心不乱に漫画を読んでいる子ども，待合室でじっとしていられずウロウロする子ども，保護者から片時も離れず，保護者が受付で手続きをしているときも保護者の服をつかみ，泣きだしそうな子ども，緊張感いっぱいの表情で椅子に座っている子どもといったふうに，受付から情報が入ると診察室ではその子どものイメージをもって診察に臨むことになる。

　診察室に入ってくるときも，子どもの様子はそれぞれである。ダッシュで入ってくる子どももいれば，保護者に手を引かれて入る子ども，保護者の

後ろからとぼとぼと入る子どもといろいろである。表情もにこにこと笑いながら入る子ども，用心深そうにこちらを窺う子ども，斜に構える子ども，顔を上げずこちらを全く見ない子どもと千差万別である。どの子どもに対しても，まずは挨拶をする，そして「こんにちは。よう来たね（よく来たね）。お待たせしました」と，来院のねぎらいの言葉を幼い子どもにかけるとともに保護者もねぎらう。挨拶が返ってこなくても3回は挨拶をして，「～さんですか？」と子どもの名前を呼ぶ。「はい」と元気よく応じる子どももいれば，返事をしないでぬいぐるみ棚のほうを見ている子どももいる。誰がクリニックへ行こうと言ったか，理由を聞いたか，クリニックへ来てもよかったかを聞く。次に，〈～小学校ですか？〉と問う。徐々にほぐれてきて答える子どもが増えてくる。〈何年何組ですか？〉「～年～組」〈担任のお名前は？〉「～先生」〈優しいですか？〉「うん優しい」。黙ってしまったときには，〈それでは，先生は厳しいですか？〉うなずく。〈それは，大変だ。苦労しているね〉とねぎらうとうなずく。そばで，保護者が，あんたが悪いんでしょうと言いたいような顔をして座っていることもある。小学生や中学生なら，通知表（「通信簿」や「学習のあゆみ」，「あゆみ」などとも呼ばれる）で欠席，遅刻，早退日数を確認して，担任による所見欄を声に出して読む。褒めている箇所，成長したところをコメントしながら読む。例えば，「『2学期の後半は，落ち着きが増し授業に集中できました』おっ，授業中集中できるようになったんだ，すごい」と言いながら，表情や反応を見ていく。少し驚いたようなコメントを入れながら，好きな科目，苦手な科目，部活，休み時間，授業中のことなどを聞き，学校や園，療育で困ったことも答えてもらう。得意なこと，好きなこと（テレビ番組，ゲームのソフトの種類，好きな漫画，本など），習い事，苦手なこと，将来なりたいもの，お気に入りのものを本人が答えやすいように興味津々といった口調で質問する。一つひとつこちらがあなたのことについて興味をもっているという姿勢を示しながら，頑張っていることへのねぎらいと称賛を加えつつ聞いていく。

　次に，家庭のことを本人が答えやすいように，具体的に尋ねていく。保護者の年齢，仕事，優しいか，遊んでくれるか，厳しいか，叩かれたことがな

いかなどを問う。きょうだいの年齢，学年，特徴，祖父母，おじおば，いとこについても年齢，特徴，交流の程度，本人と似たところはないか聞く。答えられない質問には保護者にも入ってもらう。ひととおり本人からの話が終わったら，母子手帳（母子健康手帳）を元に出産前後の母子の状態，出産方法，出生体重，頸定，座位，初歩，初語などをその当時の印象を含めて聞き出す。4ヵ月児健康診査（健診），1歳6ヵ月児健診，3歳児健診の際に指摘されたこと，その頃の特徴，保育園，幼稚園時代に言われていたことなども含めて発達面での気づきについても一つずつ確認していく。もし途中で本人が時間をもてあまし，待合室のプレイコーナーで遊びたいと希望すれば，困ったことを確認して最小限のアドバイスをして本人のみ診察室から出てもらう。その際，困ったことがあれば，後で相談しよう，一人で話したいことがあれば，時間を取るよと本人に伝える。本人抜きで保護者が付け加えたいことがあれば，本人の了承を得て，保護者との時間をつくる。そうした希望がなければ，基本的には本人にも診察室に同席してもらい，話を聴いていく。そのなかで，毎日の生活のなかでの保護者や学校，園での困っていることが出てくる。困っていることを聴きながら，問診票の集団遊びが苦手，音に敏感，落ち着きがない，場の空気が読めない，初めてのことが苦手などについて，一つずつ再確認する。保護者が本人の行動に慣れていて気づいていないところは学校からの手紙があれば参考にして，よく経験する具体例を挙げて確認することで特徴がつかめる。困っていることには，保護者の工夫を聞き，良いやり方は支持し継続を勧め，問題がある場合はいくつかの案を示す。アドバイスをして，心理検査の予約をとる。本人には，「あなたの特性をつかもう，良いところや得意なところを見つけよう」と提案し予約をとることもある。心理士によるプレイセラピーや長時間面接も希望があればできることを伝え，次回までに保護者とよく相談し，考えてくるように伝える。本人と保護者が揉め，それぞれの意見を否定し合うことがあるが，両方の意見をまとめ，それぞれの顔を立てるように工夫している。母親が「勉強していない」と何度も子どもを非難するような言い方をし，本人が対抗して「勉強してる」と言った場合，時間を尋ねて例えば1時間しているとすれば，本

人に対しては「おっ，1時間も勉強してるんやね。集中してるね」と話し，母親に対しては「もう少し勉強してもらいたいんですね」と話すなど，両者の言い分を尊重するようにしている。心理検査の結果説明は診断名の告知も含めて，保護者のみにまず来てもらえるよう別枠で予約をとるようにしている。保護者が，学校側への説明を求めた場合は，学校面談枠を設けて説明するようにしている。

　保護者が学校面談に抵抗があるときには，「大事なこの子のために，家庭，学校，病院や他の機関が一致協力して良い支援方法を見つけるのが大切です。そのためにも学校での様子を教えてもらいたいのです」と伝えている。退室後，陪席している心理系の大学院生（実習として受け入れている）に対し受診した子どもと保護者に関するコメントを述べる。その際，「今のお母さん全く子どものほうを見なかったね」などと印象を陪席に伝え，紹介状への返書の書き方を指導して終了となる。

第 1 部

疾患・症状から見る
心とからだの基礎と
学校でできること

第 1 章

心身症
Psychosomatic Disease

　心身症の主な疾患について示し，特に過敏性腸症候群（IBS），起立性調節障害（OD），過換気症候群（過呼吸症候群），痙性斜頸については症例も提示し，詳細に解説する。一般的な心身症の概念については，最後に略述する。

過敏性腸症候群（IBS）
Irritable Bowel Syndrome

●症例（14歳　中学3年生　男子）

　もともと胃腸が強いほうではなかったが，中学3年生の2学期が始まったころ，朝学校へ行こうとすると腹痛が生じ，下痢でトイレへ何回も入るようになった。保健室で養護教諭に相談すると小児科医を紹介され，受診となった。小児科での検査では器質的[*1]な原因は見つからず，ストレスによる過敏性腸症候群（IBS）と診断され，薬物療法が開始となった。下痢は改善したが，朝の腹痛は治まらず，

> [*1] 器質的：消化器を例に挙げると，消化器に明らかな正常でない特定の病変を見出すもので，潰瘍病変などがある。

遅刻するようになった。担任からは遅刻について再三注意を受け，徐々に学校に行きづらくなった。症状がなかなか治まらないため，他の薬物療法へ変更され，同時に精神科紹介となった。幼少時からの詳しい話を聴いていったところ，発達には問題はなさそうであった。両親は離婚し，母方の実家に祖父母と同居していた。夏休みの宿題ができず，受験についてのプレッシャーも大きくなり，2学期の最初はかなりつらかったようである。さらに，毎朝祖父から早く学校へ行くように叱責され，トイレに長く入っていると外から何回もドアを叩かれ，祖父との言い争いが続いた。小児科からの薬物療法と精神科受診を続けながら，養護教諭と担任が精神科担当医から病状の説明を受けた。生活リズムや自分の置かれている状態について，養護教諭，スクー

ルカウンセラー，担任も協力して振り返った。保健室利用など学校での支援を受けながら受験へ向け目標ができ，勉強を中心とした生活を送ることができるようになった。朝の頻回*2のトイレは続いたが，成績は向上し，志望校に合格となった。合格後，朝のトイレの回数は減り，高校入学時には短時間のトイレで済むようになった。

> *2
> 頻回：頻繁なこと。回数が多いこと。

ポイント

周りの理解が乏しく毎朝の下痢と腹痛で悩まされていた症例である。周りからのストレス負荷が軽減され，自分自身の立場を振り返る過程で目標をもち，目標が達成されたことで症状が緩和された。薬物療法も症状改善に寄与した。

疾患の概要

機能的*3な腸の病気で，下痢や便秘，腹痛などの症状を繰り返す。はっきりした原因はわかっていないが，消化管の運動異常や知覚過敏，精神的なストレスなどが関係しているとされる。食欲低下や体重減少は少ない。急性感染性腸炎をきっかけに起こることもあり，悪化させる要因としてはストレスや生活習慣が指摘されている。

> *3
> 機能的：特定の病変はみられないが，下痢，便秘，ガス，反復性腹痛が生じる。心理・社会的原因が存在しなくても，症状・経過に心理・社会的要因が影響している。

症状

下痢や便秘，腹痛が登校前の朝に生じやすく，遅刻，欠席の原因となる。日本小児心身医学会では，下痢型，便秘型，ガス型，反復性腹痛型に分類している。

対応と治療

①**対応**：睡眠，食事，運動，排便などの日常生活リズムの改善の指導。ストレスの軽減を図る。

②**治療**：ストレス負荷の軽減に加え，運動療法（ウォーキングなど軽いエクササイズ）や薬物療法（ビフィズス菌製剤錠〔ビオフェルミン〕，ポリカルボフィルカルシウム〔コロネル〕，メペンゾラート臭化物〔トラン

コロン〕，ラモセトロン塩酸塩〔イリボー〕，リナクロチド〔リンゼス〕，トリメブチンマレイン酸塩〔セレキノン〕）も併用することがある。

予防

香辛料，コーヒーを控える。冷たい飲み物や牛乳の過剰摂取は避ける。食物繊維を積極的に摂取する。適切な生活習慣（バランスのとれた食事をとる，登校前に時間的余裕をもった排便習慣をつける，早寝，早起きして睡眠不足を避ける），適度な運動で腸の動きを整え，ストレスを軽減する。

❖ 学校でできること ❖

①睡眠，食事，運動，排便などの日常生活について尋ね，問題があれば日常生活リズムの改善指導，運動指導を行う（保健室）。

②症状が重い場合は，病院を紹介する。授業中に症状の訴えがあれば，保健室やトイレに行くことを許可する（教室）。給食では本人が症状を起こしやすい食べ物に関しては配慮する。または弁当持参を許可する。

③教職員全体で病態や配慮事項について理解し，実践する（学校全体）。

❖ ピットフォール ❖

トイレに行くのを禁止する。トイレに行くことをからかう。トイレに行って授業をさぼろうとしていると決めつける。

起立性調節障害（OD）
Orthostatic Dysregulation

●症例（13歳　中学1年生　女子）

　小学生のときから頭痛，倦怠感の訴えはあったが，登校できていた。中学1年生の6月ごろから朝起きられず，頭痛，倦怠感が強くなり，遅刻して登校するようになった。保健室で調べると，起立性調節障害（OD）の身体症状は11項目中7項目を満たした。起立試験を実施したところ，血圧低下がみられ，小児科受診を勧めた。小児科ではODと診断され，水分・塩分をしっかり摂り，夕方に散歩し，朝頑張って起きるように指導された。午前中に頭痛や倦怠感が強くなり，長時間の起立姿勢時，頻回の体位変換時や暑いときに症状が生じやすいことを踏まえ，学校側の配慮と支援をお願いしたいという依頼状が小児科から学校側へ寄せられた。学校側でできることは支援すると本人と保護者に伝えられた。2週間後の再診時には散歩は毎日でき，水分・塩分も摂取できているが，全身倦怠感が続き，朝の起床が難しく，遅刻が続いていると述べた。そこで，薬物療法としてミドドリン塩酸塩錠の服用が開始となり，生活リズムを整えようとする本人の努力を母親が支援し，学校でも外での体育のときは保健室で休ませるなど，無理をさせない方針を続けた。中学1年生の3月には血圧も安定し，頭痛や倦怠感も軽減し，時間どおりに登校できるようになった。

ポイント　学校での起立試験の結果，ODが推測され，受診に至った例である。病院と学校との連携により，ある程度の時間はかかったが改善した。ODは成長とともに改善することが多く，この症例も高校進学後には症状がほとんどなくなった。

疾患の概要

　起立性調節障害はODと表され，自律神経の働きの不調のため起立時に身体や脳への血流が低下する疾患である。起立直後性低血圧，体位性頻脈

表 1-1　起立性調節障害の身体症状

1. 立ちくらみ，あるいはめまいを起こしやすい
2. 立っていると気持ちが悪くなる，ひどくなると倒れる
3. 入浴時あるいは嫌なことを見聞きすると気持ちが悪くなる
4. 少し動くと動悸あるいは息切れがする
5. 朝なかなか起きられず午前中調子が悪い
6. 顔色が青白い
7. 食欲不振
8. 臍疝痛（へそを中心とした腹痛）*をときどき訴える
9. 倦怠あるいは疲れやすい
10. 頭痛
11. 乗り物に酔いやすい

＊括弧内は筆者による注釈
出典：「日本小児心身医学会編：小児起立性調節障害 診断・治療ガイドライン，小児心身医学会ガイドライン集―日常診療に活かす5つのガイドライン，改訂第2版，p.63，2015，南江堂」より許諾を得て改変し転載。

症候群，血管迷走反射性失神，遷延性起立性低血圧と分類され（後述），遺伝的体質やストレス負荷からの影響を受ける。小学生の約5％，中学生の約10％に存在し，重症は約1％といわれている。身体の病気であることを理解し保護者と教職員が共通理解のもとで一貫した対応を行うことが重要といわれており，この姿勢が子どもの信頼と安心感につながり，心理的ストレスが軽減され，症状の軽減につながる。

症状

表 1-1 参照。立ちくらみ，めまい，動悸，息切れ，朝起き不良（午前中は不調），倦怠感，頭痛・腹痛，青白い顔色，食欲不振，へそのまわりの痛み，乗り物酔いが挙げられる。

対応と治療

①対応：新起立試験*⁴を行い，OD か判断をする。頭を下げたままゆっくり起立する習慣をつける（特に入浴時，浴槽から立ち上がるとき）。歩き始めには頭位を

*4
新起立試験(Head-up Tilt：HUT)：検査は午前中に静かな部屋で行う。安静時の血圧と心拍数，起立1，3，5，7，10分後の血圧と心拍数を測定し，ODやサブタイプを診断する。

前屈し, 屈んだまま歩き始める。足踏みや両足をクロスして下半身への血液貯留を軽減, 血圧低下, 心拍増加を抑制, 脳血流の低下を防ぐ。体育の見学は日陰か室内で椅子に座って行う。すべての場面において静止状態での起立を3〜4分以上続けないようにする。午後は体調が安定しやすいので, 午後の短時間の出席から開始したり, 別室など楽な姿勢で学習できる環境をつくったりする。本人や保護者と相談し, 他生徒にはODの疾患特性を伝え, 遅刻・早退・欠席の理由などの説明を行う。

②**治療**：治療はセルフケアから始め, 日中は身体を横にしない。規則正しい生活を心がける。水分・塩分をしっかり摂る。毎日15分程度の散歩など無理のない範囲で運動を行う。薬物療法（ミドドリン塩酸塩, アメジニウムメチル硫酸塩など）。

予防

身体に負担がない程度に夕方の軽い散歩など適度な運動をする。十分な睡眠時間とバランスのとれた栄養の確保。スイミング。

❖ 学校でできること ❖

①血圧や脈拍を測定して, 体調で気になることや困っていることがないか尋ねる。工夫や対応について, 本人と一緒に考える（保健室）。

②立ちくらみやめまいなどの症状が出現した場合は速やかに臥位（寝たときに楽な姿勢）にして脳血流を回復させる（教室・相談室・保健室）。

③主治医との連携が不可欠（教室・相談室・保健室）。主治医に配慮事項について具体的に記載してもらい, 教職員全体で配慮事項について理解するように啓発する（学校全体）。ODの症状, 治療方針, 配慮事項の説明や指示を受け, その内容を本人, 保護者と共有して支援する（教室・相談室・保健室）。必要なら登校時間にも配慮した対応を行う（教室・学校全体）。

❖ ピットフォール ❖

なまけ, さぼり, 仮病と決めつける。

起立性調節障害の分類と略説

☞**起立直後性低血圧**（Instantaneous Orthostatic Hypotension：INOH）

起立直後に強い血圧低下および血圧回復の遅延が認められる。

☞**体位性頻脈症候群**（Postual Tachycardia Syndrome：POTS）

起立中に血圧低下を伴わず，著しい心拍増加が認められる。

☞**血管迷走神経性失神**（Vasovagal Reflex Syncope：VVS）

起立中，突然に収縮期，拡張期の血圧低下ならびに起立失調症状が出現し，意識低下や意識消失発作が生じる。

☞**遷延性起立性低血圧**（Delayed Orthostatic Hypotension）

起立直後の血圧心拍は正常であるが，起立3〜10分して収縮期血圧が低下。

過換気症候群（過呼吸症候群）
Hyperventilation Syndrome

●症例（14 歳　中学 2 年生　女子）

　中学入学後，陸上部に入り，1 年生の間は先輩に付いて一生懸命練習していた。2 年生になり，記録が伸び，期待されるようになったが，足の速い下級生が入部し，プレッシャーがかかるようになった。夏の大会前の学内選抜で選手に選出されるため，当日は緊張感が高まり，顔を真っ赤にさせており，陸上部顧問が心配して声をかけた。400 m を 1 位で走りきったが，ゴール直後，息苦しさを訴え，多呼吸となり倒れ込み，陸上部顧問が保健室へすぐに連れていったが，改善なく手足が痺れだした。パルスオキシメータ[*5]で血中酸素飽和度（SpO2）[*6]と脈拍を測定すると，SpO2 が 99%であり，脈拍は 130 回／分で，通常の呼吸疾患は否定的であった。養護教諭は息を吐くように指導し，手を握りながら安心感を与える言葉かけをし，呼吸を整えさせた。15 分ほどすると呼吸は落ち着き，手足の痺れもなくなり，顔色も戻った。その後，養護教諭や陸上部顧問が話をよく聴き，本人のプレッシャーに対して温かい声かけと見守りを行った結果，慢性にならずに済んだ。

> ※5, 6
>
> [*5] パルスオキシメータ（Pulse Oximeter）：経皮的に血中酸素飽和度と脈拍数を測定するための装置である。
>
> [*6] 血中酸素飽和度（SpO2）：心臓から全身に運ばれる血液（動脈血）中のヘモグロビン（Hb）の何%に酸素が結合しているかを経皮的に調べた値である。96 ～ 99%が標準値とされ，90%以下の場合は呼吸不全の可能性があり，過呼吸症候群の場合は 100%近い値が多い。

ポイント

　息苦しさと多呼吸の症状に対して，機敏に陸上部顧問が動き，養護教諭と連携することになり，迅速に過呼吸症候群が改善した例である。このように慌てず，冷静に対応し，本人の気持ちに寄り添ったことにより，慢性化を防ぐことができた。

不安や緊張，恐怖，疲れ，興奮などがあるとき，息を何回も吸ったり吐いたりする状態になると血液中の炭酸ガス濃度が低くなり，呼吸中枢により呼吸が抑制され，息苦しさを感じる。そのため，無意識のうちに呼吸回数が異常に増えてしまう状態を指す。若い女性に多くみられる。思春期発症の重症例は背景に重篤な精神疾患が隠れていることがある。非常に緊張が高まる部活動（吹奏楽部，水泳，長距離走など）の場面でよくみられる。

症状

息苦しく感じたり空気が薄く感じたりして不安になり，もっと酸素を取り込まなければもっと呼吸をしなければという思いになり，呼吸回数が増加する。症状が悪化して，悪循環となる。その結果として，手足の痺れ，筋肉の硬直，血圧の上昇，頻脈，胸の痛み，めまいなどの症状が引き起こされる。手がすぼまった形になることもある。

対応と治療

①**対応**：まず不安を取り除くことである。命に関わる病気ではないことを説明し，気持ちを落ち着かせ，意識的に呼吸を遅くする，あるいは呼吸を止めるように促す。深呼吸は避ける。

②**治療**：「ペーパーバッグ法」[7] と呼ばれる方法があるが，血液中の酸素飽和度（SpO2）が低くなりすぎて事故の報告が

> [7] ペーパーバッグ法：紙袋を口に当てて吐いた息を吸い，炭酸ガス濃度を高め，呼吸を整える方法。

あったことから現在では積極的には推奨されなくなった。薬物療法（抗不安薬，抗うつ薬，非定型抗精神病薬）も用いられる。

予防

過度の緊張や不安などが生じる場所を避ける。息を吐く練習をする。2秒吸って5秒吐く。ストレス対処法を学ぶ。

❖ 学校でできること ❖

①血圧，脈拍，血中酸素飽和度（SpO2）[8]を測定する（保健室）。ゆっくり休ませ，呼吸を整え，息を吐くように促す。本人

> [8] 血中酸素飽和度（SpO2）：前ページの注＊6を参照。

には安心できるような声かけを，周囲には離れるよう声かけをする（保健室・教室・学校全体）。

②手足の痺れ，筋肉硬直，けいれんが生じ，治まらない場合は病院へ搬送する（保健室・学校全体）。

③特に夏の試合前の部活動では多く発生しやすいので，運動の強度やそのときの環境，精神的緊張感なども考慮して対応する（学校全体）。

❖ ピットフォール ❖

息を吸うよう声かけをする。吸うことを中心とした深呼吸をする。

その他の疾患と略説

☞周期性嘔吐症（Cyclic Vomiting Syndrome）

いわゆる「自家中毒症」で，2〜8歳くらいの学童がストレスに対する生体反応として示す症候群と考えられている。嘔吐，虚脱，高ケトン血症の状態が2〜5日続き，これを数週間から数ヵ月間隔で繰り返す。加齢とともに少なくなり，10歳くらいでみられなくなる。治療では発作の際，脱水防止のために点滴や制吐剤，絶食を行う。長い目で見て環境を整え，精神的成長を促すことが大切といわれている。最近は片頭痛の家族歴をもつ子どもが多く，成人後に片頭痛に移行する確率が高いともいわれている。2004年の国際頭痛分類では周期性嘔吐症が新たに頭痛を伴わない腹部症状のみの片頭痛（腹部片頭痛）として扱われている。

☞アトピー性皮膚炎（Atopic Dermatitis）

アトピー素因と呼ばれるアレルギー体質をもつ子どもの体内に抗原が入り，皮膚炎を起こすといわれている。直接の皮膚の刺激でも起こり，精神的ストレス，気候の急激な変化，寒気，感冒なども影響を与える。かゆみが激しく，イライラした情緒不安定な状態ではかゆみがますます増悪し，それがイライラを助長し，かゆみをひどくする。治療として，身体を清潔にし，抗原を避けるほか，症状を軽くする目的での内服や対症的な外用療法が用いられる。スキンケアが極めて重要である。

☞円形脱毛症（Alopecia Areata）

自己免疫疾患と考えられている。突然円形または楕円形の脱毛に気がつく。精神的，身体的ストレスにより自律神経を介し，皮膚の血管が収縮し循環障害が起こる。そのため，毛根部が乏血，栄養障害となり毛根部が萎縮し

て脱毛する。本人や周囲が気にすることによって不安が生じ，これがストレッサーになり，悪循環を起こすことも多い。皮膚科的治療と精神科的治療とが並行して行われることもある。

☞気管支喘息（Bronchial Asthma）

病気の最初は抗原抗体反応によるアレルギー反応であるが，気道過敏性が獲得されると心理的因子のみでも気道狭窄が再現されるといわれている。発作の際には薬物治療が必要である。発作予防としてアレルゲンの除去・回避，身体の鍛錬が勧められる。自己表現が豊かになるよう育むことなど，心理的側面からの支援が必要といわれている。

☞心因性発熱（Psychogenic Fever）

感染症や膠原病など身体的病気がないにもかかわらず 37 度以上の発熱を繰り返す状態を示す。39 度以上の熱が出る場合もある。熱が出る状況を把握して，ストレス状況下にあれば，ストレスへの対策を一緒に練る。体温測定で不安が増大するため，明らかに体温が高そうに見える場合を除き，体温は測定しない。全身状態が悪くない場合が多いので，登校していることをねぎらい，できることは続けるよう支援していく。

☞痙性斜頸（Spasmodic Torticollis）

頭頸部の筋緊張異常により生じる疾患である。症状は首が左右上下のいずれかに傾くことが多く，ねじれやふるえといった不随意運動を伴うこともある。頸部ジストニアとも呼ばれる。次ページに症例を示す。

●痙性斜頸の症例（12歳　中学1年生　男子）

　中学入学後，クラスメイトから「ばか，二度と来るな」，「ムカつく」と言われ続け，心身疲労度はピークに達していた。野外活動で合宿中，突然喋れなくなり，首が右肩につくような状態となり，途中で帰宅した。帰宅後も症状が継続したため，養護教諭より小児科へ紹介され，精神面の関与が大きいとの理由で精神科紹介となった。初診時，緊張感が強く，痙性斜頸あり。肩の上げ下げで改善するが，すぐに元の症状（傾き）に戻った。自宅にいるかぎり症状は落ち着いていたが，学校の前を通るときや待合室に他の子どもがいるときは，極度の緊張感があり，頭頸部が斜位を呈した。不登校状態が続き，家の中でもじっとしていられず，それを見ている母親もストレスが増し，不眠となった。薬物療法を開始すると同時に，養護教諭と協力し，関係諸機関と交渉し，市の総合教育センター*9にてプレイセラピーと母親のカウンセリング，通級教室にて買い物などの社会生活を送るうえで必要なことの練習を行った。連絡の行き違いで学校には二度と受け入れてもらえないと母親が誤解したり，母親の言動により各支援機関の間でも不信感が生じたりしたが，養

> *9
> 総合教育センター：教職員の研修や研究・カリキュラム開発支援，子ども・保育者・教職員からの相談に一元的に対応できる相談機関，関係機関や地域と連携した支援・健全育成機能を行う場であり，教育センター，教育研究所などとも呼ばれ，都道府県，政令指定都市，中核市に置かれている。

護教諭と主治医は問題が生じるたびに連絡を取り合って誤解を解いていった。この誤解を解いていくプロセスで本人と保護者の学校への信頼感が徐々に回復した。中学3年生では人混みの中に入れるようになり，学校への復帰も可能となった。

心身症に関する一般的な解説

一般的な心身症の概念について，以下に略述する。

疾患の概要

　日本小児心身医学会ガイドラインによると，「子どもの身体症状を示す病態のうち，その発症や経過に心理社会的因子が関与するすべてのものをいう。それには，発達行動上の問題や精神症状を伴うこともある」と定義されている。成長発達の途上であり，心身が未分化で未成熟なため，心身相関[*10]が生じやすい。素因の影響を受けやすく，環境の変化に反応しやすい。生物－心理－社会的モデル[*11]が提案されている。

> ■ *10, 11
>
> [*10] 心身相関 (Mind-body Relations)：心と身体の状態が関係し合っていることをいう。つらい思いをすれば，食欲が落ち，風邪が長引けば憂うつになるように，心が痛めば身体も痛み，身体が痛めば，心も痛む。精神的葛藤や行動様式，心の状態が身体の状態に影響を与えて，身体症状が出現する。症状が出現する臓器を標的臓器という。
>
> [*11] 生物－心理－社会的モデル (Bio-Psycho-Social Model)：人間を生物的（医学的）側面・心理的側面・社会的側面から総合的に捉えようとする視点。3つに分けることから理解しやすいが，実際は，それぞれの要因も相互に影響するため，非常に複雑である。

心身症の発症機序

　心身の交流の場である大脳辺縁系から自律神経・内分泌を介して，末梢の臓器に症状が現れる。外部からの刺激（ストレッサー）に反応して心身にひずみ（ストレス）が生じ，それが身体症状となって現れるが，実際に訴えられるのは身体症状のみであり，ストレッサーとひずみは意識されない。そのため，身体症状のみに目がいき，ひずみ（心への影響）には目がいかないことが多い（図1-1）。

症状と疾患

　気管支喘息，アトピー性皮膚炎，蕁麻疹，円形脱毛症，過敏性腸症候群，起立性調節障害，過呼吸症候群，乗り物酔いなど。

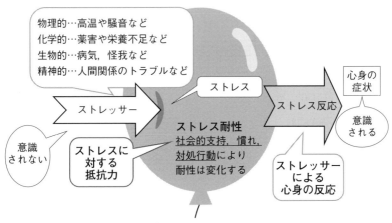

図 1-1　身体症状とストレスの関係

心身両面の対応，治療が必要。最終的には，ストレッサーとその影響について気づき，自身で対応できることを目標とする。

予防

規則正しい生活（睡眠，食事，運動），ストレス対策を身につける。

❖ 学校でできること ❖

①身体症状を確認（どんなときに出現するか）し，症状として現れている意味を知る。症状出現時は学校でできる対応を行い，必要なら病院への紹介と連携を行う（保健室）。

②教職員全体で配慮事項について理解するように啓発する（学校全体）。

❖ ピットフォール ❖

「心の問題」と片づけてしまう。身体面に焦点を当てすぎる。

第 2 章

身体症状症および関連症
（身体的苦痛症群または身体的体験症群）
Disorders of Bodily Distress or Bodily Experience

身体症状症および関連症では，身体的苦痛症[*1]／身体症状症，変換症／転換性障害（機能性神経症状症），心気症／病気不安症，疼痛性障害に関して症例を示し，概説する。

> [*1] 心身症と身体的苦痛症（身体症状症）の関連疾患の関係：心身症は基本的に身体の疾患でありストレスにより身体症状（器質的，機能的）が悪化するが，身体的苦痛症（身体症状症）の関連疾患は精神疾患であり，器質的に問題なく通常の身体疾患では説明のつかない症状をもつ。

身体的苦痛症 Bodily Distress Disorder ／ 身体症状症 Somatic Symptom Disorder

●症例（13歳　中学1年生　女子　3人姉妹長女　妹2人は双生児）

　5月の連休明け，頭痛，腹痛が生じ，朝起きるのが遅くなった。遅刻することが多くなり，担任と養護教諭が相談し，母親と連絡をとり，今後の方針を話し合った。母親の希望もあり，学校医（小児科）を紹介され，受診となった。各種検査を行ったが原因は特定できず，精神的な問題であろうと言われた。本人も母親も精神的な原因はないと訴え，特に本人は，学校も好きだし，勉強も得意で，友達もたくさんいて，頭痛，腹痛がなかったらいつでも学校に行ける，頭痛，腹痛を治したいと述べた。小児科医は信頼できる精神科医と一緒に診たいと保護者に精神科医を紹介した。母子とも，渋々受診したが，学校，小児科医と協力して治療にあたるという精神科医の言葉で安心したようであった。精神科医は，養護教諭を通して学校の様子を聞くと，明るくて問題ないように見えるとのことであった。頭痛，腹痛を抱えながら登校していることをねぎらい，「頭も痛いし，お腹も痛いのに頑張って学校に行っている。すごい」と受診のたびに伝えていった。途中，病院に来ても全然治らないから来ても来なくても同じだと訴えたこともあったが，養護教諭の勧めもあり，母親と一緒に中学3年間定期的に受診となった。高校入学時には症状が

すっかり取れ，すっきりした表情になり，高校１年生の夏休みに終診となった。

ポイント　双生児の妹がいて，母親は双子に手を取られ，しっかりしていた本児に対しては関わりが少なかったようである。症状が出現することにより母親と定期的に２人で通院できたことが母親との絆を深め，症状が改善した可能性が高い。

疾患の概要

１つ以上の身体的な苦痛を伴い，学校などの日常生活に混乱を引き起こす身体症状がみられる。自分の症状を深刻にとらえ，不安が強く，症状の懸念に費やされる過度の時間と労力が認められる。

症状

疼痛などあらゆる身体症状がみられる。

対応と治療

①**対応**：身体症状がありながら日常生活を送ってきたことをねぎらう。これまでわかってもらえなかった歴史を傾聴し，わかってもらえなかったことに共感する。症状の存在や強さを認める。

②**治療**：受診した際には，症状はゆっくりと回復してくることを保証する。症状のつらさを汲み，症状への折り合いをつける道程に寄り添う。薬物療法は効果がないといわれているが，不安症状，強迫症状など周辺症状には薬物療法が用いられる。

予防

早めに本人のつらさを汲み，早めに対応することが二次的予防につながる。

❖ 学校でできること ❖

①身体症状が出現したとき，初期は休ませる（保健室）。

②身体症状があるにもかかわらず登校していることをねぎらう（教室・相談室・保健室）。

③病院と連携して病態を理解し，つらさを共感し，支援する（学校全体）。

❖ ピットフォール ❖

「痛いふりをしている」「そんなに痛くないはずだ」と決めつける。精神科紹介を急ぐ（本人から拒絶されることが多い）。

変換症／転換性障害（機能性神経症状症）
Conversion Disorder, Functional Neurological Disorder

●症例（11歳　小学5年生　女子）

　学校で体育の授業中，突然歩けなくなり，保健室に運ばれた。養護教諭は骨折などがないか確認後，原因がはっきりしないので，近くの総合病院へ搬送した。救急外来では原因がわからず，そのまま入院となった。入院の翌日，歩けるようになって退院となり，何かあれば外来を受診するように言われた。1ヵ月後，学校へ行く途中，突然倒れ，歩けなくなった。再び同じ総合病院を受診し，精査したが，原因が不明で精神的問題の関与が疑われ，精神科受診となった。「学校へも行きたいし，友達もいる。ストレスはないと思う」とやや幼い口調で語った。本人にはゆっくり歩くように指導した。歩きにくいときは車いすを利用して学校へ行くように伝え，保護者である祖母には安心感を与えるように話をした。最寄りの駅から病院に着くまでに，何回も倒れ，車いすで看護師が迎えに行くこともあった。本人の学校に行く意思が強かったので，学校からの協力も得て，保健室を利用しながら登校を続け，徐々に改善した。卒業時に皆につらさをわかってもらえたのが嬉しかったと後に語った。

> **ポイント**
>
>
>
> 家族歴，発達歴から，両親が不在で祖母に育てられ，祖母のことをお母さんと呼んでいることや，幼さが残る本人を祖母が厳しく育てようとしていることがわかった。本人は登校が苦しいときも祖母にも相談できず，一方，祖母も親代わりにしっかり育てないといけないと思い厳しくしており，無理に登校させようとしていた。そのため，わかってもらえないつらさに加え，どう処理してよいかわからず，身体化したものと思われる。

1つ以上の随意運動*2 または感覚機能の変化の症状。神経疾患または医学的疾患と適合せず，他の医学的疾患や精神疾患ではうまく説明がつかない。学校生活を送るのが困難になる。

> *2 随意運動(Voluntary Movement)：自らの意思で自在に動かすことのできる運動を意味する。これに対して，不随意運動では自らが意図しない異常な動きを示す。

症状

脱力，麻痺，振戦（ふるえ），歩行障害，嚥下困難，失声症，けいれん，感覚障害など。

対応と治療

①対応：症状に注目して手当てを行い，本人に安心感を与える。症状の存在を認め，リハビリを勧める。トラウマの可能性は頭に残しておく。

②治療：薬物療法の効果はないことが多い。不安やうつなどの周辺症状に薬物療法を用いることもある。カウンセリング，心理療法にて本人に寄り添い成長を待つ。

❖ 学校でできること ❖

①真剣に本人の話を聴き，症状の部分を丁寧に観察し，可能なら手当てを行う。重症ならば，医療機関を紹介する（保健室）。

②症状の背景にある本人の不安や焦りなどにも目を向け，安心感がもてるようにする（教室・相談室・保健室）。

③周囲の児童生徒や教職員が温かく見守れる雰囲気をつくれるように計らう（学校全体）。

❖ ピットフォール ❖

端から症状の存在を認めない。わざとやっていると決めつける。

Column

□疾病利得

何かから自分を守ってくれるものと考えられる。一次疾病利得は病気になることの利益（病気になること）。二次疾病利得は病気であることによる利益（病気になり皆から同情されたり，大事にされたりすること）。

心気症 Hypochondria ／ 病気不安症 Illness Anxiety Disorder

●症例（15 歳　中学 3 年生　女子）

私立高校受験が終わった後，インフルエンザにかかり高熱が出現し，学校を丸 1 週間休んだ。学校へ復帰後，頭痛がするので保健室へ行き，休むと回復したが，教室へ戻ると再び頭痛が生じたので早退した。その夜から再び高熱が出現し，インフルエンザにまたかかったのではないかと心配して病院に行ったが，インフルエンザではないと言われた。それではなぜ高熱が出て頭痛がするのかと心配になり，両親に泣いて訴え，別の小児科へ連れていってもらった。インフルエンザが再度否定され，他のもっと重い病気にかかっているのではないかとますます不安になり，登校できなくなった。そこで精神科に紹介され，受診となった。精神科では私立高校に合格したことをすごいことだと称賛し，ゆっくり休んだらよいと伝え，母親にも本人の気持ちを汲んで休ませましょうと伝えた。母親も最初は公立高校入試を諦めきれなかったが，本人の状態を見て，休ませることを決心した。

ポイント　母親がずっと公立高校志望で本人にずっとプレッシャーをかけていたそうであるが，本人はこの私立高校に入学したい気持ちが強く，心の奥底に公立高校の受験を避けたい気持ちがあったようである。自分の気持ちを訴えることができず，母親からの期待もわかり，その葛藤から病気へのこだわりが強くなったと思われる。

疾患の概要

重篤な病気になっているのではないかという強いとらわれ。身体症状は存在しないか軽度である。

症状

健康に対する強い不安。健康状態についての恐怖。医療機関で過度の検査

を受けたり，逆に医療機関を避ける行動をとったりする。

対応と治療

①**対応**：病気不安症に追い込まれた本人の不安，つらさを汲む。病気にならなくてはいられない事情があることを知る。

②**治療**：うつ病，妄想性障害などの精神疾患があれば，その治療を優先する。身体愁訴に関して医学的な説明を行う。環境調整や周辺疾患の薬物療法を行う。

❖ 学校でできること ❖

①話を丁寧に傾聴する。症状が本当にあることを認め，症状のつらさを汲む。症状がありながらもなんとかやってきたことをねぎらう（保健室）。

②病院で説明されたことを尋ね，どう思っているか聞き，受診継続を勧める（保健室・相談室）。

③病気の理解を深め，病院と連携して支援する（学校全体）。

❖ ピットフォール ❖

気の持ちようだ，仮病だと決めつける（仮病は自分が病気でないことを知っているが，病気不安症は自分が病気だと疑っているかまたは信じているという違いがある）。症状を過小評価する。

疼痛性障害
Pain Disorder

●症例：身体的苦痛症／身体症状症（p.25）の症例を参照

疾患の概要

深刻な疼痛が身体に1ヵ所以上あり，痛みのために強い苦痛を感じていたり，勉強や学校生活で支障がある。心理的な要因が疼痛の原因や深刻さ，再発などに大きく関わっている。疼痛は本人がわざと作り出しているわけでも，痛いふりをしているわけでもない。

症状

頭痛，腹痛，関節痛など全身のあらゆる部位で，1ヵ所や複数箇所に痛みを感じる。長期に続くことも多い。

対応と治療

①**対応**：痛みが本当にあることを認める。痛みのつらさを汲む。痛みがありながらもなんとかやってきたことをねぎらう。痛みはゆっくりと回復してくると機会あるごとに復唱する。

②**治療**：抗うつ薬，抗精神病薬，抗てんかん薬に効果があることもみられる。

❖ 学校でできること ❖

①丁寧に身体を観察し，触診などを行い，病院受診が必要か判断する（保健室）。

②受診後，上記の「対応」を参照し，できることは行う（保健室・相談室）。

③登校していることをねぎらう（教室）。

④病気の理解を深め，病院と連携して支援する（学校全体）。

❖ ピットフォール ❖

わざとしている，わざと痛がっている，たいしたことはない，気にしすぎだと決めつける。

その他の疾患と略説

☞線維筋痛症（Fibromyalgia：FM）

　全身に広範囲の疼痛が存在し，特徴的な指圧点が挙げられている。診断には，18 個の指圧点のうち，11 ヵ所以上に指圧による疼痛を感じることが必要である。他に，精神症状やリウマチ症状も生じる。

☞反射性交感神経ジストロフィー（Reflex Sympathetic Dystrophy）

　主要な神経の損傷が認められない骨折などの外傷後に，交感神経の活動亢進と関連して，四肢に生じる疼痛。慢性化するとあらゆる治療に抵抗を示し，患肢の機能廃絶に至ることがある。初期の治療として疼痛を取り除くこと，患肢の機能を回復させること，リハビリに向かえるよう温かい支援が重要だといわれている。

☞アロディニア（異痛症）（Allodynia）

　軽い接触や風が当たるなど，通常では疼痛をきたさないような刺激によって，疼痛が起こる状態のこと。

第 3 章

睡眠障害（睡眠と覚醒）
Sleep Disorder

　ここでは不眠障害／不眠症，睡眠相後退症候群，ナルコレプシー，過眠障害／過眠症，さらに睡眠時随伴症と睡眠時運動症候群について示すが，症例は睡眠記録表が効果的であった一例のみを示す。最後に睡眠障害の一般的な事柄を概説する。

不眠障害 Insomnia Disorder ／
不眠症 Insomnia

●症例（14 歳　中学2年生　女子）

　5月の連休明けから，寝つきが悪く途中で目が覚め，朝なかなか起きられないと養護教諭に相談した。養護教諭は何時ごろ起床し何時ごろ就寝するか，昼の眠気の程度はどれくらいか，就寝前にスマートフォンやパソコンを見ていないか，何時まで勉強するか，授業が理解できるか，三食しっかり食事をとっているか，コーヒーなどの刺激物を摂取していないか，学校や家庭で何か困ったことはないか，自分の部屋の様子はどうか，体調の変化はないかなどを尋ねた。22 時くらいに勉強を終え，寝る準備をして 23 時くらいに寝ようとしてベッドに入る。朝 6 時半に目覚ましをかけて起床しようとするが，なかなか目が覚めない。スマートフォンやパソコンを夕食後には使用せず，コーヒーも摂らず，三食もしっかり摂り，困ったことも今のところはなく，生理も順調で体調も悪くないと言う。そこで保護者の同意を得て，何か他の原因があるのではないかと精神科クリニックに紹介となった。クリニックでは血圧測定，血液検査を実施して身体面のチェックを行い，問題がないことを確認した。両親に不眠症があり，入眠困難で頻回の覚醒があり，2 人とも薬物療法を行っていることがわかった。また，自分の部屋に西日が当たり，商店街の光が漏れ，夜遅くまで暑く明るいこともわかった。そ

こで，少し早いがエアコンを入れ，部屋を遮光し，1週間様子を見た。寝つくまでの時間は短くなり，中途覚醒も少なくなったが，朝はぼんやりし，十分眠った気がしなかった。そこで，依存性の少ない睡眠リズムを調整するラメルテオン（ロゼレム）を処方された。睡眠状況は改善したが，依然眠りは浅いようで何回も目が覚めることは続いた。そこで覚醒を防ぐスボレキサント（ベルソムラ）が処方された。徐々に睡眠がとれるようになり，夏休みには7時間から8時間眠れ，朝のすっきり感も出てきた。10月まで服薬し，しっかりと眠れるようになってから少しずつ薬を減量し，翌年3月には薬が不要になった。

ポイント 中学生の不眠症の例である。養護教諭が保健室で睡眠に関する情報を得て，生活状況に問題がないことを確認して精神科医に紹介したことが特筆される。原因が不明な不眠は生理的な不眠であることが多く，薬物療法が必要なことが多い。早期に発見され，早期に対応することで薬物療法からの脱却も可能である。

疾患の概要

　入眠困難，頻回の覚醒，睡眠維持困難，早朝覚醒があり，再入眠できない。

症状

　寝つきが悪い。何回も目が覚める。睡眠を維持する時間が短い。朝早く目が覚める。途中目が覚めても再び眠れない。授業中に眠る。

対応と治療

　①**対応**：安心感を与える（臥床時，手を握る）。

　②**治療**：生活習慣，環境，適応，睡眠不足，しつけなどの原因となるものを取り除く。安全な薬物療法。

予防

　ストレス負荷を避ける。環境の整備（暑すぎず，寒すぎず）。

❖ 学校でできること ❖

　①本人の訴えをよく聴き，つらさを汲む。教室での状態を担任などから聴

く（保健室）。基本的生活リズムの乱れがある場合は，睡眠不足による健康への影響を，本人の興味がもてる部分から説明し理解を促す（保健室）。

②生活の状態をつかみ，原因を検討する（保健室・相談室・教室で協力して行う）。小学校高学年以上なら，本人と生活のなかでできることや工夫を一緒に探し，実践を促し再び相談にのる（教室・相談室・保健室）。

③教職員で対応について情報交換を行う（学校全体）。

❖ ピットフォール ❖

「宿題が終わるまで寝るな」などと言う。

睡眠相後退症候群
Delayed Sleep Phase Syndrome

●症例（14歳　中学2年生　女子）

　朝起きられず，学校へ行けないということで養護教諭に相談した。養護教諭は睡眠記録表（図3-1）を利用し，睡眠の状態を把握すると同時に，クラスでの様子を担任に聞き，保護者に家での睡眠状況を聞いた。クラスでは授業中眠そうな表情であるが，必死に起きようとしており，保護者からの話では，中学1年生まではしっかり睡眠もとれていたが，中学2年生になり

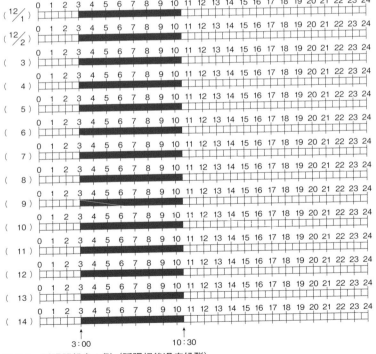

図 3-1　睡眠記録表の例（睡眠相後退症候群）

毎夜3時ごろになってようやく寝つくとのことであった。そこで，精神科クリニックへ紹介となった。幼少時からの発達には問題がなく，中学2年生になってからのストレス負荷もさほど大きいようにはみられず，家庭内の問題もなさそうであった。養護教諭と一緒に作成した睡眠記録表（図3-1）を見ると，睡眠相の後退がみられた。夏休みに入る直前であったため，3時→6時→9時→12時→15時→18時→21時と1日3時間ずつ入眠時間を遅らせる試みをし，入眠時刻が24時になったところで入眠と起床時間を固定することにした。また，メラトニン（メラトベル）3mgを夏休み中服用した。入眠と起床時間を固定したところで，朝，太陽の光を毎日浴びる習慣をつけることにした。10月ごろには薬も不要になり，睡眠時間も8時間と一定となった。

> **ポイント**
>
>
>
> 睡眠記録表（図3-1）を記録することにより，睡眠相の後退という睡眠リズム障害が明らかになり，生活リズムの調整と薬物療法により，改善した例である。保健室での睡眠記録表の利用も睡眠の状態を把握することに役立った。夏休み以外では上記の試みはなかなか難しい。子どもの睡眠に関する相談機関が各地で少しずつできてきている。例えば，兵庫県立リハビリテーション中央病院子どものリハビリテーション・睡眠・発達医療センター[*1]がある。
>
> > [*1] 兵庫県立リハビリテーション中央病院子どものリハビリテーション・睡眠・発達医療センターのホームページに詳しく説明されている。

疾患の概要

概日リズム睡眠・覚醒障害（Circadian Rhythm Sleep-Wake Disorder）の一つであり，慢性的に睡眠時間が遅れている症候群。概日リズム睡眠・覚醒障害には，他に睡眠相前進型（早い時間に寝てしまい，起きていられなくなる），自由継続型（リズムが毎日遅れていく），不規則型（リズムが不規則になる）がある。

症状

夜眠ろうと思ってもなかなか寝つけず，毎夜3時ごろになってやっと眠れる。

①**対応**：生活リズムを整えるようアドバイス。

②**治療**：生活リズムの調整（1日定めた時間ずつ入眠時間を遅らせる。入眠時刻がおおよそ 22 〜 24 時くらいになったところで入眠／起床時間固定），薬物療法（メラトニン，ラメルテオン〔ロゼレム〕，ビタミン B12），高照度光線療法（2500 ルクス以上の光を朝に浴びる）。

予防

生活リズムを保つ。

❖ 学校でできること ❖

①よく話を聴き，可能なら睡眠記録表を一緒に作成し，睡眠の特徴を明らかにする（保健室）。

②治療中は，治療方針に沿った生活ができるよう支援する（学校全体）。

❖ ピットフォール ❖

ただ早く寝なさいと指示する。

●症例（中途覚醒の中学3年生　女子）

図 3-2 参照。

〔経過〕受診前には何回も夜中に目覚めた（5月6日から5月11日）。

初診時，ラメルテオン（ロゼレム）4 mg 処方，就寝前の環境づくりなど注意事項を伝えた。治療開始以降，目覚める回数が減り，3回目受診以降は，夜中に1回だけ目が覚めるようになった。

夏休みには，夜中に一度も目が覚めず，朝までぐっすり眠れるようになり，薬物療法終了となった。

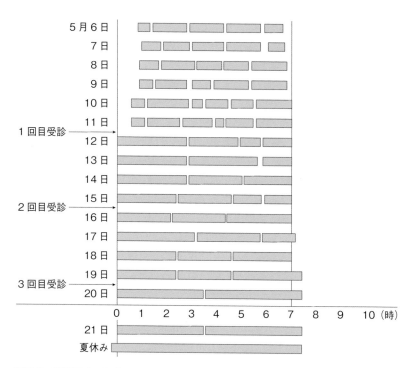

図 3-2　睡眠障害の回復例（睡眠記録表を用いて）

ナルコレプシー
Narcolepsy

●症例（15歳　中学3年生　男子）

授業中に居眠りすることが多く，そのたびに教師から叱責され，親も夜早く寝かせるように指導された。毎日23時には就寝するようになったが，授業中の居眠りは続いた。ある日，数学の時間に黒板で問題を解こうとしたとき，突然座り込み，眠りだした。すぐに保健室へ連れていかれ，ベッドに寝かされた。そのとき，恐怖に満ちた声をあげた。養護教諭が詳しく聞くと，自宅でもしばしばそのようなことがあり，テレビで非常に面白い場面があって笑ったときに全身の力が抜けたことや，授業中に先生が突然怒ったときにも，顔に力が入らなくなったことや金縛り[*2]に遭ったことを話した。養護教諭は「これは何らかの睡眠の障害がある」と感じ，地域の睡眠センターへ紹介した。睡眠センターでは各種検査からナルコレプシーと診断し，夜間に十分な睡眠を確保するように，また日中の計画的な昼寝を取り入れた規則正しい生活を送るようにと指導した。この男子の場合，高校卒業時にはほとんど症状がみられなくなった。

> **[*2]**
> 金縛り（睡眠麻痺）（Sleep Paralysis）：疲労困憊しているときや長時間眠らなかった後などに，いきなりレム睡眠期に移行して，身体だけがぐっすりと眠ってしまい，脳がそれについていけず覚醒状態であるため，身体の自由が利かなくなる状態。

ポイント　最初は睡眠の特徴がつかめず，叱責されることが多かったが，突然の入眠の際，適切な対応が行われ，専門施設に紹介され，治療も奏効し改善した例である。ナルコレプシーの症状の知識を有していることは間違った対応を防ぐことにつながるので，下記の特徴を把握しておくことが望ましい。

疾患の概要

抑えがたい睡眠の欲求や睡眠に陥ること，うたた寝すること（10 ～ 30分）が一日に何回も生じる。その際，睡眠発作，情動脱力発作，レム睡眠（**図**

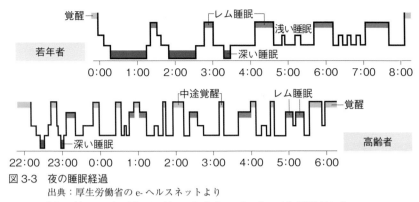

図 3-3　夜の睡眠経過
出典：厚生労働省の e- ヘルスネットより
https://www.e-healthnet.mhlw.go.jp/information/heart/k-02-004.html

3-3 参照）[*3] の減少が生じやすい。外側視床下部のオレキシン神経細胞の変性・消失，ヒポクレチンの欠乏が原因ともいわれている。

症状

　会話中，試験中，実験中などのとんでもないときに睡魔に襲われ失敗する（睡眠発作）。笑ったときや，驚いたときに腰が砕けてへたり込む（情動脱力発作：カタプレキシー）。寝入りばなに金縛りに遭う（睡眠麻痺）。寝入りばなに怖い夢（入眠時幻覚：レム睡眠現象，言語化が困難）を見る。発症年齢は 10 代半ばがピークだが，5 歳以下の発症例も稀ではない。本人が眠ったことを意識していないこと（覚えていないこと）もある。情動脱力発作を認めないナルコレプシーもある。

対応と治療

　睡眠発作の特徴を見つける。夜間に睡眠を十分確保して，日中の計画的昼寝を取り入れた規則正しい生活を送る。治療薬として，モダフィニル（モ

[*3] レム睡眠とノンレム睡眠：レム睡眠(Rapid Eye Movement：REM)は，運動器の休息（大脳の活性化，情報の整理・記憶・消去）であり，睡眠の後半にみられ，一晩のうち 20〜25％に生じる。脳は活発に働き交感神経が多少緊張している。まぶたがやや開き加減で，目がピクピクと活発に動き，浅く速い呼吸となる。夢を見る。全身の筋肉が緩み，力が全く入らない状態となる。明け方になると多くなる。ノンレム睡眠(Non Rapid Eye Movement：Non REM)は，脳の休息（大脳の鎮静化）であり，入眠直後に現れる。すやすやと深い寝息でゆったりとしているように見える。第 1 段階は自制を保ち，第 2 段階は首を保持でき，第 3，第 4 段階は徐波睡眠といわれ，多少の物音では目覚めず瞳孔拡大している。

ディオダール），メチルフェニデート塩酸塩（リタリン），ペモリン（ベタナ
ミン）が利用される。ただ，メチルフェニデートを処方できる医師は限られ
ている。突然の断薬は避ける。

予防

　二次的予防として，早期発見，早期対応が望まれる。症状に関する知識が
あると早期発見も可能である。

❖ 学校でできること ❖

　　①担任などから教室内での睡眠時の特徴を聞き取り，本人にも睡眠時の経
　　　験を詳細に尋ねる。必要時は，医療機関へのつなぎを行う（保健室）。
　　②治療中は，治療方針に沿った生活ができるよう支援する（学校全体）。
　　③計画的昼寝の場所の確保が必要な場合は協力する（保健室・学校全体）。

❖ ピットフォール ❖

　「授業中，寝ないようにしなさい」，「寝る真似はしないようにしなさい」
などと言う。

過眠障害 Hypersomnolence Disorder／過眠症 Hypersomnia

●症例（14 歳　中学 2 年生　男子）

　毎日 23 時に入眠しているが，朝起きられず昼ごろまで眠ることが多い。起きた後も眠った感じがせず，爽快感もない。集中力や活動力，意欲の低下も起こっていた。朝起こされても覚醒を保てず，すぐに眠ってしまうため，遅刻も多かった。なんとか学校にたどりつき，授業を受けていても，1 時間目から眠り始め，休み時間になっても起きることはなかった。担任がびっくりして養護教諭と相談した。養護教諭はナルコレプシーを疑い，睡眠の状態や生活状況を聞いたが，激しいいびきや情動脱力発作などがないことを確認し，睡眠センターに紹介となった。睡眠センターでは突発性の過眠症と診断され，薬物療法と生活指導が行われた。

ポイント　朝起きられないことに対して，単なる生活リズムの問題と片づけず，過眠の観点から本人の睡眠の状態を把握し，専門施設へ紹介した例である。朝起きられないことにも，いろいろな原因があることを明記しておきたい。

疾患の概要

　夜間の睡眠時間が十分持続するにもかかわらず，過剰な眠気の訴えがあり，同じ日のうちに繰り返し眠ってしまい，十分な睡眠でも爽快感がない。

症状

　7 時間以上の睡眠があるにもかかわらず，過剰な眠気の訴えがあり，眠っても眠った感じがしない。覚醒を保てず，すぐ眠ってしまう。

対応と治療

　睡眠麻痺や情動脱力発作，入眠時幻覚，激しいいびきがあるか検討。睡眠リズムの改善（規則正しい生活習慣，十分な睡眠をとらせる，夜間の睡眠環境を快適にする），薬物療法（モダフィニル〔モディオダール〕，ペモリン

〔ベタナミン〕など)。

睡眠リズムの維持。ストレスの負荷をかけないようにする。

❖ 学校でできること ❖

よく話を聴き，つらさを受け止め，睡眠記録表を作成し，病態をつかみ，保護者と相談する。必要ならば精神科の受診を勧める（保健室）。

❖ ピットフォール ❖

ナルコレプシーと決めつける。

睡眠時随伴症と睡眠時運動障害群
Parasomnias and Sleep-related Movement Disorders

①睡眠時遊行症（夢中歩行症）
Sleeping Disease

疾患の概要

　睡眠から不完全に覚醒するエピソードが反復し，通常は主要睡眠時間帯の最初の1/3に生じる（ノンレム睡眠）。

症状

　睡眠中にベッドから起き上がり，歩き回るエピソードを繰り返す。虚ろな表情で視線を動かさず，他の人が話しかけても反応しない。覚醒させるのが困難であり，覚醒したときには夢中歩行のことは覚えていない。

対応と治療

　怪我をさせないように注意する。深い眠りを生じさせる薬は避ける。疲労を避ける。身体的・精神的ストレスの軽減。

予防

　規則正しい生活をする。ストレス負荷を軽減する。鎮静薬を使用しない。睡眠不足を避ける。

❖ 学校でできること ❖

①宿泊行事などでみられるので，保護者から事前情報を得ること（保健室）。

②状況をよく観察し，特徴をつかむ。怪我を防ぐ。あらかじめ睡眠をとる部屋などを配慮する場合もある（学校全体）。

❖ ピットフォール ❖

　ふざけるなと言う（宿泊行事などで生じたとき）。

②睡眠時驚愕症（夜驚症）
Night Terror

疾患の概要

　睡眠中，突然，驚愕覚醒をするというエピソードを繰り返す。夜間睡眠の最初の1/3で出現（ノンレム睡眠）。自律神経系の緊張の兆候がみられる。家族歴も関係する。夜驚とは，深い眠りにあるとき突然泣き叫んだり暴れたりする恐怖様症状。

症状

　恐怖の叫び声，強い恐怖表情，瞳孔散大，頻拍，呼吸促進，発汗。他の人が落ち着かせようとしても反応がかなり悪い。夜驚自体や夜驚時の夢の内容を思い出せない。

対応と治療

　特別な治療が必要になることは多くはない。身体的・精神的ストレスの軽減。家族を安心させる。ジアゼパム（セルシン，ホリゾン）の少量服用が夜驚改善に効果があるといわれている。

予防

ストレス負荷を軽減する。

❖ 学校でできること ❖

①宿泊行事などでみられるので，保護者から事前情報を得ること（保健室）。

②状況をよく観察し，特徴をつかむ。あらかじめ睡眠をとる部屋などを配慮する場合もある（学校全体）。

❖ ピットフォール ❖

無理やり起こす。大声で叱る。

睡眠時随伴症と睡眠時運動障害群
Parasomnias and Sleep-related Movement Disorders

③悪夢障害（悪夢症）
Nightmare Disorder

疾患の概要

　比較的長い，非常に不快な，詳細に想起できる夢が反復して生じる。通常，レム睡眠で生じ，睡眠時の後半に多い。

症状

　恐怖や不安感を伴う比較的長い夢を見て目覚める。夢のことはよく覚えており，目覚めたとき，しっかりと意識と見当識*4 を保っている。通常は恐怖や不安が伴うが，怒り，悲しみ，嫌悪感，その他不快な感情を伴う。

> *4 見当識（Orientation）：日時や自分がどこにいるかがわかること。

対応と治療

　悪夢の背景（環境要因，身体的要因，心理的要因，外傷など）を探り，不安や恐怖の原因が見つかれば対策を練る。クロナゼパム（リボトリール，ランドセン）や三環系抗うつ薬が利用される。精神疾患の背景があれば精神疾患の治療をする。

予防

　ストレス負荷がかかりすぎないようにする。

❖ 学校でできること ❖

　つらさを汲み，保護者と共に安心感を得る試みを考える。学校生活に影響が大きい場合は小児科，精神科，心療内科などの受診を勧める（保健室）。

❖ ピットフォール ❖

　夢についての本人の話を聞き流し，真剣に取り合わない。

睡眠時随伴症と睡眠時運動障害群
Parasomnias and Sleep-related Movement Disorders

④レム睡眠行動障害（RBD）
Rapid Eye Movement Sleep Behavior Disorder

疾患の概要

　睡眠中に発声または複雑な運動行動を伴う覚醒エピソードの反復。これらの行動はレム睡眠中に生じる。レム睡眠中に何らかの理由で骨格筋の抑制機構が働かなくなり，夢の中の行動がそのまま異常行動になって現れる。睡眠時の後半に多く生じ，昼寝の間に多くみられることがある。

症状

　睡眠時後半に突然声を出したり，歩き出したり，作業をしたりする。自身の行動を覚えていることが多い。

対応と治療

　不眠を避け，安心感を与える。抑肝酸^{よくかんさん}，ラメルテオン（ロゼレム），クロナゼパム（リボトリール，ランドセン）が症状改善に効果があるといわれている。

予防

　生活リズムを整える。生活環境を整える。環境の変化に注意を払う。

❖ 学校でできること ❖

　睡眠の時間帯を調べる。起床時に夢の内容や行動について尋ねる（保健室）。

❖ ピットフォール ❖

　夜中だからやめなさいと言う。

睡眠時随伴症と睡眠時運動障害群
Parasomnias and Sleep-related Movement Disorders

⑤むずむず脚症候群（レストレスレッグス症候群：RLS）
Restless Legs Syndrome

●症例（13歳　中学1年生　女子）

中学に入学し，入学式のときにむずむずしてじっとしていられない様子が周りからもよくわかり，入学式終了後，担任に呼び出され「今日は仕方がないが，これから中学生になったのだから集会のときはしっかりとじっとしておくように」と注意された。授業中も次の週の朝会のときも，脚が常に動き，じっとしていられないように見えた。担任は注意欠如多動症（ADHD）を疑い，養護教諭に相談した。養護教諭は本人や保護者からの話を詳しく聞くとともに，小学校の養護教諭に連絡をとり，情報を得た。本人は脚を動かしたくないのに何かむずむずして気持ちが悪く動かしてしまう，特にじっとしていなければならない場面で動いてしまうが，動かすと楽になるとのことであった。保護者に聞くと家でリラックスしているときは動いてはいないが，夜間になると動きが活発化するとのことであった。小学校の養護教諭からの情報では，卒業式では歌や発言が多く，動いているようには見えなかったという。ただ，自然学校のとき，昼間は全く問題ないが，夜，先生による講話のときには脚がむずむずしてつい動かしてしまうとのことであった。そこで，養護教諭はむずむず脚症候群の話を研究会で聞いていたので，この疾患を疑い，保護者と相談して近くの児童精神科クリニックに受診することを勧めた。クリニックでは幼少時期からの詳しい問診と血液検査（貧血），発達検査などを行い，発達障害や鉄欠乏性貧血は否定され，むずむず脚症候群と診断された。薬物療法により改善し，学校での落ち着きのなさは消失した。

むずむず脚症候群は ADHD や鉄欠乏性貧血などとの鑑別が必要であり，学校では特に ADHD と間違えやすい。症例では養護教諭に基本的な知識があり，適切な対応ができ，専門医へ紹介できたため，慢性化せず治療に導入できた。

疾患の概要

通常，落ち着かない不快な下肢の感覚によって，脚を動かしたいという強い欲求が生じ，脚を動かしてしまう。睡眠障害のもとになることがある。夜間に多い。ADHD，鉄分不足，成長痛などとの鑑別が必要であり，合併することもみられる。

症状

じっとした姿勢や横になっているとき，下肢の部分がむずむずする，じっとしていられない，かゆい，熱い，痛いなどの感覚に襲われる。

対応と治療

本人のつらさを汲みながら，話をよく聴き，症状の特徴をつかむ。プラミペキソール（ビ・シフロール）に効果が認められる。

予防

二次的予防として，放置して睡眠障害や昼間の疲労感増大を生じさせないようにする。

❖ 学校でできること ❖

① 本人の訴えをよく聴き，つらさを汲む（教室・相談室・保健室）。

② 本人と，学校生活のなかでできる工夫など保健室利用も含めて一緒に検討する（学校全体）。

③ 医療機関と連携して支援する（学校全体）。

❖ ピットフォール ❖

わざとするなと叱責する。ADHD と決めつける。

睡眠時随伴症と睡眠時運動障害群
Parasomnias and Sleep-related Movement Disorders

⑥その他の睡眠に関連した障害

☞周期性四肢運動障害（Periodical Limb Movement Disorder：PLMD）

夜間睡眠中に，片側あるいは両側の腕や脚の背屈運動を主体とする周期的な不随意運動（脚，腕がピクピクと動く，素早くはねる）が反復して生じる。そのため，睡眠の障害が生じる。本人は症状に気づいておらず，授業中の眠気がこの障害のために生じることを理解してもらいにくい。他に原因疾患が隠れていることもあり，保護者，本人とよく相談して受診を勧める。

☞律動性睡眠障害（Rhythmic Movement Disease）

幼児期，小児期にみられ，頭を前後，左右に振る。側臥位で体幹を左右に振るなどの律動的運動がみられる。

☞睡眠時無呼吸症候群（Sleep Apnea Syndrome）

睡眠中の筋弛緩によって起こる気道の狭窄などにより呼吸が停止し，夜間に何度も覚醒する病態である。子どもの睡眠時無呼吸候群の多くは閉塞性で，アデノイド（咽頭扁桃）や扁桃腺の肥大によって，鼻から肺までの気道が狭くなり，いびきや無呼吸が生じる。重症化すると低身長，認知機能・行動の問題，日中の眠気，集中力の低下，学業成績の低下，夜尿の遷延，不登校や多動，人格変化などが起こることもある。

⑦食事と睡眠に関わる障害

☞夜間摂食症候群（Nocturnal Eating Syndrome：NES）

　寝る前または夜中に目が覚めてすごく飲食したくなり，食事をする。摂食の制御不能感が認められる。食事の際，意識が障害されておらずしっかりと記憶がある。睡眠の中断覚醒があり，日中眠気が生じる。

☞睡眠関連摂食障害（Sleep-Related Eating Disorder：SRED）

　夜の睡眠時に無意識的に異常飲食行動を繰り返し，夜中に知らない間に食べていた，昼間が眠い，昼がしんどい，朝食欲がないなどの訴えがある。

睡眠に関する一般的な解説

1．睡眠の重要性

　睡眠により，無駄なエネルギー消費を防止し，脳のオーバーヒートを防ぎ，健康維持を図る。記憶機能，能率が改善する。最近，脳の老廃物を排出する脳のメンテナンスの働きが注目されている（グリンパティックシステム：血管周囲の脳脊髄を通す水路のような静脈周囲腔を通して排出するシステム）。正常な睡眠の基本は，適切な量・質・リズムが保たれていることである。

2．睡眠のメカニズム

　図 3-4 を参照。夜の睡眠は恒常性維持（昼間に眠気をもたらす物質が蓄積され，その量が多くなると睡眠が誘発される），体内時計（夜になると深部

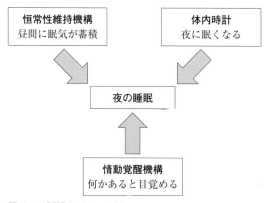

図 3-4　睡眠のメカニズム

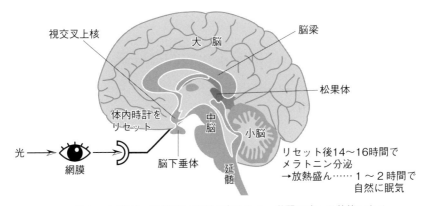

リセット後12〜13時間は代謝が高められ，覚醒に適した状態になる

図3-5　体内時計機構

体温が下がり眠くなる），情動機構（何かあると眠れない）の影響を強く受けている。

3. 体内時計機構（Biological Clock Mechanism）

　図3-5を参照。朝，光を網膜で受けることにより視交叉上核（中枢の体内時計）はリセットされる。リセット後，12〜13時間は代謝が高められ，覚醒に適した状態になる。リセット後約14時間で松果体からメラトニン[*5]が分泌され放熱が盛んになり，深部体温が下がり自然に眠気が生じる。目覚めるころにはメラトニンは分泌されなくなる。

> [*5]
> メラトニン（Melatonin）：眠りを誘う睡眠ホルモンの一種で，脈拍・体温・血圧などを低下させる。体内時計がメラトニン分泌を調節し，松果体で分泌される。薬としても日本でも医薬品（メラトベル）として入手できるようになった。1日1回1mg〜4mg処方できるが，0.3mgくらいで十分なときもあり，低用量が好ましいといわれている。効能または効果は，小児期の神経発達症（発達障害）に伴う入眠困難の改善である。

4. 概日リズム(Circadian Rhythm)

　脳の視床下部にある中枢の体内時計は約24時間を1つのサイクルとするリズムを刻

んでいる。そのリズムを概日リズムという。この他にも肝臓，心臓，胃などの内臓にも時計機能の細胞が存在する。これらの内臓にある時計を末梢時計と呼ぶ。中枢の体内時計からの伝達が途切れると，各臓器が勝手にリズムを刻み，身体に不調をきたす。睡眠覚醒のサイクル，血圧，体温，ホルモン分泌の変動が代表的な例である。このリズムが乱れると起こる症状として「時差ボケ」がある。

5．子どもの睡眠障害の原因別分類

①生活習慣として，睡眠前のコーヒーなどの刺激物摂取，テレビ，読書，スマートフォン，長すぎる昼寝
②環境因性として，高温，低温，騒音，光など不適切な環境，医療上処置（点滴など）
③適応性として，急性ストレス，葛藤，環境の変化（試験，試合，遠足，修学旅行の前）
④必要とされる睡眠がとれないことによる睡眠不足症候群（試験の準備，多量の宿題，アレルギー性皮膚炎，喘息）
⑤しつけ不足によるもの。起床時刻のしつけが不十分

　子どもの睡眠障害の原因別分類は上記のとおりであるが，結果として，注意散漫，疲労感，倦怠感，落ち着きのなさ，イライラが生じやすい。特に，睡眠不足症候群では日中の眠気が強い，集中力の低下，友人とのコミュニケーションがうまくいかなくなること，作業能率の低下，自律神経機能の障害，事故に遭いやすくなることが挙げられる。非常に明るい光を夜も浴び続けていると，体内時計はまだ昼間だと錯覚し，入眠時間が遅れる。一日中メラトニンが分泌されず，眠気が起こらなくなる。また食事をとる時間も体内時計に影響を与える。塾や親の事情などにより夕食の時間が遅いと，体内時計に影響を与え，生体リズムに乱れが生じる。体内時計のリズムが崩れると身体全体の調子が崩れる。朝，太陽の光を浴び，体内時計をリセットするこ

とが睡眠リズムを取り戻す鍵である。「早起き」から始め，ベランダで日光を浴びる，窓辺で顔を外に向ける。1，2週間で体内時計が朝型に戻り，早起きのつらさは減ってくる。そして，夜は早めに眠くなり，早寝になってくる。ただ，昼寝や週末の寝坊は体内時計を乱すので，継続した早起きが必要である。「夜間のスマートフォンは避けよう」，「寝る前に明るいところに行かない」，「恒常性調節機能を乱す物質（カフェイン）は避けよう」といったスローガンも学校内でなされる意義は大きい。乱れた睡眠リズムを戻すのは簡単なことではないが，地道な心理社会的教育啓発は必要である。「早寝，早起き，朝ご飯」と保健だより（プリント配布）で発信を続けるのも生徒や保護者の心に染み通ることになる。

・文部科学省指導用資料「早寝早起き朝ごはん」

http://www.mext.go.jp/a_menu/shougai/katei/1359388.htm

5．保健室，相談室，教室で，睡眠に関して気をつけること一般

体調不良の場合，まず睡眠状態を尋ねる。就寝時間，起床時間を尋ねる。入眠，中途覚醒，早朝覚醒，寝起きの状態の確認。生活習慣，環境に目を向ける。保護者の生活パターンをつかむ。

1）教室でできること

居眠りに気づく（午前中？　休み時間？）。ぼうっとしていることに気づく。妙にハイテンション，ミスが多い，ぶつかりやすいことに気づく。

2）学校でできる睡眠指導

睡眠の○×クイズ（例：朝，太陽の光を浴びるとよい？），生活リズムチェックなどを利用して睡眠知識教育を行い，睡眠や生活リズムについての正しい知識を普及させる。実際の問題行動と睡眠との関連の理解を深める。

睡眠記録表は睡眠の特徴が一目でわかるだけでなく，生活リズムについても類推でき，生活全体の話し合いをすることが可能であり，保健室などで睡

眠記録表をつけることは児童生徒のためにも非常に役立つ。

6. 非薬物療法…睡眠指導

　規則正しく三度の食事をとり，規則的な運動習慣をつける。刺激物は避け，眠る前にリラックス環境をつくる。同じ時刻に毎日起床し，目が覚めたら日光を取り入れ，体内時計をスイッチオン。寝る前に明るいところに行かない。スマートフォン，携帯電話，タブレットなどを使用しない（ブルーライトが睡眠を妨げる作用をするため）。休日も起床時刻は平日と2時間以上ずれないようにする。夕方以降の仮眠はしない。寝る1時間前，ぬるめのお風呂にゆっくり浸かる。これらの非薬物療法（睡眠指導）はまず第一に実践することが勧められる。

第 4 章

ストレス関連症候群
Disorders Specifically Assosiated with Stress

急性ストレス反応[*1]，心的外傷後ストレス症／心的外傷後ストレス障害（PTSD），遷延性悲嘆症，適応反応症／適応障害について症例を挙げ，解説する。最後にストレス関連の基礎事項について解説する。

> [*1] 急性ストレス反応：ICD-11 では正常域の反応として記載されるようになった。ここでは，DSM-5 の診断基準に基づいて説明したが，自然回復を念頭に置き，トラウマ急性期の応急処置としてのアプローチを示した。

急性ストレス反応
Acute Stress Reaction

●症例（11 歳　小学5学生　女子）

自宅で火事が起こり，煙が立ちこめるなか戸外へ脱出しようとしたが自力では出られず，消防署員に救出された。幸い怪我はなかったが，火事のことを何度も思い出して恐怖や不安に襲われた。眠っていても夢で火事の様子を何度も見て，少しも気が休まらず，学校に行ってもぼうっと授業を受けている状態であった。担任と養護教諭が協力して相談して対応した。教室では本人の希望する席を決め，不安そうな様子がみられたら保健室へ連れていった。養護教諭は保健室を，安全感を与える場所として提供しベッドでゆっくり休ませることもあった。症状が続くため，保護者と相談し，受診を勧めた。

ポイント　急性ストレス反応の子どもに遭遇した場合，学校では安心感・安全感を与える工夫が必要であり，症状が続く場合，早めの精神科受診を勧めたほうがよい。

疾患の概要

突発的に極めて大きなストレッサー（出来事）に接してから，一定期間（3日間から1ヵ月間）さまざまな状況が出現する。

症状

そのときに生じた出来事の侵入，回避，過覚醒，強い不安，困惑，見当識障害，無目的な多動，不眠，悪夢など。

対応と治療

①**対応**：安心・安全の確保・保証，可能ならばともかく回避。

②**治療**：抗うつ薬（SSRI），短期認知行動療法，ねぎらいを中心とした支持的精神療法。

予防

レジリエンスを高める。

❖ 学校でできること ❖

①安全感を与える場所の提供。一人にしない。そばにいて，安心感を与える（可能なら手を握る）。身体症状があれば，休ませる（保健室・相談室）。

②否定しない。無理強いしない。保護者に連絡をとる（教室・保健室・相談室）。

③本人が安心感を少しでも得ることのできる場所へ座席の配慮をする（教室）。不安そうな様子がみられたら，声をかけて保健室に連れていく（教室）。

④医療機関と連携して支援する（学校全体）。

❖ ピットフォール ❖

つい詳しく聞いてしまう。詰問する。

心的外傷後ストレス症／心的外傷後ストレス障害(PTSD)
Post-traumatic Stress Disorder

●症例（10歳　小学4年生　女子）

　横断歩道で車にはねられ，脳神経外科に通院中であった。交通事故後から眠るのが浅く，何回も目覚めた。夜うなされるようになり，夢の内容を覚えていない，怖いと言ってベランダから飛び降りようとした。事故現場の横断歩道は，母親が手をつなぎ，目をつむっていないと渡れなくなった。学校にも行けなくなっていた。1ヵ月経過後も症状が続くため，脳神経外科より小児精神科へ紹介となった。症状の説明をし，通学路の横断歩道は，しばらく目をつむって母親と手をつないで渡るように伝え，事故現場の横断歩道には近づかないように指示した。登校できるようになった後は，学校でも本人が不安を感じないで済むように，安心・安全を提供できる保健室で必要時に休養をとるなどの工夫をした。不安感が軽減したころから，横断歩道を渡る練習もリハビリとして開始した。

ポイント　初期には事故現場に近づかないなどの回避行動を支援し，不安を軽減し，安心感・安全感を与えることを学校でも実践した例である。

疾患の概要

　突然の衝撃的出来事を経験する（実際に危うく死ぬ，重傷を負う，性的暴力を受ける）ことによって生じる特徴的な精神障害。診断のためには，強い恐怖感を伴う体験，他人に起こった出来事の目撃，近親者や友人の外傷体験の伝聞，その出来事に繰り返し曝（さら）されることのうち1つ以上が必要である。6歳以下の子どもでは，直接の体験，他人に起こったことを直に目撃，親や養育者の心的外傷的出来事を耳にすることのうち1つ以上曝露（ばくろ）されることが必要である。心的外傷後ストレス症（PTSD）の評価尺度にIES-R[*2]が用い

られている。複雑性 PTSD が ICD-11 に入れられた。

症状

　侵入症状（思い出そうとしなくても不快で苦痛な記憶が蘇ってくる，再体験），回避（事件や事故に関係することに近づこうとしない。思い出したり考えたりすることを避ける），認知と気分の変化（興味や関心を失い，孤立感を感じ，ポジティブな感情がもてなくなる），覚醒亢進（ちょっとした刺激にびくっとする，過剰な警戒心，集中困難，睡眠障害）が1ヵ月以上持続する。6歳以下では，侵入症状が遊びとして表現されることや，恐ろしい内容が心的外傷的出来事に関連していることを確認できないことがある。内容のはっきりしない夢を見ることがある。

対応と治療

①**対応**：安心・安全・安眠の確保（柔らかな声で）。現場を見せない。受容・共感しながらの傾聴（初期は回避を肯定的に捉え，つらさを汲む）。表面上の落ち着きに注意。押しつけは禁物だが達成感が得られる行動を支援する。「あなたは悪くない」と伝える。ねぎらいで始め，ねぎらいで終える。

②**治療**：治療法として，認知行動療法（長時間曝露法，トラウマフォーカスト認知行動療法），EMDR[*3]（眼球運動による脱感作と再処理法），抗うつ薬，支持的精神療法などがある。トラウマインフォームドケア[*4]の考え方が，トラウ

[*2]
IES-R (Impact of Event Scale-Revised)：改訂出来事インパクト尺度日本語版のことであり，PTSD 症状を測定するための自己式質問紙である。関連症状の測定が簡便にできる。心理検査として保険収載されており，日本トラウマティック・ストレス学会のホームページからダウンロードできる。

[*3, 4]
[*3]EMDR(Eye Movement Desensitization and Reprocessing)：EMDR は眼球運動による脱感作と再処理法のことで，心的外傷後ストレス症に対して有効な治療法である。効果として，現在の症状の緩和，つらい記憶や身体的苦痛からの解放，自己の見方の改善などが挙げられる。EMDR の研修を十分積んだ精神保健の専門家のみが実施できる治療法である。

[*4]トラウマインフォームドケア(Trauma Informed Care：TIC)：トラウマ（もしかしたらトラウマがあるのでは？，心の怪我があるのではないか？）を念頭に置いたケアのことである。学校では，すべての教職員が学校内で生じうるトラウマの可能性や影響を認識し，トラウマ反応を理解しながら再トラウマ体験を防ぎ（表4-1），もともとの心身の健康度を高め，回復を促進させるケアである。支援のすべての局面で，児童生徒自身も多くの人がトラウマ（心の怪我）を体験する可能性があり，さまざまな反応が生じることを伝え，心の怪我から回復するために児童生徒が安心・安全な環境で受容され，敬意を払われていると感じることが何よりも大切である。

表 4-1　再トラウマ化を防ぐために回避したいこと

> ・強制的対応
> ・威圧的な態度：腕を組む，挑発的な態度
> ・大声，命令口調，暴言
> ・不適切な態度，無関心な姿勢
> ・支援の内容や目標を十分説明しない
> ・支援方針の突然の変更，約束を破る
> ・相手に誤解を与えるような言葉遣い
> ・支援機関の掲示物などの言葉：暴力，禁止

出典：亀岡智美：トラウマインフォームドケアの必要性.
　　　こころの科学，208：24-28，2019. より許諾を得て
　　　転載。

マ治療の技術をもたない人でもできる支援として広まってきている。また，心的外傷後成長（PTG）[*5] という概念も注目されている。

予防

レジリエンスを高める。

> [*5] 心的外傷後成長（Post Traumatic Growth：PTG）：危機的な出来事や困難な経験におけるストレスフルな体験を通して何かしらのポジティブな側面（苦難の後，立ち直る体験）を見出すことによってストレス体験から自己の成長が生じることを表す（後出の図 4-2 参照→ p.69）。

❖ 学校でできること ❖

①飲み物や飴玉の準備。安全感を与える場所の提供。一人にしない。そばにいて，安心感を与える（可能なら手を握る）。身体症状があれば，休ませる（保健室）。

②本人が安心・安全感を少しでも感じられる場所へ座席の配慮をする。不安そうな様子がみられたら，声をかけて保健室に連れていく（教室）。

③否定しない。無理強いしない。保護者に連絡をとる（教室・相談室・保健室）。

④医療機関と連携して慎重に支援する（学校全体）。

❖ ピットフォール ❖

つい聞いてしまう，何度も聞く，詰問する。「怪我をしなくてよかったね」，「時間が解決するんだから」，「誰だってつらい経験はある」，「どうして本気で逃げなかったの」などの言葉かけ。叱咤激励する。

☞複雑性心的外傷後ストレス症（Complex Post-traumatic Stress Disorder）

　長期にわたる反復的トラウマ体験（例：虐待，拷問など）による PTSD のことで，PTSD 症状（侵入症状，回避症状，認知と気分の変化，覚醒亢進）に加えて否定的な自己概念，感情の制御や対人関係の難しさが加えられている。

遷延性悲嘆症
Prolonged Grief Disorder

●症例（7歳　小学1年生　女子）

　もともと怖がりなところがあり，外出のときもずっと母親のそばから離れなかったという。可愛がってくれていた祖母が突然亡くなり，最後のお別れと骨拾いもさせた。おばあちゃんとお別れできたと当初は言っていたが，1ヵ月くらい経って言葉数が減り，大好きなアニメも見なくなった。「お見舞いに行かなかった」，「骨が見える」など夜中に涙を流して独り言を言うようになった。困った保護者は養護教諭に相談し，児童精神科医を紹介され，受診となった。できるだけ一緒に過ごすように，特に夜間は離れないようにしましょうと指示を受け，少量の抗精神病薬の処方を受けた。登校しはじめた当初は，保健室で過ごすことになった。

ポイント　親しい人が亡くなったことによる悲しみが病的レベルになり，精神症状が出現した例である。休養と薬物療法が必要であった。学校でも安心できる場所で休養をとることが重要である。

疾患の概要

　親しい人など，関係のある人の予期せぬ死が生じたときに現れる反応。子どもの場合は，悲しみは成長過程のなかで常に存在し，形を変えて表現される。例えば，誕生日や思い出の日，入学，卒業，就職，結婚などに，その人がいない現実を実感し，そのたびに悲しみや寂しさ，孤独感などを感じる。そのため，子どもが大切な人の死を受け入れるには年月がかかるといわれている。

症状

　悲嘆反応つまり悲嘆の現れ方はさまざまであり，不安や悲しみを強く見せる子どももいれば，無邪気に遊んだり，何事もなかったように振る舞う子ど

ももいる。身体面（寝つきの悪さ，食欲不振，頭痛や腹痛など）に現れる場合もある。夜泣きや指しゃぶりなど退行することもあれば，逆に大人びた行動をとる子どももいる。

対応と治療

①**対応**：周りの大人が共に悲嘆の苦痛を経験し，亡くなった人のいない環境に適応するように支援する。

②**治療**：グリーフカウンセリング，薬物療法。

予防

恐怖感を与えない。そばに寄り添い，安心感を与える。

❖ 学校でできること ❖

①休ませる。一緒にいることで安心感を与える。掲示物作成などを手伝ってもらい，達成感や自己効力感をつける。子どもから亡くなった人や法要などの話が出たときには，静かに傾聴しねぎらう（相談室・保健室）。

②つらそうな様子がみられたら，声をかけて保健室に連れていく（教室）。

❖ ピットフォール ❖

「いつまでもめそめそしては駄目」，「もっとつらい子もいる」と言う。

適応反応症 Adjustment Disorder ／ 適応障害 Adjustment Disorders

●症例（6歳 小学1年生 男子）

小学校へ入学後，最初の1ヵ月は嫌だと言いながらも登校していた。5月の連休明けから突然朝大声で泣き，家から出なくなった。母親が「今日は休もう」と言うと，安心し，何もなかったかのように母親の手伝いを始めた。ゆったりとした時間をつくると，給食を食べるのが遅く，毎日のように「早く食べよう」と言われるのが嫌だと言い始めた。給食の量を減らしてもらい，叱責や激励をやめ，よく頑張っていると担任と保護者が毎日ねぎらった。同時に帰宅後のおやつと夕食は時間をかけてしっかり食べる練習を行った。

 ポイント 給食という環境の変化をきっかけに学校へ行きづらくなった例である。早期に適切な対応で回復した。

疾患の概要

はっきりと確認できる大きなストレスおよび継続的反復的にかかり続けるストレスが発症の原因であり，そのストレスを受けてから，3ヵ月以内に情緒面，行動面で症状が発症する。ストレス因子が排除された場合，半年以内に症状が軽快することが条件であるが，6ヵ月以上続く場合は持続性とする。急性ストレス反応，心的外傷後ストレス症との差を**表4-2**に示す。

症状

落ち込み，涙もろさ，絶望感，心配，過敏，分離不安，素行の異常，身体症状，不登校など適応困難。

対応と治療

①**対応**：本人の感情表出，言語表現，対応能力の向上を目指した支援を行

表4-2　急性ストレス反応，心的外傷後ストレス症（PTSD），適応反応症の比較

	急性ストレス反応	PTSD	適応反応症
ストレス因	死，重傷，性暴力など	死，重傷，性暴力など	幅広い 単一の出来事 複数のストレス因
曝露形式	直接体験，直に目撃 近親者・親しい友人に起こった出来事を耳にする 繰り返し曝露	直接体験，直に目撃 近親者・親しい友人に起こった出来事を耳にする 繰り返し曝露	通常の体験（入学，退学，卒業，進級，担任交代，部活引退，家から離れるなど）
症状	侵入，陰性気分，解離，回避，覚醒	侵入，認知と気分の陰性変化，解離，回避，過覚醒，自己破壊的行動，離人感，現実消失感，1ヵ月の継続	情動面，行動面の症状，3ヵ月以内に発現
持続	3日から1ヵ月	1ヵ月後から	急性6ヵ月未満 慢性6ヵ月以上

DSM-5精神疾患の分類と手引き（医学書院）をもとに筆者作成。

う。問題の冷静な把握を行う。養育者が問題把握困難で情緒的に反応した場合，養育者への支援が必要。

②治療：カウンセリングや環境調整。うつ，不安が強ければ，薬物療法も考えるが，不要になることが多い。

予防

個々の子どもたちの特徴をつかんだ指導。

❖ 学校でできること ❖

①本人の話を傾聴（話しやすい雰囲気をつくる）。緊張感の軽減を図る。担任や保護者の話を聴く。誘因を見つける。解決策を一緒に考える（相談室・保健室）。

②本人がやってみようとすることに対して，しやすいように配慮したり，達成感が得られるようなステップや選択肢を設定するなどの工夫をする。挑戦したことはねぎらう（教室）。

❖ ピットフォール ❖

原因追及に追われる。何もしないで放っておいて関与しない。

ストレス関連の基礎事項

1. ストレスとは？（Stress）

　（前出の**図 1-1** も参照→ p.24）。ストレスの種類，ストレス反応，ストレス耐性：ストレスとは，さまざまな外からの刺激に反応して生じる歪みのことをいう。ストレッサーは，ストレスの原因となるもので，外部からの刺激であり，物理的（高温や騒音など），科学的（薬害，栄養不足など），生物的（病気，怪我など），精神的（人間関係のトラブルなど）の４タイプに分けられる。ストレス反応は，外部からの刺激により動悸や胃腸の調子を悪くするなどの人体に現れるさまざまな変化である。ストレス耐性とは，ストレスに対する抵抗力で，高ければストレスを感じにくくなり，精神的に支えになってくれる存在（社会的支持），ストレス解消のための行動（対処行動）の有

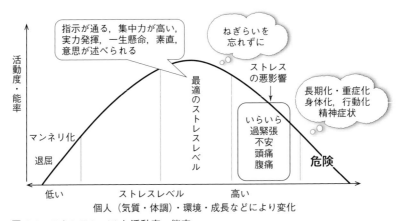

図 4-1　ストレスレベルと活動度・能率
　　　　出典：高原恵子：ストレスをパワーに変えるセルフコーチング．実業之日本社，東京，p.56，2006. より許諾を得て改変し転載。

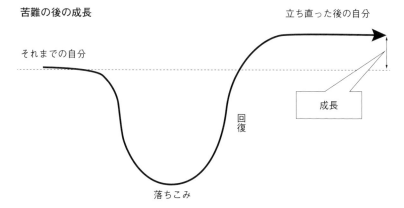

図4-2　立ち直るとき人は成長する
出典：上島博：イラスト版子どものレジリエンス．合同出版，東京，p.10，2016.
より許諾を得て転載。

無などにより大きく変化する。活動度・能率は最適のストレスレベルで最高
に達するが，個人の気質，体調，環境，成長により変化する（**図4-1**）。児
童生徒が，最適なレベルのストレスで生活できるような支援が求められてい
る。

2. ストレス処理方法のアドバイス

　日常のストレスを小さくするには，身体のリズムを保つことが役立つ。そ
のために，よく眠る，バランスのとれた食事をしっかりとる，適度の運動を
することを働きかける。

　思いがけないストレスを小さくするためには，気分転換したり，身近な人
に相談したり，周囲の人に声かけをしてもらったりするとよい。

3. レジリエンス（Resilience）

　図4-2を参照。極度のストレスや逆境，トラウマなどに直面したとき，そ

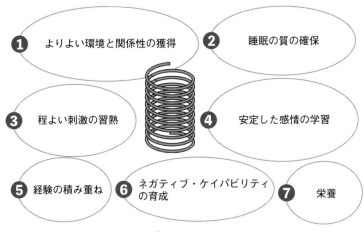

図 4-3　子どものレジリエンスを高めるには

れに対応し，克服・適応していくプロセス。自然治癒力，復元力（回復力），抵抗力のことでもある。十分なレジリエンスがあれば，早期に回復したり，二次的障害発症に至らない。立ち直るときに人は成長するのである。介入や薬物療法はいかにレジリエンスを維持し，高めるかが主題となる。

4．レジリエンスを高めるためにできること

　子どものレジリエンスを高めるためにできることを以下に示す（**図 4-3**）。

①**よりよい環境と関係性の獲得**：保護者の適切な情緒的反応を高め，保護者との安定した温かい関係を通して安心できる環境をつくる。思いやりやサポーティブな関係性，愛と信頼，励ましと安心をもたらす関係性の構築。

②**睡眠の質の確保**：寝つきを早く，深い睡眠を十分とり睡眠の質を高める。

③**程よい刺激の習熟**：程よいストレス反応，成功体験を積み重ねる。

④**安定した感情の学習**：感情コントロールやリラクゼーションのスキル向

　上。周りの支援者による適切な援助。

⑤**経験の積み重ね**：勇気を与え，経験させ，ねぎらい，失敗しても耐える訓練をし，次または他のチャンスを待てるよう励ます。

⑥**ネガティブ・ケイパビリティの育成**：ネガティブ・ケイパビリティとは，未解決の問題に拙速に答えを出そうとしたりせず，宙ぶらりんの状態（不確実な状態，答えの出ない事態）を持ちこたえ，受容する能力のこと。消極的受容力ともいわれている。コロナ時代に必要な能力であり，子どもたちにも持ってほしい感覚である。

⑦**栄養**：過不足なくバランスのとれた栄養の摂取。

Column

❏ PTSD における認知の仕方 （文献1のp.93の図を参考にした）

　通常の適応的認知は再刺激があった場合，知覚へ作用し，それが陳述記憶システムにおいて意味記憶となり，エピソード記憶とつながる。他方，PTSD の認知は再刺激からの知覚への作用により回避や解離が生じるため，意味記憶へいかず，エピソード記憶へもつながらない。そのため思い出とはならず，突然の衝撃的な記憶として思い出したくなくても意識の中心に現れ，時間が経っても変化せず，繰り返し同じことが生々しい感覚として蘇る。過覚醒，再体験を通して情動記憶と結びつく。

第 5 章

不安または恐怖関連症群

　子どもの不安は**表5-1**にみられるように，さまざまなものがある。ここで
は分離不安症，パニック症，社交不安症，全般不安症（過剰不安症），限局
性恐怖症について症例を挙げ，説明した。

　さらに，不安について基礎的解説と不安に関する比較を**表5-1**に示した。

表5-1　不安症／不安障害

	不安	予期不安	場所
分離不安症	愛着をもっている人物からの分離	離れる可能性への心配	愛着対象の不在
限局性恐怖症	1つの限定された状況	恐怖の状況に近づく不安	恐怖を与える場所
社交不安症	他者の注視，社交的やりとり，他者の前での動作	社交的パフォーマンスが予想される場	人前
パニック症	突然の激しい恐怖や強烈な不快感	予期せぬ発作の可能性の不安	どこでも生じる
広場恐怖症	2つ以上の状況についての恐怖・不安	その状況から逃げられない心配	恐怖を抱いた場所
全般不安症	何にでも過剰に不安	評価，場所，愛着などに関係なく不安	どこでも生じる
場面（選択性）緘黙	言葉を発することの不安	話さないといけない可能性に対する不安	話すことを期待される場所

DSM-5精神疾患の分類と手引き（医学書院）をもとに筆者作成。

分離不安症
Separation Anxiety Disorder

●症例（6歳　小学1年生　男子）

　小学校入学前から，祖父母に小学校は厳しいからしっかりするようにと何回も言われていた。また，入学直前の3月には妹が一時期入院となり，母親が病院に付き添うことがあった。正月のころにはランドセルを背負い，嬉しそうに「1年生になったら友達100人できるかな」と歌っていたが，4月に入り，泣くことが増えた。入学式当日には泣きそうになりながら，父母，祖父母と一緒に登校し，家族と離れて入学式に出席した。翌日から，朝ぐずり，母親が校門まで連れていく必要があった。祖父母はこんなことでは学校に行けなくなると本人を厳しく叱り，母親を責めた。本人と母親は仕方なく学校へとぼとぼと通った。校門では担任や校長が待ち，教室に連れていったが，教室には入れず，しかたなく保健室で母親と一緒に過ごす日が続いた。本人に気持ちを聴いたところ，母親と一緒なら教室に来られると言いだした。そこで，翌日から母親が本人の席の横に座り，授業を受けることになった。他の子どもたちはなぜ母親がいるかよくわからないようであったが，自分も母親にいてほしいと言う子どもは現れなかった。ひと月ほど母親がそばに付き添ったが，その後話し合いをもち，母親が教室の後ろにいてくれたらよいと言いだした。そのひと月後は，廊下で母親が見守り，そのひと月後は校内にいればよいと言うようになり，別室に母親が控えるようになった。こうして夏休みが始まる前には母親の付き添いなしで学校にいられるようになった。

 ポイント　環境の変化があるときに分離不安は生じやすく，特に低学年に多い。本人の気持ちをよく聴き，安心感を与え続けると自然に離れることが多い。逆に叱責が増えるとますます離れなくなることは銘記しておいたほうがよい。

疾患の概要

　分離不安は，養育者ないし愛着を形成している大人から離れるときに示す子どもの強い不安感であり，ごく普通の現象といわれている。幼少時期にみられる分離不安が，生理的程度を超えた場合，分離不安症と呼ぶ。分離の節目となる生活史の聴取[*1]が必要といわれている。

> [*1] 分離不安症の生活史の聴取：離乳がスムーズであったか，後追いは激しかったか，母親がそばにいなくても遊べるようになったのはいつごろか，初めての留守番はいつごろかが挙げられる。また，家族の安定を揺るがすような出来事と，それに対する子どもの反応の聴取も重要である。「手のかからない子」の中には実は分離が十分にできていない子どももいる。

症状

　発達的に不適切で過剰な不安，悪夢や身体症状が出現。

　誘因：分離の予期・経験，喪失・危害の可能性，運の悪い出来事，出かけること，一人で過ごすこと，家を離れて寝ること。

対応と治療

　①**対応**：安心感を与えること。一度は離れずそばにいることから開始し，徐々に離れても大丈夫という感覚を養う。

　②**治療**：通常は利用しないが，抗不安薬の短期間利用はある。

❖ 学校で気づくこと ❖

　保護者が子どもを学校に送ってきたとき，学校の門で泣き叫び，母親から離れられない場合。

❖ 学校でできること ❖

　①本人だけでなく保護者にも学校に一緒にいてもらい，本人が安心感を獲得できた場合，徐々に距離をとる試みを支援する（教室）。

　②母親が抱える不安や心配を傾聴し，ねぎらう（教室・相談室・保健室）。

❖ ピットフォール ❖

　無理やり切り離す。母親を責める。

Column

❑子どもの分離不安と母親の分離不安の関係

　子どもの分離不安は，「母親側の分離不安症状や分離に関する悲しみや罪悪感」などの否定的行動の強さ，認知の偏りと関連しているといわれている。

・ある母親の例

　中学入学後も，口うるさく言いながらほとんど母親が宿題をやっていた。これではいけないと思い，中学２年生になり，宿題の手伝いをやめようと決心した。本人はそれなりに宿題をやろうとしていたが，母親のほうがつらくなり，不眠，食欲不振の症状が出現した。

・すぐには出ない分離不安の例

　小学１年生の女児は入学後に母親が突然入院となったとき，入院中は泣きべそをかきながら頑張って登校した。母親は入院中申し訳ない気持ちでいっぱいで，会うたびに謝り，そばにいるようにした。退院後，母親は家での生活が始まり，接し方も入院前と同じようにし，そばにいることも減ったところ一人で学校へ行けなくなり，教室でも母親がいないと顔色が真っ青になり，全身がふるえるようになった。

パニック症
Panic Disorder

●症例（15歳　中学3年生　女子）

　毎日，満員電車に揺られ，都心へ通学していた。連休明けの朝，通学中に突然，動悸，嘔気，呼吸困難感に襲われ，死んでしまうのではないかという不安感をもち，電車を降り自宅へ電話をした。母親が駆けつけ，一緒に病院を受診した。心電図，血液検査などの結果は異常がなかった。次の日も電車の中で同様の症状が出現して倒れ込み，救急車で搬送された。異常ないと言われるものの，症状が毎日起こるのがなぜかわからず，電車に乗るのが不安になり，駅に近づくだけで動悸がしておかしくなってしまう感覚に見舞われ，駅にも近づけなくなった。本人と母親で養護教諭に相談すると，心と身体の両方に気を配ってくれる知り合いの小児科を紹介された。小児科ではパニック症のメカニズムを丁寧に説明し，死ぬことはなく，気が狂うこともないと保証した。対策として，しばらくは通学時間帯を避け，母親と一緒に通学するようにアドバイスされた。また，登校前に抗不安薬を1錠服用するように処方された。学校では玄関で養護教諭が待ち，登校できたことに対して，毎日よくやっているとねぎらい，安心感を与えた。徐々に薬も不要になり，通学時間帯に一人で登校できるようになった。ただ，登校してまず保健室をのぞき，養護教諭に報告することは続けた。

ポイント　パニック症は本人や家族にとって突然のことであり，何が起こったかわからず，恐怖感がとてつもなく大きくなる。パニック症のメカニズムを丁寧に説明し，安心感を与え，対策を練ることが重要である。この症例も小児科医や養護教諭が安心感を与えるため，工夫をしたことが功を奏している。

疾患の概要

　予期しないパニック発作が平静な状態で繰り返し起こる。広場恐怖症（後述）と合併することもみられる。

症状

　パニック発作とは，突然強烈な不快感の高まり（動悸，発汗，身ぶるい，息苦しさ，胸痛，嘔気，めまいなど）が出現し，数分以内にピークに達する。コントロールを失うことに対する恐怖が増し，死ぬことに対する恐怖も増大する。

対応と治療

　①**対応**：安心感を与える。死なない，おかしくならないと保証し，症状が生じても 30 分以内で治まると伝える。症状が通常の生活で治まったら，外出や発作が起きた場所へ行く練習をする。最初は援助してくれる人と行き，発作が生じないことを確認していく。徐々に一人で行く回数を増やしていく。

　②**薬物療法**：選択的セロトニン再取り込み阻害薬を利用。発作が起こりそうなとき，起こったときには，抗不安薬を頓服として利用する。

予防

　規則正しい生活（早寝・早起き）をする。ストレスを溜めすぎない。コーヒーなどの刺激物はパニック発作を起こしやすいので，飲みすぎは控える。

❖ 学校でできること ❖

　①パニック発作への対応として，教室からの移動が必要なら，スムーズにできるよう配慮する（教室）。

　②焦らない，焦らせない。落ち着くまで待つ（血圧，脈拍，体温をゆっくりと測る）。安心感を与え，呼吸を整えさせる。本人が処方された頓服薬があれば，服薬させる（保健室）。

　③規則正しい生活の指導。パニック症のメカニズムを教え，パニック発作への対応ができるように指導する（相談室・保健室）。

❖ ピットフォール ❖

　気のせいだというアドバイスをする。日常的なパニックという言葉をパ

ニック発作と間違えて使う。

☞広場恐怖症（Agoraphobia）

　公共交通機関，広い場所（駐車場，市場，橋など），閉ざされた場所（店，映画館，劇場，エレベーターなど），列，混雑，家の外に一人でいることのような状況で強い恐怖や不安を毎回のように示す。パニック症状が出現したり，何もできない，または困った状況の際に，逃げ出すことや助けを得ることが困難と思い込み，それらの状況を堪え忍んだり，同伴者を必要としたり，積極的にそれらの場所を回避したりする。

Column

❑パニックとパニック発作の違い

　①パニックとは，極めて強い不安，恐怖，葛藤により自我が圧倒され制御不能になり，ただ興奮し，冷静に熟慮，判断ができない状態。
　②パニック発作とは，突然，何の前触れもなく起こるもので，どうかなってしまうのではないか，気が狂ったり死んだりしてしまうのではないかという耐えがたい恐怖と不安症状，強烈な不快感，それに伴う激しい動悸，発汗，手足のふるえ，息苦しさ，胸痛，嘔気，めまい感，感覚麻痺，現実消失感などの心身症状。

❑分離不安症とパニック症の関係

　分離不安がパニック発作の誘因になることもあり，分離不安症がうまく克服できていないと，成人期のパニック症を発症することもある。養育者との間の愛着形成や発達の過程と密接に結びついているといわれる。

社交不安症
Social Anxiety Disorder

●症例（15歳　中学3年生　男子）

　幼少時期から引っ込み思案であったが，中学に入り，人前で話すのがさらに苦手になった。

　推薦入試の練習でプレゼンテーションをしたが，うまくいかず担任から叱咤激励された。「明日も練習するぞ」と言われ帰宅したが，次の日の練習のことを思うと，顔が紅潮し息苦しくなり，翌日は登校できなくなった。担任はびっくりし，養護教諭と相談し，母親へ電話をかけ，対策を練った。担任，養護教諭，母親が話し合い，まず本人の話をよく聴き，つらさを受け止めることにした。その後，本人に自分ではどうしたいかを尋ね，それに沿った支援をすることにした。本人は家で母親の助けを借り，自分で練習をしたいと述べた。その気持ちを大切にし，自分で練習した後，担任はいつでも手伝うことができると本人に伝えた。もともと担任との信頼関係があったので，家で十分に練習した後，放課後，誰もいないときに担任と練習をすることになった。その際，担任は良いところを積極的に褒め，安心感と自信を与える作戦で練習に付き合った。徐々に不安が減り，自信を回復して本番の推薦入試に臨み，無事合格となった。

ポイント　社交不安は失敗体験により，さらに不安が増すものである。叱咤激励よりもその環境に徐々に慣れるよう少しずつ成功体験を積ませるほうがよい。また，信頼できる人の支援が非常に有効である。

●症例（12歳　小学6年生　女子）

　もともと人見知りが強く，小学校入学後から人前で話すのが苦手であった。授業中に当てられたとき，緊張して，動悸がして答えられず，クラスメ

イトから笑われた。それを機会に，自分には何もいいところはないと人前で話せなくなり，食事摂取が進まなくなった。やせていくうちに皆からスリムになってかわいいと褒められ，ますます食べなくなり，標準体重の70%となり学校からの紹介で受診となった。不安を受容し，食べるリハビリを提案し，同時に抗精神病薬を少量処方し，得意なところ，良いところを見つけるリハビリをしようと心理士によるカウンセリングを導入した。人前で話すのは苦手だが，本を読んだり，物を書いたりするのは好きだと言う。継続的に受診を続けるうちに，作文と読書感想文で賞をもらい，徐々に自信をつけていった。少し遅れて，現状維持がやっとであった体重が増えてきた。

ポイント 社交不安に摂食障害を合併した例である。不安のほうに注目し，不安軽減を図り，自信をつけることで社交不安が改善し，食べるリハビリを導入することで摂食障害も改善した。食べ物だけに注目するのではなく，不安に重点を置く支援が合併例には有効なことがある。

疾患の概要

　雑談などの社交的なやりとり，会議などでの発言，人前での動作，見られることに関して過剰な不安と恐怖をもち，回避行動のため日常生活に支障をきたす。就学前は少ないが，過度に内気で言葉も少なく，小声で母親の後ろに隠れる場合もある。

症状

　人の前で恥をかくのではないかと，否定的に自分を捉え（認知的側面），集まりや話への参加を回避し，アイコンタクトをとれない（行動的側面）。話せない形で恐怖または不安が表現されることがある。振戦（ふるえ），動悸，発汗などの身体症状が出現する（身体的側面）。

対応と治療

①**対応**：人前に出る練習をするが，まず一人で鏡の前に立ち，自分に話しかける。次に家族の前で話す練習をし，担任など頼りになる教員の前で話す練習をし，少数の仲のよい友達の前で話をする。最後にクラスのみんなの前で話をする。

②**治療**：認知行動療法，社会技能訓練法，薬物療法を用いる。

予防

幼少時から安心感を与え，人前でも大丈夫という経験を積み，対人的な恐怖を軽減する試みを実践すること。

❖ 学校でできること ❖

①まずは避難の場所として利用する。次に練習の場所，自信や勇気を与える場所，ねぎらいの場所となるように関わる（相談室・保健室）。

②人前に出る練習，見本を見せる，成功や失敗の体験，自信や勇気を与える，ねぎらいの場所として活用できるよう担任が柔軟に働きかける（教室）。

③関係教職員が病態を共通理解して対応できるようにする（学校全体）。

❖ ピットフォール ❖

無理やり人の前に立たせ，話させる。叱咤激励をしてしまう。

Column

□社交不安症とパニック症，場面（選択性）緘黙の関係

　パニック発作時の状況は，パニック症では対人・社会的状況と無関係であるが，社交不安症は対人・社会的状況に依存する。他の人との関係は，パニック症では一緒にいる状況で安心するが，社交不安症では一緒にいると不安が高まる。パニック症では一人でいるときに発作を起こしやすいが，社交不安症では一人でいるときには発作を起こさない。場面（選択性）緘黙と社交不安症の違いは，場面（選択性）緘黙では話す必要がない社交場面では不安をもたないが，社交不安症では顕著な不安が生じる点である。

全般不安症（過剰不安症）
Generalized Anxiety Disorder

●症例（15歳　中学3年生　女子）

　秋の校外模試を受ける前ごろから何か不安になり，試験当日遅刻するのではないか，場所を間違えるのではないか，受験番号を間違えるのではないかと何度も不安になった。手に汗をかいたり息苦しくなったり，動悸がしたりするようになった。試験は担任の付き添い支援もあり，なんとか受けることができたが，その後も多数の不安が頭に浮かんだ。特に夕方以降に悪化し，夜自分の部屋に入ると明日学校でも起こるのではないかと不安がよぎり，身体症状が次々と出現した。学校では養護教諭を中心に話をよく聴き，不安に対して共感・受容し，本人と共に対策を練った。また，バイタルサイン[*2]を確認し，問題がないことを伝えていった。スクールカウンセラーも相談にのり，不安への対策を一緒に考えた。これらのことを通して，徐々に不安材料が減っていった。

> [*2]
> バイタルサイン（Vital Sign）：生きているという状態であることを示す兆候を意味し，保健室では体温，脈拍，血圧，呼吸数の測定が可能。パルスオキシメータを設置している保健室では酸素飽和度を測定することも可能（過呼吸症候群の場合，血中酸素飽和度 SpO2 が99〜100%に達する）。

ポイント　全般不安症は，症例のように何に対しても過剰に不安になる病態である。傾聴し，不安を受容・共感し，対策を練ることで，不安の悪化を防ぎ，不安を改善することができた例である。

疾患の概要

　勉強や学校での生活など，さまざまな出来事や活動に対して過剰な不安や心配が続いている状態で，制御することが困難であり，そのため社会的な適応に問題が生じる。

症状

　精神症状としてのイライラ，易疲労感（疲れやすい），集中困難，過敏。

身体症状として息苦しさ，緊張感，頭痛，肩こり，睡眠障害。自律神経症状として動悸，めまい，発汗がみられる。

対応と治療

①**対応**：よく話を聴き，安心感を与える。

②**治療**：認知行動療法，リラクゼーション訓練も用いられる。薬物療法として抗不安薬や不安に効果のある抗うつ薬を利用する。

予防

不安そうな子どもにはもちろん，問題なく生活している子どもにも，日頃から学校や家庭で「大丈夫」，「なんとかなる」といった声かけを周りが心がける。千葉大学で開発された不安軽減に焦点を当てた予防教育プログラム「勇者の旅」を利用（https://www.cocoro.chiba-u.jp/yuusha/outline.html）。

❖ 学校でできること ❖

①話をよく聴き，不安であることに受容・共感し，一つひとつ対策を練っていく（教室・相談室・保健室）。

②手を握り，一緒にゆっくりと呼吸する。血圧や脈拍を測り，問題ないことを伝えて安心感を与える（保健室）。

③関係教職員が病態を理解して，対応できるようにする（学校全体）。

❖ ピットフォール ❖

「そんなことで心配するな」，「心配しすぎ」と言う。

限局性恐怖症
Specific Phobia

●症例（5歳　幼稚園　女子）

　幼稚園でトイレに入ることができず，「トイレ行きたい」と言えずにお漏らしをするとのことで来院。白衣を見て大声で泣き叫び，母親がなだめても泣きやまないので，看護師は同席せず，医師も白衣を脱いで診察した。しばらくすると泣きやんだ。幼稚園でのトイレには，担任やみんなで行くように指導し，徐々にトイレに慣れさせる。次に，トイレの入り口まで担任やみんなで行き，そこで担任が待つ，というふうに徐々に慣れさせることで，恐怖感が低下し，一人でトイレに行けるようになった。

ポイント　ある特定の対象が恐怖になる疾患である。脅さず恐怖感を軽減するために一緒に行動したり試したりして，大丈夫感覚（「大丈夫」と思える感覚）を養い，トイレ恐怖症を克服した例である。

●症例（12歳　小学6年生　男子）

　小学6年生の2学期になり体育大会の練習が炎天下で行われるようになると，表情が少し硬くなり，言葉数が少なくなった。保健室で養護教諭が毎日血圧や脈拍を測定し，話を聴いていくと，高い所に上がると恐怖感を最近感じるようになり，ピラミッドの一番上に乗るのが怖いと言ったため，養護教諭が担任や体育教師に話をし，参加可能な位置への変更を行った。

ポイント　丁寧に話を聴き，うまく対応して体育大会へ参加できた例である。怪我の予防にもなったと思われる。

疾患の概要

　ある特定の対象または状況（高所・閉所などの苦手な場所，動物，注射，白衣，大きな音，窒息や嘔吐につながる状況など）への顕著な恐怖と不安がほとんどいつも直ちに生じる。恐怖不安を感じながら耐え忍んでいる場合もあり，避ける場合もある。子どもの生涯有病率は約5％で，幼児期後半の女児に多い。

症状

　恐怖と不安から泣いたり，かんしゃくを起こしたり，凍りついたり，まとわりついたりする。

対応と治療

　①**対応**：安心感を与える工夫，対策を練る。

　②**治療**：生活機能の回復を目標に，日常機能が障害されているときのみ治療を行う。不安を惹起する程度が弱いものから順次強いものへ階層的に配列した計画表を用い，不安に対応できるようにする系統的脱感作法が用いられる。

予防

　むやみに脅さない。大丈夫感覚を養う。

❖ 学校でできること ❖

　①不安を軽減するため，一緒に行動したり試したりして大丈夫感覚を共有する（教室・相談室・保健室）。

　②可能なら系統的脱感作法[*3]も用いる（教室・相談室・保健室で相談しながら実施する）。

❖ ピットフォール ❖

　「いいかげんにしなさい」，「怖くないでしょ」と決めつける。

> [*3] 系統的脱感作法（Systematic Desensitization）：恐怖や不安に段階的に慣れさせる方法。ある対象に対して感じている恐怖や不安を弱いものから順に段階的に経験させ，恐怖や不安を感じなくなると次の段階に移るといった具合にステップアップしていく。

その他の疾患と略説

☞場面緘黙／選択性緘黙症（Selective Mutism）

　家庭など親密な人間関係のなかでは普通に話せるが，幼稚園や学校などの人前では話さない。多くは就学前（2〜4歳）に発症し，女子がやや多い。不安症や発達障害が基盤にあることもみられる。対応としては，喋ることを無理強いしないことが大切である。学校での厳しい叱責はさらに緘黙を悪化させることが多い。教職員は指導に工夫が必要である。少人数での訓練，自信をつける働きかけ，遊戯療法による非言語的コミュニケーションを用いる。

☞同胞葛藤症（Subling Conflict）

　弟や妹が生まれると，独占していた親の愛情を奪われることに対する不安から生じる。症状として，退行，弟や妹への暴力として現れる。対応は父親が添い寝をしたり，一緒に入浴したり，絵本の読み聞かせをしたりして関わりを増やすことが重要といわれている。その際，母親と協力してうまく役割分担をすることが大切である。治療としては，プレイセラピーや支持的精神療法，ペアレントトレーニングが用いられる。

☞対人恐怖症（Anthrophobia）

　日本に独特なもので，今日では社交不安症の一部として取り扱われている。自分の状態が他人にどう映るかを恐れ，社会的状況を回避するようになる。生活の欧米化により，日本独特の対人恐怖は減少しているといわれている。症状の現れ方として，視線恐怖，赤面恐怖，自己臭恐怖が挙げられる。視線恐怖は注察妄想，自己臭恐怖は自我漏洩症候群につながるといわれる。ICD-11 では，自己臭症は強迫症または関連症群に含まれているので，その項に記載する（第

6 章参照）。

Column

□社交不安症と対人恐怖症の差

　社交不安症では，自分が中心におり，自分が他者に見られる不安，恥ずかしい思いを示すが，対人恐怖症では，他者を中心ととらえ，他者が嫌がるのでは，不快感をもつのではと考え，自分が他者に与える恐怖，迷惑をかける思いを示す。社交不安症は緊張型対人恐怖，対人恐怖症は確信型対人恐怖といわれることもある。

不安に関する一般的な解説

1. 不安とは

具体的な対象のない漠然とした不快な感覚を不安という。不安は，生まれてから死ぬまで付き合う感情で，すべての人にとって避けることのできない現象である。危険信号として役立つ場合もあれば，度を過ぎると苦痛になり，日常生活に支障をきたす。不安が強いと，心悸亢進，冷汗，下痢，過呼吸，息苦しさ，緊張，不眠などの身体症状が現れる。不安から生じる精神症状を図 5-1 に示す。

2. 不安のタイプ

不安をすぐに感じて危険に備えるタイプと，不安をなかなか感じず大胆な

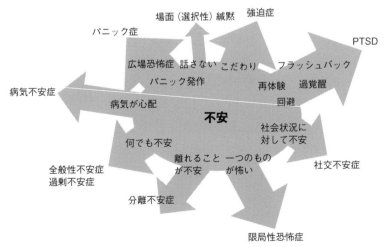

図 5-1　不安と関連した症状

行動をとるタイプがみられる。

3. 不安に対する防衛機制

　不安は自我を危機から守る働きをしている。例えば，退行してストレスを避けようとする。また，防衛は自我を守るだけでなく，自分の認めたくない真実（不安）を隠す役割も無意識のうちに果たしている。防衛機制の種類として，抑圧，否認，摂取，同一化，投射（投影），反動（反動形成），分離，観念化，復元（やりなおし），合理化，退行，昇華が挙げられる。

4. 対応・予防

　基本は，安心感，安全感を与えることができるかである。保護者の安心感を保つことも重要で，養護教諭などの学校での支援者は研修などでの体験を増やすことが求められる。千葉大学子どものこころの発達教育研究センターは認知行動療法をベースに「勇者の旅」（https://www.cocoro.chiba-u.jp/yuusha/outline.html）を開発した。不安軽減に焦点を当てた予防教育プログラムであり，授業に使えるようワークショップが進んでいる。心の健康教室サニタ（https://sanita-mentale.jp/）も参考になる。

5. 不安症の生物学的基礎

　限局性恐怖症や社交不安症は扁桃体の関わるシステム，分離不安症やパニック症は呼吸制御の関わるシステム，全般不安症（過剰不安症）は強迫症や心的外傷後ストレス症（PTSD）とともに海馬に関わる神経回路システム，扁桃体・海馬はストレス反応の制御に関わる視床下部－下垂体－副腎システムと関連している。

第 6 章

強迫症と関連症群
Obsessive-Compulsive or Related Disorders

　ここでは強迫症，醜形恐怖症，自己臭症／自己臭恐怖症，ため込み症，抜毛症，皮膚むしり症について述べるが，強迫症について詳しく示し，他の関連症群はまとめて紹介する。

強迫症
Obsessive-Compulsive

●症例（12歳　小学6年生　男子）

　学校での理科実験で器具の洗浄方法を担任に注意されてから何度も洗わないと作業できなくなった。器具を自分のやり方で洗浄しても汚れが落ちていないのではないかという考えが浮かんできて，考えまいとしても何回も何回も浮かんできていた。そのため，何度も器具を洗い，手も荒れ，器具も壊してしまうようになった。担任が手伝ったが，それでも何度も洗おうとし，本人も担任も困り，受診となった。曝露反応妨害法（図6-1を参照）を用い，洗うまでの時間を延ばしていき改善傾向にあったが訴えは減らなかった。そこで，フルボキサミン（デプロメール，ルボックス）25mgを処方し，曝露反応妨害法も同時に実施してもらった。数ヵ月後には訴えも減り，理科実験終了後には症状も消失し，薬物療法も終了となった。

> **ポイント**　強迫観念と強迫行為の両方がみられ，担任の協力のもと，曝露反応妨害法と薬物療法の効果があった例である。

疾患の概要

　強迫症は強迫観念と強迫行為からなる。自分の意思に反して何回も考えてしまうこと（とらわれ）が強迫観念であり，繰り返し行動してしまうことが

●**強迫観念から強迫行動へ**

強迫行為が強迫症状を強化

きっかけ　→　とらわれ
手が汚れている
不安, 恐怖, 不快感　→　手洗い　→　とらわれ増大

●**曝露反応妨害法**

不安な場面に曝すことを通して慣れさせること
不安や恐怖, 不快感を下げるために行っていた強迫行為をしない状態で, 強迫衝動が低下するまで持続させる技法

手洗い　→　開始までの時間を延長　→　強迫衝動低下

図 6-1　曝露反応妨害法の例[1]

強迫行為である。自分では不合理とは感じにくく, 巻き込み型（家族などを巻き込んで強迫行為を手伝わせること）が多い。

症状

自然に消失するものから病的なものまである。

＊**強迫観念の例**：学校に関連する物（例えば教科書）に触ると菌がつく, 左右対称にしないと罰が当たる, 学校へ行こうとすると吐いてしまうのではないか, 教科書を入れ忘れた, などの考えが, 打ち消しても打ち消しても何度も浮かんでしまう。

＊**強迫行為の例**：手に菌がついたと思って頻回の手洗いをする, 長時間の手洗いや入浴をしようとする。吐いてしまうのではないか, 教科書を入れ忘れたのではないかと何度も確認する。周囲の者（特に母親）に対し, 繰り返し確認したり, 同じ行動をとらせたり, 自らの強迫行為を見ておくよう求めたりする。要求が受け入れられない場合, 不安・焦燥が強くなり, かんしゃくを起こし, 家庭内暴力へ発展する例もある。

対応と治療

①**一般的対応**：子ども自身に対するアプローチに加え, 家族への治療的アプローチ, 学校での理解, 受け入れを同時に進めていく。子どもへの安

心感をどう与えるかが重要になる。また，関係者には，強迫行為をすることで強迫症が強化されること（**図6-1**を参照）を理解してもらう必要がある。

②**治療**：保護者へのガイダンスを行い，認知行動療法（CBT，特に曝露反応妨害法，**図6-1**）：強迫行為をせずに自身の不快感情を辛抱して時間経過とともにその不快感情が低下することを体験する）が推奨され，例えば，手を洗いたくても1分だけ辛抱する，次に2分だけ辛抱する，と少しずつ辛抱の時間を増やしていく方法である。最初は両親からの援助も必要である。近くで見守っていたのをだんだん離れて見守り，最後は一人でやってもらう。できたら必ず，自分自身を褒める，ねぎらうことも必要である。強迫症への効果が不十分である場合，薬物療法とのコンビネーションを実施するのが望ましい。

③**薬物療法**：セロトニン再取り込み阻害薬（SSRI）：フルボキサミン（デプロメール，ルボックス）（8歳以上で保険適応）が用いられるようになった。

④**巻き込みへの対策**：不安なため，周囲の大人に頼らざるを得ず，周囲も見るに見かねて症状にまつわる要求に応じた結果，巻き込みが増すが，対策として一般には限界設定という方法が採られる。例えば，「1回だけだよ」と制限を設け，後は手伝わないやり方である。難しい場合は，まず現在以上の強迫症状の手助けをしないようにすることから始める。本人の要求を断ることは周りの大人にとって苦痛であるが，長期的には良い結果につながる可能性が高い。

予防

あまりにも几帳面に完璧主義にならないような指導をする。

❖ **学校でできること** ❖

①つらさを汲む。今までやってきた工夫を肯定し，ねぎらう。工夫を一緒に考える。リラックスさせる。ゆったりとした空間を与える。楽しい話題で会話をする（相談室・保健室）。

②可能ならば曝露反応妨害法を実施する（相談室・保健室）。

③大目に見る。見て見ぬ振りをする（教室）。

❖ ピットフォール ❖

「そんなことくらい我慢しろ」,「いつまでもこだわっていては駄目よ」と叱責する。「気の済むまでやっていなさい」と言い放つ。

その他の疾患と略説

☞醜形恐怖症（Body Dysmorphic Disorder）

　外見について自分は醜いと思い込む。また小さな身体的異常がある場合には過剰に心配する。その思い込みのために実際に強い苦痛を感じていたり，社会的な面などで支障がある。歯並びが悪く自分のことを醜いと思い込み，容姿の悩みを相談して解決する番組に応募しようとした例や，男子から「豚まん，ブス」と言われた気がし，自分のことを醜いと思い込み，ひきこもりになった例もある。対応や治療として自信回復への支援，成功体験の積み重ねが挙げられる。うつや不安などの周辺症状にも薬物療法が用いられるが，醜形恐怖症自体には薬物療法は無効といわれている。

☞自己臭症／自己臭恐怖症（Olfactory Reference Syndrome）

　おならなどの臭いが自分から漏れ，人に知られてしまい，そのため人が自分を避けると訴える。実際に臭いがする人は少ない。身体＝自我から秘密が漏れるという「自我漏洩」という自我障害の性質をもつ。「周囲の人の気配でわかった」，「嫌な顔をされた」と述べることがある（自我漏洩症候群：Egorrhea Symptom）。自己臭妄想症として統合失調症群とする場合もあるが，ここでは強迫症の関連障害として説明した。

●自我漏洩症候群の症例：17歳　高校2年生　女子

　電車に乗るたびに自分のことを見られているような気がして顔が上げられない。目と目が合うのが怖い。どこでもおならが出てしまう気がして，通学の電車内で自分が臭いから自分のことを見ているのだと思うようになったが，なんとか学校へ通っていた。ある日，後ろの席の男子が臭いと言ったことに過剰に反応し，翌日から登校できなくなった。そのうち，自分が思っ

ていることや感じていることが，何も言わないのに他者に伝わっていると感じ，外出もできなくなった。

☞ため込み症（Hoarding Disorder）

　物を過剰に集めすぎ，最低限の物を整理できない，集めた物を捨てることまたは手放すことができない，物を捨てられず活動できる生活空間が物でいっぱいになり，本来意図された部屋の使用ができない状態になる。ため込みが問題だと認識している人，問題がないと確信している人もいる。小中学生では保護者の管理があり，ため込み症と診断できない場合も多い。不安に対する薬物療法や認知行動療法，他者による支援（片づけ，廃棄）が必要となることもある。最低限必要な物をリストアップしてそれ以外は買わないようにし，不要な広告やチラシを持って帰らないなど工夫をする。さらには万引きを防ぐ必要もある。

☞抜毛症（Trichotillomania：Hair-Pulling Disorder）

　病変部の境界不鮮明，形の不正，長さの異なる毛髪が残存するのが特徴である。児童期では本人に自覚がないことも多い。思春期では強迫的に繰り返し，自らの髪の毛を抜きたいという衝動に抵抗できない。快感がある，秘めた攻撃性を示しているともいわれる。円形性脱毛症は境界が鮮明で，形も整であることで鑑別が可能である。抜いた毛を飲み込むことを続けると胃で溶けず石灰化（毛髪胃石）して手術が必要なこともある。

☞皮膚むしり症（Excoriation Disorder）

　皮膚の損傷を引き起こすくらいに繰り返される皮膚をむしる行為をしたり，その行為を減らそう止めようと繰り返し試みたりすることを通して苦痛を感じ，社会的な機能障害を引き起こしている。皮膚をむしることで満足，快感，安心を生じることがあるが，子どもでは自覚のないことも多い。指の場合，指を使う作業など他の興味のあるものへ注意を向ける手段，指に絆創膏を貼ったりして意識をそこに向けるようにリマインダーを利用して，皮膚

むしりから回復させる手段をとることもある。前腕の皮膚むしりの場合，夏場は傷が生じやすいが冬になり長袖になると改善する場合もみられる。痒みの治療をすることで回復に向かうこともみられる。

第 7 章

食行動症または摂食症群
Feeding or Eating Disorders

　食行動に関連する障害群であり，神経性やせ症，回避・制限性食物摂取症，神経性過食症，むちゃ食い症／過食性障害，異食症，反芻症などがこの範疇に入る。ここでは主な摂食障害（摂食症）について説明し，他はまとめて記載する。表7-1 に摂食障害の比較を示す。

表 7-1　摂食障害の比較

	AN		BN	BED	ARFID
	ANR	ANBP			
体重減少 or 増加なし	あり	あり	なし	なし	あり
栄養不足	あり	あり	なし	なし	あり
体重へのこだわり	あり	あり	あり	不明	なし
体型へのこだわり	あり	あり	あり	不明	なし
肥満恐怖	あり	あり	あり	なし	なし
排出行動	なし	あり	あり	なし	なし
食物・摂食への関心	あり	あり	あり	あり	なし

AN：神経性やせ症，ANR：摂食制限型，ANBP：過食・排出型，BN：神経性過食症，BED：むちゃ食い症・過食性障害，ARFID：回避・制限性食物摂取症

神経性やせ症（AN）
Anorexia Nervosa

●症例（15歳　中学3年生　女子　陸上競技部・長距離走）

　4月当初の身体計測で肥満度−15％だったが，夏休み明けの身体計測では肥満度−21％となっていた。夏休み中には一人で黙々と走る姿が見られており，周りはよく頑張っていると思っていた。養護教諭は対応指針に沿って経過を見るため，本人の成長曲線で今までの経過を確認し，学級担任に昼食時の様子などを見てもらった。そうすると昼食はほとんどとらず，水筒も

持ってきていないということがわかった。1ヵ月後に身体計測および健康観察を行うと，肥満度−22%，徐脈がみられたため，学級担任，陸上競技部顧問，管理職らで校内体制を整えて対応を継続し，養護教諭から学校医にも相談した。顧問は，無理をしすぎないよう声をかけたが，本人は「県大会のメンバーに入るために自主練習に取り組み，頑張りたい」と話し，早朝および部活練習の終了後に必死で走り，記録が伸びていった。その後，肥満度−24%，徐脈があり，保護者に連絡したところ，母親が作る食事内容にいちいち意見し，大好きだったおやつを食べなくなった。母親は体重減少には気づいていなかった。その後，養護教諭と本人との健康相談のなかでは，記録が伸びなくなったことや月経不順も話され，その不安に寄り添いながら本人・保護者に医療機関への受診を勧め，保健室から紹介状および成長曲線を示す資料を準備した。受診後は，本人・保護者の了承をとって主治医との連携を行い，病状を把握し，運動制限など，身体面の状況に沿った対応ができるよう，校内委員会や学年打ち合わせ会などで共通理解した。治療中にも保健室での健康相談を継続し，進路については評価への不安や受験勉強への焦り，イライラなどにも相談にのりながら支援を継続した。高等学校への進学時には，本人・保護者の了解を得て，高校の養護教諭への連絡を行った。

ポイント 体重増加を嫌がるような言葉はなかったが，体重を減らそうとする行動や体重が増えることを妨げる行動がみられ，身体が深刻な状態であるという認識が乏しいことから，ANと判断できる。校内で支援体制をつくり，丁寧に見守り，保護者とも連絡をとり，主治医と連携をし，本人の身体面での支援にあたると同時に，不安や焦り，イライラなどの相談にのり，支援したことにより回復に向かったと思われる。

疾患の概要

　カロリー摂取を極端に制限するため，標準に比して著しい低体重が生じる。著しい低体重にもかかわらず，太っていると思い込み，体重増加を妨げる行動が持続する。身体が深刻な状態にあるという認識が乏しく，自己評価が体重や体型に過剰に影響される。カロリー制限や過剰運動によって体重減

少を図る摂食制限型（ANR）と，過食や不適切な代償行為（自己誘発性嘔吐，下剤・利尿剤・薬剤の乱用など）を伴う過食・排出型（ANBP）に分けられる。子どもでは，ANR が多く，ANBP は少ないといわれている。心の健康教室サニタ（https://sanita-mentale.jp/）が参考になる。

症状

①**身体部位**：頭（乾燥して艶がない頭髪，脱毛），口（エナメル質の腐蝕，う歯〔虫歯〕，歯肉障害），皮膚（うぶ毛の増加，乾燥肌，黄色化），手指（小脈，遅脈*1，冷感，チアノーゼ），下肢（浮腫，筋力低下），全身（低体温），顔色（顔色不良，表情が乏しい）。

> *1 小脈と遅脈，徐脈：小脈は脈圧の低下により小さく振れる脈のことをいう。遅脈は立ち上がりが遅く徐々に大きくなり，徐々に小さくなる消退のゆっくりした脈である。徐脈は毎分60以下の脈拍のことである。

②**内臓機能系**：脳神経系（脳萎縮，睡眠障害，記憶力低下，認知の歪み），消化器系（満腹感・空腹感の欠如，腹部膨満感，便秘，食後不快感，味覚障害），循環器系（低血圧，徐脈，不整脈，動悸，心囊液貯留），肝機能系（肝機能異常，脂肪肝，腹水），腎機能系（脱水，薄い尿，稀だが濃い尿がある），内分泌系（低血糖，浮腫，甲状腺機能ホルモンの低下，脂質代謝の乱れ），生殖器（無月経）。

③**心への影響**：食べ物のことで頭がいっぱいになる。やせを認めない。食へのこだわり。過活動（勉強，運動）。空腹・疲労感の欠如。不安，イライラ，情緒不安定，完全主義，頑固，退行。食物摂取への罪悪感。長時間の食事。

対応と治療

「摂食障害に関する学校と医療のより良い連携のための対応指針」パンフレットが摂食障害情報ポータルサイト（https://www.edportal.jp/sp_pro/）からダウンロード可能。

①**対応**：AN に気づいたときは担任と相談し，今後の方針を話し合う。できれば管理職，学年主任らと共にチームをつくり，対応していく。本人には身体に起こっていることを，適切に客観的に対応指針などを利用して説明する。同時に本人の了解を得て（了解を得る時間がないときもあ

る），保護者に現在の状態を伝える。本人・保護者とも，納得すれば病院へ紹介する。納得しない場合は保健室で定期的に身体測定を行い，そのときの状態を話し合い，病院の機会を探り，一度は子ども版 EAT26 日本語版（質問紙）を利用して話し合う（日本小児心身医学会ホームページよりダウンロード可能：https://www.jisinsin.jp/documents/EAT26.pdf）。学校でできることとして，過激な運動や部活動を避けるようにアドバイスをすることが挙げられる。これは養護教諭が部活顧問，体育教師，担任，管理職と粘り強く話し合い，本人の運動の制限をするという共通理解をもつことが求められる。

②治療への道：長期に及ぶ場合は学校医に相談し，学校医からの説明をしてもらい，強く病院受診を勧めてもらう。勧め方は対応指針に詳しい。低血糖，脱水への対応が急務になることがある。低血糖，脱水などの自覚症状がみられず，突然，意識消失発作や意識もうろう状態が生じ，周りは何が起こったかわからないことも起こりうる。この場合は，至急，救急病院への搬送を行う。

予防

本人が困ったと言うことがほとんどないため，身体測定を利用し，成長曲線を作成し，標準体重の80％未満の子どもたちを拾い上げ，経過をみていき，早期発見することが重要である。今後は保健の授業を通して，低体重の危険性を訴えていくことも必要である。高校の学習指導要領の改訂により，早期発見および対策が必要な疾患の一つとして，そして生涯の健康維持に欠かせない知識として摂食障害が保健の授業で取り上げられることになった。早期発見にはゲートキーパー*2 としての養護教諭の役割が重要視されてきた。

> *2 ゲートキーパー：摂食障害の場合，摂食障害に気づき，適切な対応（悩んでいる人に気づき，声をかけ，話を聴いて，必要な支援につなげ，見守る）を図ることができる人のこと。

❖ 学校でできること ❖

①身体計測は，小学校では年3回以上，中学校，高等学校でも年2回の実施ができるよう計画し，児童生徒の成長の様子を見守る体制をつくる（学校全体）。

②健康診断結果より<u>成長曲線</u>を作成し，前出（p.99 を参照）の対応指針と「摂食障害の子どものこころと家族ケア」（増補改訂版）を保健室に置き，必要時に参照する。低体重の児童生徒の経過を追跡する。可能なら子ども版 EAT26 日本語版（質問紙）（p.100 を参照）を用い，本人と話し合う（保健室）。

③受診が必要だと判断したときは機敏に行動する（保健室）。

④疾患の理解を深め，校内全体での支援体制をつくり，医療機関と連携して支援する（学校全体）。

⑤治療中も学校生活のなかで食事，体育，調理実習など不安や配慮が必要なことに対して相談にのる（保健室・教室）。

⑥周囲の子どもたちに対する説明についても本人，保護者，関係教職員で話し合う（保健室・相談室・教室）。

❖ ピットフォール ❖

やせていても元気そうだから大丈夫だと思う。学校生活のなかでダイエットや肥満の話題をむやみに出す。

回避・制限性食物摂取症（ARFID）
Avoidant/Restrictive Food Intake Disorder

●症例（7歳　小学1年生　女子）

　もともとやせ気味の体型であったが，小学1年生9月の身体計測では，肥満度−17.5%と−15%未満であったため，対応指針に従って，養護教諭は学級担任・学年教諭らと見守り体制をつくった。腹痛の理由で欠席することが4日続き，翌日登校したものの，不調を訴えて保健室に来た際には，顔色の悪さ，手先の冷たさ，徐脈が見受けられ，体重は1週間で2kg減少していた。丁寧に聴き取り（子ども版EAT26日本語版〔質問紙〕〔p.100を参照〕を使用）をしたところ，8月下旬に胃腸風邪にかかって激しく嘔吐したことをきっかけに，ものを食べたら吐くのではないか，教室で嘔吐したらどうしよう，と不安が高まって朝食を食べられず，水分も必要量を摂れていないことがわかった。「食べると気持ちが悪くなる」と給食をほとんど食べていないという学級担任からの情報もあったため，すぐに保護者に連絡をとり，今後の対応について話し合いの機会をもったところ，9月から登校しぶりが続いていたことがわかった。学校医に相談し，学校では，給食や水分は保健室でとらせる，不安が強いときは保健室で安心感を得られるような対応を続ける，定期的に身体チェックを行うなどの対応をとるとともに，保護者に医療機関への受診の必要性を伝え，学校医への紹介状を持たせた。受診時には，食べ物のにおいに耐えられず口から何も食べられない状況となっていたため，学校医からの紹介で総合病院へ入院し，点滴をはじめとする治療が始まった。養護教諭は病院のカンファレンスに参加し，子どもの心身の状況を把握し，入院中や退院後の学校側の対応について助言を求めるなど，学校と病院の橋渡し役を担った。

ポイント

低年齢の児童は体重減少が一気に進むため，食べられない状況が続いた今回の症例では，早急に医療機関へ受診し入院治療することが必要であった。小児の場合，やせ願望がなく，強い不安や恐怖から食べられずに体重が減少する ARFID も多く，安心感を与えることで経過が良くなる。入院中は学校との関係が途切れないように，保護者，児童と連絡を取り合うことが，スムーズな学校復帰の際に役立った。

疾患の概要

　食物摂取を回避，制限する結果，体重減少や栄養不足が起こる疾患である。体重や体型に対する偏った考えやこだわりがないのが特徴である。食物の外見，色，におい，食感，温度，味に敏感になったり，窒息や飲み込み，嘔吐を恐れたり，食べることや食物に無関心であるなどの理由で食物の摂取を回避する。多くが幼児期や小児期に発症する。

症状

　「食べて気持ちが悪くなるのが不安」，「食べることに興味がない」，「食べたら喉に詰まらせる」などの理由で食べ物を避けるため，著しい体重減少や栄養不良に至る。

①**身体部位，内臓機能系**：AN の低体重，低栄養の症状と同じものがみられる。

②**心への影響**：食べ物のことや身体，生活に対する不安が著しく強くなる。食へのこだわり，過活動もみられることがあるが，さほど強くはない。空腹・疲労感の欠如もみられるが，ない場合もある。

対応と治療

①**対応**：本人の不安やつらさを受容し，固形物が食べられない場合は液体摂取から始め，少量からの固形物を食べるリハビリを行う。液体が飲めない場合は固形物の摂取から始め，少量の液体を飲むリハビリを行う。支援者は食べ物の摂取に加え，生活全般において安心感を与え続けることがポイントである。

②**治療**：少量の食物摂取から栄養療法を実施する。点滴や経鼻栄養から開

始することもしばしば経験する。抗不安薬を使用することもある。

　ランチタイムの様子を温かく見守り，食べにくくしていたり，食べるのに時間がかかったり，食べなかったりする様子から，本人の食事摂取に対する不安な気持ちを早めにキャッチすることが求められる。また，食に対する不安を子どもたちが訴えた場合，子どもたちの声に耳を傾け，じっくりと話を聴き，状態を把握することも重要である。さらに身体測定を利用し，成長曲線を作成し，標準体重の80％未満の子どもたちを拾い上げることで早めに発見できることもある。

❖ 学校でできること ❖

①血圧，脈拍，体温，手足の冷たさ，皮膚の状態など継続的なチェックを行う（保健室）。

②本人の食べられないつらさや不安な気持ちを汲み取り，受容・共感していく（教室・相談室・保健室）。

③可能なら子ども版EAT26日本語版（質問紙）（p.100を参照）を用い，本人と話し合う（保健室）。

④食事量や体重の減少が続き，身体面での問題が生じてきた場合は，学校医への相談，病院紹介を行う（保健室・管理職）。その際，「摂食障害に関する学校と医療のより良い連携のための対応指針」（p.99を参照）と「摂食障害の子どものこころと家族ケア」（増補改訂版）を参考にし，学校内での体制をつくり，病院紹介の参考にする（保健室を中心として学校全体で行う）。

❖ ピットフォール ❖

　「わがままだ」，「運動が足りない」，「食べられるはずだ」と本人の気持ちを汲まない。

神経性過食症（BN）
Bulimia Nervosa

●症例（15歳　中学3年生　女子）

　夏風邪をきっかけにやせ，クラスメイトから「スマートになり，きれいになった」と言われ，食事量，水分量を減らした。高校入学後，1年くらい経過したころから，食欲を我慢できなくなり，やめようと思ってもやめることができず多量に食べるようになった。同時に，太るのが急に怖くなり，吐くことができず，市販の緩下剤を試したところ，便がさっと出て，食事量，水分量を減らして以来の便秘も改善し，気持ちがよくなったため，「もっと楽になりたい」と服薬量が増え，1日に50錠も飲むようになった。また毎晩コンビニに多量の食物を買いに行き，夜を通して食べた。足のむくみ（浮腫）が気になり，太ったと思い込み緩下剤をさらに服薬したため，下痢が続き，下着も汚れるようになり，心配になって養護教諭に相談した。養護教諭は親身になって相談に応じた。緩下剤乱用は，むくみ（浮腫）や過食を誘発すると，図を用いたわかりやすい丁寧な説明が養護教諭からなされた（図7-1）。その後，毎日養護教諭のところを訪れ，家族のこと，進路のこと，友人のことなど，さまざまなことを相談し，明るくなってきた。ゆっくり味わいながら食べるようにというアドバイスに従って，食べる練習をした。過食しないときに何をしているかをスクールカウンセラーと相談し，夕食後，母親と1時間の散歩を毎日続けた。母親は摂食障害の家族会に毎回出席し，他の母親の話をよく聞き，自分自身の気持ちも述べ，娘の気持ちを少しずつ理解した。その後，高校卒業後の目標も決まり，それに向かって希望をもって，無理をせず努力しはじめた。徐々に過食も治まり，便秘も改善した。時々緩下剤乱用があったが，学校生活が充実してきたころから，生活全体の不安も減り，乱用は減り，緩下剤も医師の処方どおりに服薬した。

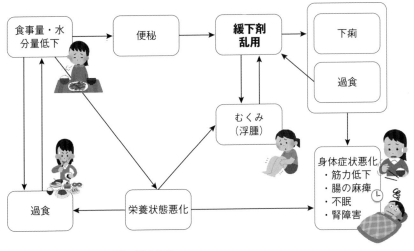

図 7-1　緩下剤乱用の浮腫・過食誘発

ポイント　神経性過食症で緩下剤乱用がみられたが，信頼できる養護教
諭の支援と母親の理解により，食べ方の工夫，緩下剤の漸減
に伴って，本人の目標も生まれ，長期の時間が必要であった
ものの，回復に向かった例である。

疾患の概要

　短時間に大量の食物を食べることを繰り返し，自分ではコントロールする
ことが困難な状態に陥り，ほんの少しの体重増加にも動揺する。不適切な代
償行動（自己誘発嘔吐，緩下剤乱用）を伴う。自己評価が体重や体型に過剰
に影響される。ANBP との違いは，低体重でないことである。

症状

　抑制困難な過食，自己誘発嘔吐，緩下剤・利尿剤・薬剤の乱用，声がれ，
胸やけ，唾液腺の腫れ，う歯（虫歯），便通の異常，月経不順，吐きダコ。

対応と治療

　①**対応**：過食症について本人と共に学ぶ。基本は食事を抜かず，怖がら
　　ず，ゆっくり味わいながら，3 食から 4 食を毎日規則正しく食べること

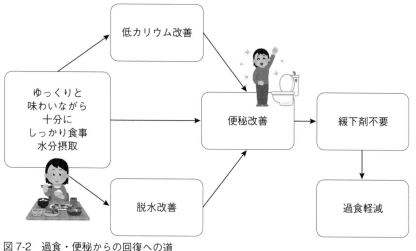

図 7-2　過食・便秘からの回復への道

である（便秘改善にも役立つ）（**図 7-2**）。標準体重にできるだけ近づける。ストレスを溜めないようにする。ストレス処理の方法を学ぶ。ほどほど感覚を身につける。このことだけで過食を早めに乗り越えることができる人もいる。過食をしていないときに何をしているかを見つけ、「きっかけ探し」、「例外探し」をする。過食をしていないときが学校にいるときなら、学校にいる時間を増やすことで過食時間を減らすことが可能になる。過食しそうになるときは、シャワーを浴びたり、運動したり、電話をかけたりすることなどが勧められる。過食衝動が治まるまで手を握ってもらうことも行われている。慢性例ではなかなか症状から抜け出しにくいので、目標を小さくし、1日だけ過食せず吐かない日を作ったり、軽い運動をしたりするなどちょっとした工夫を考えていくことも考慮したほうがよい。食事を抜くと、過食が生じることが多く、食事を抜かないことに初期の段階で取り組むことが極めて重要である。吐くことで過食が生じやすくなる。過食を防ぎ、吐くのを我慢するため、支援者が横に付き添うこともある。

②**治療**：認知行動療法（CBT-E）*3 や対人関係療法、薬物療法が用いられ

ることがある。

※3
CBT-E：神経性過食症に関する認知行動療法のことである。2018年4月1日から厚生労働省による施設基準を満たす施設でマニュアルに従って実施すると，計16回の診療報酬算定が可能となった。すなわち，保険診療が行われることとなった。

予防

急激な体重増加や減少を健康診断時の測定で発見する。また，以下の点での気づきが早期発見に役立つことがある。「一時期やせていたが，急にやせが目立たなくなり，ランチタイムでの食べる速度が速くなり，食事時の表情が冴えなくなる。日常生活において活気がなくなり，活動量が落ち，体育の時間の動きが鈍くなる。やせていたときにはなかったが，登校を渋ったり，遅刻や欠席することが目立つようになる」

❖ 学校でできること ❖

①健康診断時の急激な体重増加や減少を発見する。可能なら子ども版EAT 26日本語版（質問紙）（p.100を参照）を用い，本人と話し合う（保健室）。

②血圧，脈拍，体温，手足の冷たさ，皮膚の状態のチェックなど継続観察を行う（保健室）。

③本人が相談に来たら，丁寧に話を聴き，本人のつらさを汲み，一緒にできることを考える（相談室・保健室）。

④病態を理解し，医療機関と連携して支援する（学校全体）。

❖ ピットフォール ❖

「太った。丸くなった」，「やせているときのほうがかわいかった」とコメントする。

むちゃ食い症／過食性障害（BED）
Binge-Eating Disorder

●症例（14歳　中学2年生　女子）

14歳のとき，体重33.5kgとなり4ヵ月入院し，41kgで退院した。退院後，学校での支援もあって順調に経過し，標準体重の＋10％に達していた。退院2年後，高校1年時，徐々に食欲が抑えられなくなり，毎夜，泣き，叫び，暴れるようになった。父母が抑えて止めようとしても，暴れてどうしようもなくなった。保健室に相談に来たときには抑うつ的で，消耗していた。学校では養護教諭，スクールカウンセラー，学級担任，学年主任が相談し，本人の話を交替で聴くことになった。日頃の生活でのつらさを皆で受け止め続けた。自宅での興奮や混乱は続いたが，本人も食事を抜かず，規則正しい食生活を送る努力を続け，徐々にうつ症状改善，体重も維持，過食も制御可能となった。8ヵ月後には食物へのこだわり・恐怖感も減少した。

ポイント　抑うつ感や自己嫌悪感が過食とともに生じたが，家庭や学校で心の奥底からつらさを表現し，保護者と教職員が協力し合い，早期に対応した結果，不適切な代償行動に進まず，過食性障害のレベルから回復した例である。

疾患の概要

食べることを抑制できないという感覚で過食を反復するが，代償行動を伴わない。過食に関して強い苦痛があり，自己嫌悪，抑うつ，罪責感に襲われる。肥満の割合が多いといわれている。

症状

過食は繰り返すが，自己誘発嘔吐，緩下剤・利尿剤・薬剤の乱用はみられない。抑うつ，不安が増大する。

規則正しい食事を目指し，食事を抜かない。抑うつ，不安に対して，丁寧に話を聴き，一緒にできることを考える。

予防

ストレス対策を日頃から行うこと。食べても自己嫌悪に陥らず，自分を責めない練習を行う。

❖ 学校でできること ❖

本人の食べてしまうつらさを受容・共感し，食べることを否定的に捉えず，一緒に対策を考える。肥満教育にすぐには取りかからない（教室・相談室・保健室）。

❖ ピットフォール ❖

「食べるのを止められるはずだ」とコメントする。「ブタみたいだ」と指摘する。肥満教育を推し進める。「我慢できるでしょ」と迫る。

異食症
Pica

●症例（12歳　中学1年生　女子）

　勉強は苦手であったが，入学時より欠席することなく登校していた。学校では口数は少ないが，休み時間は，クラスの女子がグループで話をしている近くで，にこにこと話を聞いて過ごしていた。夏休み明けの9月に遅刻や欠席が目立つようになった。体育大会の練習時に腹痛を訴えて保健室で休養していた際，養護教諭が頭部の脱毛に気づき，休養させながら観察したところ，毛根部が赤くなっており，抜毛していることが推測され，また，抜いた髪の毛を口に入れている様子がみられた。1時間休養した後，困っていることはないかと尋ねたところ，なぜか知らないが髪を抜き，気がつくと食べてしまうことがあると話した。母親には言っていなかった。さらに話を聴いていくと，夏休みから始まった塾についていけない，学校が始まると体育大会の練習がしんどい，友達との会話に入りたいけれど入れないのがつらい，といった話をしだした。学級担任，特別支援コーディネーターと相談し，迎えに来た保護者に，本人が抱えているストレスについて伝え，保護者と本人には，異食が続くとどうなるかを養護教諭から丁寧に話し，抜毛や異食を防ぐために，本人が思いを出しやすい場をつくるなどの対策を，共に考えた。

ポイント　偶然，養護教諭が抜毛に気づき，本人のつらさに寄り添って傾聴したところ，本人が本当に困っている点について語った。困った点を保護者に伝え，本人が思いを出しやすい場を学校でつくり，保護者にもわかってもらうように働きかけた。このように責めずに隠されている問題を明らかにして対策を練ることが重要である。

疾患の概要

　異食症は非栄養物質を食べることが少なくとも1ヵ月以上続き，発達水準

からみて不適当であり，文化的に容認される習慣ではない。幼少時に多い
が，2歳未満の子には診断されない。背景に発達障害がみられることもある
が，正常発達の人にもみられる。

症状

土，紙，石けん，絵の具，毛髪，生の調味料（醤油，ソース，ナタネ油な
ど）といった非栄養物質を食する。

対応と治療

周りに非栄養物質を置かないようにする。非栄養物質を食べているところ
を発見してもむやみに叱責しない。むやみに叱責すると，隠れて食べるよう
になる。例えば，毛髪を周りにわからないように隠れて食べ，のちに胃の中
で消化されず石灰化（胃石）されて発見された場合，手術により取り出すこ
とが必要になる。

予防

責めずに食べるときの状況について本人の話をよく聴き，悪化を防ぐ。

❖ 学校でできること ❖

非栄養物質を食べると医学的にどうなるかを脅さず丁寧に説明し，理解を
深める（保健室）。背景にある原因を探り，他の関連の職員と相談し対策を
考える（相談室・保健室）。本人とは一緒に防ぐ方法を考える（教室・相談
室・保健室）。

❖ ピットフォール ❖

「こんなものを食べてはいけないでしょう」と言う。

その他の疾患と略説

☞反芻・吐き戻し症／反芻性障害（Rumination Disorder）

食物の吐き戻しを繰り返す。吐き戻された食物を，再び噛んだり，飲み込んだり，吐き出したりする摂食障害のことをいう。

☞夜間食行動異常症候群（Nocturnal Eating Behavior Syndrome）

DSM-5 では，他の特定される食行動障害に含まれる。睡眠から覚醒して食べたり，夕食後に過剰に食物を消費する反復性の夜間の食行動エピソード。食べることの自覚があり，想起可能である（第3章の睡眠障害を参照）。

☞偏食（Unbalanced Eating）

好き嫌いの範疇であれば食べられるものを食べることから始め，次第に食べられるもののレパートリーを増やすことで対応は十分である。栄養面を強調しすぎ，無理強いするといっそう食べることへの恐怖感を植えつけることがあり，注意が必要である。感覚過敏（食感，舌触りなど）や食物へのこだわりが強い場合は発達障害の可能性もあり，発達障害への対応も必要となる。また，重症の偏食は GOSC（次ページのコラム参照）でいう選択的摂食に分類されることもある。

113

❑ GOSC（Great Ormond Street Criteria）

GOSC は子どもの摂食障害の診断基準である。DSM-5 より詳細に分類されている。GOSC では，AN，BN，食物回避性情緒障害，選択的摂食，制限摂食，食物拒否，機能的嚥下障害と他の恐怖状態，広汎性拒絶症候群，うつ状態による食欲低下に分類されている。食物回避性情緒障害は不安，恐怖，抑うつ，強迫に基づき食物を回避する症状，選択的摂食は限定された食物のみを摂取する症状，制限摂食は食事に興味を示さず，量を多く摂らない症状，食物拒否は学校では食べないが家では食べるなど場面依存的症状，機能的嚥下障害と他の恐怖状態は飲み込み，嘔吐，喉が詰まる恐怖により食べられない症状，広汎性拒絶症候群は飲，食，歩，話などセルフケアに関することを頑なに拒否する症状，うつ状態による食欲低下は抑うつによる二次的な食欲不振症状を示す。

❑幼少時体験の影響

小中学校にて摂食障害を発症する児童生徒の中に幼少時の体験の影響を強く受けている例がある。ある例では，幼稚園で昼食を食べるのが遅く「こんなことも時間内にできないようでは何をやってもできない子どもになる」と言われたことを摂食障害発症時につらかった過去の出来事として述べた。トラウマインフォームドケア（p.61 の注＊4 を参照）が必要な例である。

❑対応指針

2014 年度から 2016 年度にかけて厚生労働科学研究費補助金「摂食障害の診療体制整備に関する研究」班のワーキンググループの研究成果に基づき，「摂食障害に関する学校と医療のより良い連携のための対応指針」が完成した。これは，小学校版，中学校版，高等学校版，大学版の 4 冊に分かれており，摂食障害の対応に関してエキスパート（養護教諭，スクールカウンセラー，小児科医，婦人科医，内科医，心療内科医，精神科医）の意見を集約したエキスパートコンセンサス（専門家の

合意に基づき），各学校での対応を編集したものである。学校で養護教諭らが対応しやすいように低栄養から判断する保健室での対応，健康診断から受診，治療サポート，啓発，レーダーチャートでみる諸症状（学校で気がつきやすい症状），事例，紹介状の例，子ども版 EAT26 日本語版（小学校版，中学校版），日本語版 EAT26（高等学校版，大学版）より成り立っている。特に，一般児童や生徒，学生の定期健診に基づく段階 1 から 6 における対応（段階 1：他の児童より密に経過を見る段階，段階 2：学級担任・学年教諭らと見守り体制をつくる段階，段階 3：保護者に連絡する段階，段階 4：学校医に連絡や相談をする，本人や保護者に受診を勧めるなど医療につなげるための行動をとる段階，段階 5：受診を強く勧める段階，段階 6：緊急の対応が必要な段階）が具体的に示されている。これまで，対応に苦慮した養護教諭にとって動きやすい内容となっている。この対応指針により養護教諭が学校現場で，対応指針に基づいた継続的で綿密な支援・連携が期待されている。すでに利用している学校もある。実際，対応指針に従い，学校内で早期発見・早期対応が行われた結果，早めに医療機関へ紹介され，入院せずに済んだ例も出てきている。摂食障害全国基幹センターのホームページ（https://www.edportal.jp/sp_pro/）からダウンロードが可能である。ぜひ，ダウンロードして利用されることをお勧めする。また，渡邉を中心にしたコミュニティー家族ケア研究会はわれわれ（唐木，大波，加地ら）と協働で保健室において支援できるパンフレット「摂食障害の子どものこころと家族ケア─保健室でできる早期介入─改訂版」（図や絵を多く取り入れ，その日から養護教諭が利用できることを目指した小冊子）を作成した。対応指針の内容を取り入れた増補改訂版も完成している。

　筆者らは 2018 年から「摂食障害に関する学校と医療のより良い連携のための対応指針」を用いた養護教諭・学校関係者のための摂食障害ゲートキーパー研修会を全国各地で行っている。研修後には摂食障害の知識は大幅にアップしており，引き続き開催予定で各地区からの研修希望があり，連絡があれば参上することにしている。

第 8 章

依存症
Addiction

依存症では，ICD-11 でいうゲーム症／ゲーム障害について症例を提示して解説するが，最後に他の依存症についても簡単に説明する。

ゲーム症／ゲーム障害
Gaming Disorder

●症例（14歳　中学2年生　男子）

　幼少時から不注意で，衝動性が高く，熱しやすく冷めやすい特性があった。中学2年生の4月に父親からパソコンを買ってもらい，夏休みまでは帰宅後の2時間以内であったが，夏休みに入り，家に籠もってパソコンのゲームばかりするようになった。パソコンでは自分でゲームを作り，それをもとに他者と交流し，販売もしていた。ときには1日1食の日もあった。2学期が始まり，朝起きられず，学校へ行けなくなり，パソコンのそばを離れず，食事もとらず，7kgも減量して，小児科受診となった。10月には待合室で意識を失い，入院。1ヵ月で生活リズムを取り戻し，パソコンからも離れ，食事もとれるようになったため体重も回復し，退院となった。退院したその日に，友人宅でゲームを何時間もした。自分で購入したり，父親に買ってもらったり，ゲームを長時間しては生活リズムを崩し，起き上がることができなくなることを繰り返した。母親が取り上げようとすると豹変し，暴力を振るい，ゲームをしていないと離脱症状（抑うつ，苛立ち）が生じた。困った両親は本人の苦しさを理解しようとスクールカウンセラーと相談を続けた。中学3年は2学期途中まではほとんど学校へ行けなかったが，高等専門学校のオープンキャンパスに行った後，突然，学校へ通い出し，寝る以外は勉強をする生活となった。担任と進路について相談し，激励され，保健室では，時々休養をとらせてもらい体調のことについて相談した。その

後，高専へ進学し，ロボット関連の部活に入り，そこでの活動が本人にとっ
て1番目に重要なもので，ゲームの重要度が2番目に下がり，なんとか日
常生活が送れるようになった。

ポイント　ゲーム以外の自分の興味をもてるものができたことにより，
ゲーム症からの脱却が可能となった例である。

疾患の概要

　ゲームをする時間や頻度を自分でコントロールできない。日常生活でゲー
ムを他の何よりも優先させる。生活に問題が生じてもゲームを続け，エスカ
レートさせる。これらの状態が1年以上続く。

症状

　ゲームに夢中になり，予定よりも長時間使用し，制限しようとしてもうま
くいかない。ゲームをしないと落ち着かず，イライラする。ゲームの時間が
どんどん長くなる。ゲームを始めるとやめられなくなる。長期化すると，睡
眠障害や栄養失調など身体面にも影響が出る。

対応と治療

　①**対応**：本人の特性や背景の生きづらさを把握する。学校や家庭に，苦痛
　を与える原因がないか見直す。初期には，保護者の協力を得て，ゲーム
　の利用時間を確認して見直し，ルールづくりをする。家族全員でオフラ
　イン時間をつくる。家事，家庭外での活動，友達との交流を勧める。他
　に熱中できるものを探す。ゲームを2番目の大事なものにする。不安・
　イライラ対策，手持ちぶさた対策を支援者が一緒に練る。
　②**治療**：心理教育，認知行動療法，必要なら薬物療法があるが，効果につ
　いての報告はない。支援してくれる機関へ定期的に通う。重症化した場
　合は入院治療となる。

予防

　ゲームの開始年齢を遅らせる。必要なときだけの使用に限る。十分な愛情
と安心を与えるとともに，駄目なものは駄目だと止める訓練をしたり，制限

機能や時間管理ソフトを利用したりする。良好な家族関係を保ちつつ，ゲームの内容，使われている言葉，どこが魅力的なのか，なぜやめにくいのかを理解するように努める。親子や教師と児童生徒間で同じゲームをしてわかり合う。ゲーム症・依存の危険性を生物・心理・社会的観点から丁寧に説明する。

❖ 学校でできること ❖

①身体症状への対応をする（保健室）。

②依存の背景にある問題（生きづらさ，孤立感などの苦痛）を把握する。ゲームの楽しさに対する気持ちは察しつつ，中止することの苦しさを理解する（相談室・保健室）。保護者からも家庭での様子と対応について話を聴き，保護者をねぎらいながらも一緒に重症度を確認しておく（教室・相談室・保健室）。

③心身の治療を勧める（管理職）。

④保健室や相談室での説明に加え，授業の一環として，依存の危険性を説明する（学校全体）。

❖ ピットフォール ❖

話を聴かず，もういい加減にやめなさいと上から抑えつけようとする。

Column

❏eスポーツ

パソコンなどの電子機器を用いて行う競技やスポーツの全般を示す。対戦型ゲームで勝負を決めるものである。2018年のアジア大会で初めて公開競技に採用され，2022年には正式種目になる予定である。日本でも2019年国体で文化プログラムとして採用された。大手電気通信事業者では，eスポーツ事業子会社を立ち上げ，地域の活性化に一役買おうとしている。また，全国高校eスポーツ選手権が始まり，部活動で取り組んでいる高校が増加傾向にある。高校の部活動では指導者の支援もあり，部員の健康に目を配れば，ゲーム症の予防にもなりうる。ただ，支援がなくルールを超えた場合はゲーム症になる危険性は否定できない。eスポーツ，障害者プロゲーマーを養成する福祉事業所がすでにできている。筆者のクリニックのそばの事業所は多くのマシーンを揃え，eスポーツ大会の開催を目指している。そこでは「障害を個性に変える」と掲げ，障害者を支援しようとしている。eスポーツがゲーム依存やゲーム依存予防にどのように関係するかに関する実証的調査研究が今後必要である。

❏外国でのゲーム依存対策

韓国では，16歳未満の青少年には午前0時から午前6時まで，オンラインゲームの使用を禁止する法律が施行されている（シャットダウン制度）。ホットラインの設置，指定病院への紹介・治療，レスキュースクールでの治療が行われている。レスキュースクールとは，ネットの問題使用がある中高生が参加する11泊12日の治療キャンプを中心としたプログラムで，費用の大半は公的援助である。

中国では，18歳未満の子どもは22時から朝8時までオンラインゲームが規制され，日中1回につき90分に制限されている。ゲームのユーザー登録に実名，身分証明書の番号を提出する必要がある。

□日本での試み

　久里浜医療センターでは，治療プログラム NIP（New Identity Program：新しい自分を見つけるプログラム）を行っている。NIP は本人がセンターに通院し，半日ほどかけて参加する治療プログラムで，本人はネットやゲームから一時的に離れ，運動や食事，雑談などをしながら自分らしさを再発見するものである。また，約1週間宿泊施設で寝食を共にするプログラムも開始されている。神戸大学病院，大阪市立大学附属病院などでは専門外来としてネットゲーム依存外来，ネット・スマートフォン依存症外来を開設し，支援にあたっている。

依存症に関する一般的な解説

1. 依存症とは

　大人では薬物依存症，アルコール依存症，ギャンブル依存症などが報告されているが，子どもではゲーム依存，インターネット依存が主に認められ，最近の診断基準にも掲載されるようになった。ここでは，薬物依存／乱用とゲーム症の定義を簡単に説明する。

2. 薬物依存と薬物乱用

　薬物依存とは薬をやめようとしても簡単にはやめられない状態のことをいう。腹側被蓋野（ふくそくひがいや）から側坐核を経て前頭皮質（ぜんとうひしつ）に至るドパミン神経系は脳内報酬系と呼ばれ，この興奮が依存を引き起こすといわれている。すべての依存性薬物による依存形成には報酬系が関与しており，側坐核でのドパミン放出が快楽の主な作用点である。

　薬物乱用は社会規範から逸脱した薬物の使用のことを意味する（主治医が指示した量より多く服薬することも含む）。子どもの薬物乱用はそばに薬物がある環境の影響を受けやすく，しばしば家族や友人による乱用がみられる。日常的に過剰使用しているときに依存があるとみなす。症状として，一時的な記憶喪失，能率低下，易刺激性（いしげきせい）[*1]，興味や意欲の欠如がみられる。

> [*1] 易刺激性：些細なことに反応してすぐに不機嫌になる状態。

　対策として，依存や乱用の危険性を説明し，早めの脱却を説得する。離脱の苦しさを理解し，依存や乱用から脱却するための治療を受けるようアドバイスする。同時に，依存や乱用の背景にある生きづらさを汲むことも重要である。

3. 依存症の自己治癒仮説

　自分で自分の生きづらさ，孤立感，不安，自己否定感，落ち込んだ気分を癒やそうとして，自分の苦痛を緩和するためにゲームなどを選択するものである。すなわち，人が物質摂取（薬物など）やゲームに依存するのはそれが心理的苦痛を軽減したり，取り去ったり，変化させたりするといった効果が強いからといえる。また孤立感や自己否定感のなかでゲームをすることで孤立を防ぎ，自己を肯定してつらい状況を克服しようとする意味もゲーム依存にはあり，その意味でも自己治癒方法ともいえる。したがって，なぜ薬物依存になったのか，ゲーム症になったのかを共に考える必要があり，落ち込んだ気分や心理的苦痛，つらい状況から回復するために薬物依存やゲーム依存以外の方法を工夫していくことに意味がある。学校には有効利用できる資源（さまざまな専門家，部活など）が豊富にあり，依存から脱却できる機会を数多く与えることが可能である。

4. ゲーム症／ゲーム障害

　世界保健機関（WHO）のICD-11では，ゲーム障害は依存症の一つに位置づけられており，①ゲームの頻度やプレイ時間などのコントロールができない，②日常生活や他の関心事よりゲームを優先させる，③人間関係や健康などで問題が起きてもゲームをやめない。これらの症状が1年以上継続または繰り返されることにより診断される。

5. インターネットゲーム障害テスト（IGDT-10）

　アメリカ精神医学会の疾病分類DSM-5のインターネットゲーム障害に当てはまるか簡易的に調べることができる。10問を回答し，5点以上でゲーム障害の疑いと考えられる（**表8-1**）。

表8-1　インターネットゲーム障害テスト

A…まったくなかった　B…ときどきあった　C…よくあった

	A	B	C
①ゲームをしていないときにどれくらい頻繁に，ゲームのことを空想したり，以前にしたゲームのことを考えたり，次にするゲームのことを思ったりすることがありましたか。			
②ゲームがまったくできなかったり，いつもよりゲーム時間が短かったとき，どれくらい頻繁にソワソワしたり，イライラしたり，不安になったり，悲しい気持ちになりましたか。			
③過去12ヵ月間で，十分ゲームをしたと感じるために，もっと頻繁に，またはもっと長い時間ゲームをする必要があると感じたことがありますか。			
④過去12ヵ月間で，ゲームをする時間を減らそうとしたが，うまくいかなかったことがありますか。			
⑤過去12ヵ月間で，友人に会ったり，以前に楽しんでいた趣味や遊びをすることよりも，ゲームのほうを選んだことがありますか。			
⑥なんらかの問題が生じているにもかかわらず，長時間ゲームをしたことがありますか。問題とはたとえば，睡眠不足，学校での勉強や職場での仕事がはかどらない，家族や友人と口論する，するべき大切なことをしなかった，などです。			
⑦自分がどれくらいゲームをしていたかについて，家族，友人，またはほかの大切な人にばれないようにしようとしたり，ゲームについてそのような人たちに嘘をついたことがありますか。			
⑧嫌な気持ちを晴らすためにゲームをしたことがありますか。嫌な気持ちとは，たとえば，無力に感じたり，罪の意識を感じたり，不安になったりすることです。			
⑨ゲームのために大切な人間関係を危うくしたり，失ったことがありますか。			
⑩過去12ヵ月間で，ゲームのために学校での勉強や職場での仕事がうまくできなかったことがありますか。			

結果判定：質問①〜⑧の「よくあった」を各1点，質問⑨〜⑩はどちらかまたは両方が「よくあった」場合を1点と数えます。合計5点以上の場合に「ゲーム依存」と考えられます。

※依存傾向の人がチェックすると，判断が甘くなる場合があります。質問①〜⑧の「ときどきあった」「よくあった」を各1点，質問⑨〜⑩にひとつ以上「ときどきあった」「よくあった」があった場合を1点と数え，合計5点以上の場合は「ゲーム依存がはじまっている状態」と考え，警戒したほうがよいでしょう。

出典：樋口進監修：ネット依存・ゲーム依存がよくわかる本．講談社，東京，p.7，2018．より許諾を得て転載。

第 9 章

衝動制御症群と秩序破壊的
または非社会的行動症群について
Impulse Control Disorders and
Disruptive Behavior or Dissocial Disorders

　素行・非社会的行動症／素行症，反抗挑発症（反抗挑戦性障害），間欠爆発症，放火症，窃盗症などが含まれる。ここでは反抗挑発症，間欠爆発症，素行症の違いを**表 9-1** で示し，素行・非社会的行動症と反抗挑発症について詳しく述べる。他は最後に略説する。

表 9-1　反抗挑発症，間欠爆発症，素行症の比較

秩序破壊的・衝動制御・素行症群	反抗挑発症	間欠爆発症	素行症
破壊，盗み，詐欺，重大な規則違反	×	×	○○
後悔・罪責感・共感の欠如	△	×	○○
情動調整の問題（怒りっぽく易怒的な気分）	○○	○	×
口論好き・挑発的行動	○○	×	○
執念深さ	○○	×	○
攻撃性	権威あるものへのかんしゃく・口論	衝動的攻撃性計画的ではない目的もない	権威あるものへの葛藤，動物に向けた攻撃性，衝動的，搾取的

○が多いほど多く認められる。
DSM-5 精神疾患の分類と手引き（医学書院）をもとに筆者作成。

素行・非社会的行動症 Conduct Dissocial Disorder／素行症 Conduct Disorder

●症例（14歳　中学2年生　女子）

　幼少時期から落ち着きがなく，多動で，忘れ物が多く，迷子にもよくなり，育てにくい子どもであった。小学校からは，活動的だが家庭に問題があり，勉強は苦手との引き継ぎがあった。中学入学後から，担任とうまくいかず，常に叱責され，ちょっとした言葉にも反応するようになった。衝動的でカッとなったら暴言を吐き，机や椅子を蹴り，投げ，暴れた。止めに入った女性教師が怪我をした。学校内で急に倒れることが頻回に生じたので，小児科を受診し，問題行動が多いことから，精神科の子ども外来紹介となった。本人は「もう大丈夫。無理やり連れてこられた」と不満そうに言うが，「学校も家も面白くない」とも語った。学校と連絡をとり，支援した。また，不注意や衝動性，授業中の眠気がよくなるなら薬を飲むと言うので，メチルフェニデート塩酸塩徐放錠（コンサータ錠）18mg を服薬しはじめた。落ち着いたと思えたが，夏休みに仲間と恐喝を繰り返し現行犯で保護され，少年鑑別所へ入所となった。少年鑑別所で指導，支援，治療を受け，退所後，再び受診となった。中学時代は，生活指導担当の教諭と馬が合い，よく話を聴いてもらい，世の中の道理を教えてもらった。仲間と共に通信制高校へ進学し，自らも服薬するという意思を示し，定期的に受診をした。コンサータ錠 36mg へ増量し，本人の希望を聴きながら，こちらも丁寧に説明を続けた。アルバイトにもきちんと行くようになり，通信制高校も卒業し，終診となった。

ポイント

注意欠如多動症（ADHD）があり，家庭の問題（父母が不仲，DVもあった）発達の遅れ・アンバランス（発達検査では言語性IQが76）が背景にあった例である。体験不足も目立ち，してはいけないことなどわかっていないところが多く，具体的で丁寧な説明をすることにより，徐々に社会の道理やルールを学び，生活態度が改まった。

疾患の概要

他者の基本的人権や主要な社会的規範または規則を侵害することが反復し持続する。

症状

①人および動物に対する攻撃性（いじめ，脅迫，威嚇。取っ組み合いのけんか。凶器の使用。人や動物に対して身体的に残酷。人に襲いかかる行動，ひったくり，強奪。性行為を強いる）。

②所有物の破壊（放火。他者の所有物の破壊）。

③虚偽性や窃盗（他人の住居，建造物，車への侵入。他人を騙す。万引き，文書偽造）。

④重大な規則違反（親から禁止されているにもかかわらず夜間の外出をする。一晩中家を空ける，家に帰らない。学校を怠ける）。

10歳になるまでに，①〜④の少なくとも1つの症状が発症した場合，小児期発症と定義される。

対応と治療

①**対応**：学校でできることを参照。司法の介入などの対応が必要なことがある。警察の少年サポートセンターの協力，連携が有効な場合がある。

②**治療**：ADHDなどを合併していたら，その治療をする。

予防

幼少時から大事にされた体験。学校でも話をよく聴きわかってもらえている体験。

❖ 学校でできること ❖

①身体の問題には対応（保健室）。

②適正な距離を保つ（学校全体）。

③人としての良い部分，良い行為は褒めてねぎらう。本人が感じる苛立ちなどを話したときには，傾聴し，対策を一緒に考える（相談室・教室・保健室）。

④立ち直り，更生には保護者や管理職，他の職員と共に支援する。特に管理職が積極的に関わると，他の一般職員の負担が減るようである（学校全体）。

⑤担任はクラスの中で本人が役割を担っていることやクラスの一員であることを本人に伝え，本人とのつながりを大切にして，対応を継続する。安全面では他の児童生徒に配慮した対応も必要となる（教室）。

❖ ピットフォール ❖

態度や言動でどうしようもない人間だと決めつける。力を入れすぎたり，一人で対応したりする。

反抗挑発症／反抗挑戦性障害
Oppositional Defiant Disorder

●症例（14歳　中学２年生　男子）

　運動部に所属しており，中学１年生のときは，面倒見のよい顧問のもとで，一生懸命努力し，試合でも活躍していた。中学２年生のとき，顧問が転勤で交代し，昨年までのやり方とは違う厳しいルールのもと，ルールを破ると厳しく叱責されるやり方に変わった。このやり方に反発し，新顧問にくってかかるようになったが，新顧問は聞く耳をもたず厳しく指導した。夏休み前の試合には一度も出してもらえず，ふてくされて練習に参加しなかった。その後も叱責が続き，顧問に対し，常に挑戦的に振る舞うようになり，ルールをしばしば破り顧問を苛立たせ，ルールを破ったのは自分ではなく他のチームのメンバーだと他者のせいにすることも増えた。あるとき顧問から叱責を受けて，突然怒りだし，顧問の胸ぐらをつかみ詰め寄った。それを見ていた他の教員から押さえつけられ引き離された。親からも注意されたが，親にも反抗的で暴言を吐くようになった。生徒指導担当の教員が本人を呼び，時間をとってゆっくりと話を聴いた。本人は２年生以降の顧問のやり方に不満を述べ，つらさを吐露した。生徒指導担当の教員は丁寧に本人の言い分に理解を示しながら，物の道理を説明した。最初は興奮していたが何回か話すうちに，どのように伝えたらよいかを学び，生徒指導担当の教員が間に入り，新顧問と話し合いの時間をもった。お互いに本音を出し合いながら，再び部活に参加し，全員が納得できるルールづくりに本人も参加するようになった。

ポイント　権威に対する反抗の強い子どもに対して，大人である教諭が上からの決めつけた言葉かけを避け，時間をかけ，丁寧に話を聴き，困っている点への対応策や妥協点を見つける作業を一緒に行った結果，徐々に反抗挑発症の症状が治まった例である。

疾患の概要

　怒りっぽく，易怒的な気分（かんしゃく，神経過敏またはイライラ，怒り，腹立ち），口論好き，挑発的行動（権威のある人や子どもの場合は大人と口論する，権威のある人の要求・規則に従うことに積極的に反抗・拒否する，故意に人を苛立たせる，自分の失敗・不作法を他人のせいにする），執念深さ（いじわるで執念深い）。

症状

　かんしゃく，イライラ，怒り，口論，反抗・拒否，人を苛立たせる，他人のせいにする，執念深い。これらの症状が軽度では家庭生活，学校生活などの状況に限局している。

対応と治療

　①**対応**：上からの言葉かけを避け，時間をかけ，丁寧に話を聴き，具体的に困っていることを一緒に見つける。困っている点への対応策や妥協点を見つける作業を一緒に行う。

　②**治療**：認知行動療法，ロールプレイ，支援者の介入方法に助言，Parent Child Interaction Therapy（PCIT；p.131 のコラム参照）。

予防

　一方的に決めつけないで対応する。

❖ 学校でできること ❖

　①心身の状態に目を向け，可能ならば短時間落ち着く場所を提供する（相談室・保健室）。

　②背景に何があるかを探索し，校内で共有する（学校全体）。

　③普段の生活のなかで十分時間をとって話を聴き，適切な行動，良い行動は褒め，共有できる価値観を大切にし，つながりを継続できるようにする（教室）。

❖ ピットフォール ❖

攻撃のみに注意を払う。環境の影響を見逃す。

その他の疾患と略説

☞間欠爆発症（Intermittent Explosive Disorder）

常軌を逸した怒りの爆発の症状で，後で自責，後悔が生じる。情動調節の障害である。計画的でもなく，目的もない。

☞放火症（Pyromania）

金銭的利益や犯罪行為の隠蔽，イデオロギーの表現などによるものではない。2回以上の意図的で目的をもった放火。放火前の緊張感や興奮，火災や火災に伴う状況に魅了され，興味をもち，惹きつけられる。放火したときの火事の目撃，生じた騒ぎに参加するときの快感・満足感・解放感が生じる。

☞窃盗症（Kleptomania）

個人用や金銭的価値のためではなく，物を盗む衝動に抵抗できず，窃盗を繰り返す症状をいう。窃盗直前の緊張の高まり，窃盗時の快感・満足感・解放感がみられる。

Column

❏親子相互交流療法 (Parent-Children Interaction Therapy：PCIT)

　PCIT とは，幼い子どもの心や行動の問題（言うことを聞かない子ども，乱暴な子ども，落ち着かない子ども，グズグズする子どもなど，子どもの反抗的行動）と育児に悩む養育者（ついイライラしてしまう）の両者に対して，親子の相互交流を深め，その質を高めることによって回復に向かうよう働きかける行動科学に基づいた心理療法。2段階に分けられ，1段階目は親子関係を良くして，良い循環をつくることを目的としている。子どもが主体的に遊ぶ時間をつくり，そのときに「具体的に褒める，ねぎらう，感謝をする」，「子どもの言葉を繰り返す」，「子どもの行動を真似する」，「子どもの行動を説明する」，「危険が伴わないかぎり，否定的な行動は避ける」，「楽しんで行う」ようにする。命令，質問，批判は避け，気に障る，不快な行動は無視する。2段階目は良い行動に導くことを目的とする。遊びのなかで親が主体となり，親が子どもと遊びながら直接的に，肯定的に，1回に1つだけ，具体的にわかりやすく丁寧語で指示する，タイムアウトの手順を学ぶ。米国では効果が認められており，日本でも PCIT-Japan によってワークショップが全国各地で行われている。反抗挑発症，素行・非社会的行動症の予防や治療にも期待されている。また，基本的な考え方は学校での指導に利用可能である。詳細は PCIT-Japan のホームページ（http://pcit-japan.com/）を参照。

❏キレる子どもに対する心構え

　キレる子どもに関わるときに求められる心構えは，原田[1]によると①問題行動は子どもからの SOS と考える，②自分は「大事にされている」と感じてもらう，③依存欲求を満たすことを目指さない，④一人で抱えようとしない，⑤性格ではなく発達特性とみなす，⑥どんなことがあっても見捨てないという覚悟を決める，⑦支援をする大人も自分を褒める，が挙げられている。

第 10 章

パーソナリティ症／パーソナリティ障害群
Personality Disorders

　境界性パーソナリティ症／境界性パーソナリティ障害，ボーダーラインパターンについて症例を挙げ，詳しく述べることにするが，反社会性，境界性，演技性，自己愛性のパーソナリティ症（パーソナリティ障害）については比較した表 10-1 を示す。最後にパーソナリティの問題に関する一般的な解説を行う。

表 10-1　パーソナリティ症の比較

パーソナリティ症	反社会性（無慈悲）	境界性（要求がましさ）	演技性（誘惑的）	自己愛性（誇大性）
非情さ，口達者表面的，搾取的，共感欠如	○○	少ない	少ない	○
衝動性，攻撃性，嘘つき	○○	○ 激しい怒り，制御困難	○	少ない
素行症，犯罪	○	×〜少ない	×〜少ない	×〜少ない
他者の注目・賞賛・羨望を求める	×	○ 他者の助けを求める	○○○ 誘惑的，挑発的	○○○ 賛美，優越性
操作的	利益，権力，物質的満足獲得	理想化とこき下ろし	身体的外見を用いる	相手を不当に利用
情動的不安定	×	○○ 妄想様観念，解離	易変化，誇張，自己演劇化	少ない
空虚感，孤独感，見捨てられ感	×	○○○ 避けようとなりふり構わぬ努力	少ない	少ない
自己破壊性，関係破綻	少ない	○○○ 自傷 同一性混乱	少ない	少ない

○が多いほど多く認められる。
DSM-5 精神疾患の分類と手引き（医学書院）をもとに筆者作成。

境界性パーソナリティ症／境界性パーソナリティ障害(BPD)
Borderline Personality Disorder
ボーダーラインパターン
Borderline Pattern

●症例（17歳　高校2年生　女子）

しばしば保健室を訪れ，孤独感や絶望感を訴え，「誰も助けに来てくれない，心が空っぽ，もうどうなってもいい」と訴えたり，激しい怒りを示すこともあった。一方，にこやかで機嫌がよく，養護教諭に楽しく話しかけることもあった。それらの話は表面的であり，深い人間的付き合いを避けようとするように見えた。また他の生徒が相談に来たときには，突然顔が曇り，青白い顔でしんどそうな表情でベッドに倒れ込んだ。自分に自信がなく，「誰にも愛されていないから」と言って，突然，授業中にふらふらな状態で保健室に来ることもあった。仲のよかった友人を突然激しく攻撃するかと思えば，次のときには「こんな素晴らしい人はいない」と頼りにしていた。養護教諭としてもどう対応してよいかわからない状態が続いたある日，警察から連絡があった。万引きが見つかり，店から警察に通報され保護された。手首を切っていたため警察が病院へ連れていったとのことであった。

ポイント　境界性パーソナリティ症をもつ生徒への支援の難しさを示している。保健室では受け身にならざるを得ないこともあり，可能ならスクールカウンセラー，生徒指導など多くの関係者と協働で支援にあたることが望ましい。その際，共通理解をし，単独で巻き込まれないようにすることが事故を防ぐことにつながる。本例では，養護教諭が他の教職員の助けを受けていないことが問題であった。

疾患の概要

境界性パーソナリティ症（BPD）は見捨てられ不安・抑うつ，スプリッ

ト（両極端の自己像・他者評価），対人操作，行動化の問題である。対人関係，自己像，感情の不安定さ，著しい衝動性を制御できないことが特徴である。

症状

深い人間的付き合いを避ける一方，依存的になれる人物にしがみつこうとする。見捨てられることを避けようとなりふり構わない努力を示す。理想化とこき下ろしの両極端を揺れ動き，不安定で激しい対人関係を示す。著しく不安定な自己像を持続的にもつ。自己を傷つける可能性のある，浪費，性行為，物質乱用，無謀な運転，過食などの領域にわたる衝動性がある。自殺の行動，素振り，脅し，自傷行為を繰り返す。顕著に気分が反応し，感情が不安定になる（通常は2，3時間持続し，2，3日以上持続するのは稀である）。慢性的な空虚感を示す。不適切で激しい怒りを制御できない（しばしばかんしゃくを起こす，いつも怒っている）。一過性のストレス関連性の妄想または解離を示す。

対応と治療

①**対応**：以下に9項目の対応を示す。①どんなことがあっても見捨てない覚悟を示す，②どんな事態になってもたじろがない，③気分や感情に流されない冷静な距離を保つ，④安心して自立できるような励ましを続ける，⑤腫れ物に触るような及び腰の対応をやめる，⑥どんなときにも大丈夫と言って安心感を与える，⑦必要なときに断固として駄目と言う，⑧必要なときに辛抱することを学ばせ，本人の辛抱を評価する，⑨本人の長所を見出し，それを評価する。支援者はたじろがない安定性と覚悟，冷静な距離，自立への励ましを必要とする。そのため，言いなりにならず，できないことはできないと伝え，ルールの徹底を図る。欲求のままにさせず，自分のことは自分でさせ，責任をとらせる。見捨てず，安心できる状況をつくる。そして行動が改善したら努力のプロセスをねぎらう。

②**治療**：弁証法的行動療法，メンタライゼーション[*1]に基づく治療，転移焦点化精神療法などが挙げられる。認知行動療法的に直面化，明確

化，解釈を繰り返し，心の安定を図る。「まあいいか」感覚を強化する。精神科看護師，公認心理師などとの協働した治療が必要。薬物療法として，気分安定薬，非定型抗精神病薬を少量使うことがある。抗不安薬は症状を悪化させることがあり，処方しない。

> メンタライゼーション：表面に現れている自身や他者の行動の背景にある心の状態（欲求，願望，感覚，信念，目標，目的，理由など）を想像・理解しようとする能力。

予防

幼少時期より両価的な対応を避ける。落ち込みや不安への対処方法の評価と修正。言語を介する対人交流を促進する。薬を溜め込ませない。

❖ 学校でできること ❖

①身体面の支援を淡々と行う。養護教諭が依存対象にならないように，一緒に歩く姿勢を保つ（保健室）。

②担任などと連携し，周囲の子どもたちとの関係について，よく観察しておく（相談室・保健室）。

③関係者で協働し，可能ならば医療機関との連携もし，協力して支援にあたる（学校全体）。

❖ ピットフォール ❖

一人で抱え込む。聞きすぎる。共感しすぎる。

パーソナリティの問題に関する一般的な解説

　パーソナリティの問題に関して，パーソナリティ，人となり，思春期，思春期危機について解説し，パーソナリティ障害について触れる。

1）パーソナリティ（Personality）

　人柄，個性，性格とほぼ同義。特に個人の統一的，持続的な特徴の総体（広辞苑第6版）。

2）人となり（One's Personality/Character）

　生まれつきの人柄，持ち前，天性（広辞苑第6版）と定義されているが，子どもの人となりは，一定部分は生来性のものである反面，持続せず消失するものもある。情緒応答性，母親参照能力（p.185 を参照），生来性の特性などが複雑に絡み合い，影響し合って，子どもの人となりを形成する。

3）パーソナリティの形成

　生来性の部分と生後の経験部分とが混じり合うことで形作られる。人間の能力や特性は，環境，体験，学習によって大きな差が生じることが示されている。

4）思春期（Adolescence）

　WHO の定義によると子どもから大人への移行期であり，第二次性徴の出現から完成までの段階とされている。自我同一性を確立していく時期で，「自分探し」，「自分は誰であるか」，「自分の居場所はどこにあるのか」，「何のために生きていくのか」を問い，大人社会の矛盾に戸惑う時期でもある。身体，心理，社会的な急速な変化がみられる。

5）思春期危機（Adolescent Crisis Syndrome）

思春期においてさまざまな均衡が崩れた状態であり，暴力，反抗，自己破壊行動，自己評価の動揺，気分の変調などが共通してみられることが多い。一過性のものが圧倒的に多いが，なかには長期化するものもある。

6）パーソナリティ症／パーソナリティ障害（Personality Disorders）

感じ方，感情，対人関係機能，衝動のコントロールが障害されている。所属文化から期待されるものより，著しく逸脱した内的体験・行動が持続する。その内的体験・行動には柔軟性がなく，かつ，広汎的，継続的に，個人的・社会的状況にわたるため，本人や周囲に苦痛や社会的障害をもたらすものといわれ，思春期，青年期，成人期早期に発症する。統合失調型，猜疑性／妄想性，シゾイド型，反社会性，境界性，演技性，自己愛性，回避性，依存性，強迫性に分けられる。

第 11 章

気分症／気分障害群
Mood Disorders

　最初に幼稚園から高校年代までの抑うつ症群の例を示し，その後，疾患の概要などを提示した。これにより，子どもの抑うつ症群の全体像が理解しやすいと思われる。一般的な抑うつ症群に関する解説，双極症／双極性障害についても症例を用いて要点を記載した。

抑うつ症群 Depressive Disorders の症例

●症例1（4歳　幼稚園　男子）…乳幼児の例

　両親が離婚し，父親が出ていってから毎晩のように家族の写真を見て泣き，言葉も出なくなり，食事量も減り，寝ようとしなくなった。幼稚園に行っても，部屋の隅で一人ぼうっとすることが増えた。幼稚園の担任が心配して受診を勧めた。

●症例2（10歳　小学4年生　女子）…小学生の例

　もともと元気で活動的な子であった。思い当たるきっかけはないと言うが，音楽会明けに元気がなくなり，毎日宿題が済んだ後，楽しみにしていたゲームをしなくなった。ゲームをしないことで親は喜んでいたが，徐々に食欲も落ち，宿題もしなくなり，学校から帰ってすぐ横になるようになった。生気がなくなり，皮膚に瑞々しさもなくなった。あまりの変わりように担任が心配して受診を勧めた。

●症例3（14歳　中学2年生　女子）…中学生の例

　友人とのメールのやりとりでトラブルがあり，友人が不登校になったことで塞ぎ込んでいたので，担任と母親が心配して受診となった。受診時，本人

は「困ったことはない」と「今度のことは私の問題で，病院で相談することではない」と力ない言葉で語った。最近の生活を丁寧に聴くと，部屋から出られない，食欲低下，不眠，朝起きられない，面倒くさがる，笑顔もなくなった，とのことであった。また，学校では以前に比べ覇気がなくなり，休み時間もじっとしているとのことで，中間テストも成績が低下した。

●症例4（15歳　中学3年生　男子）…中学生の例

中学2年生まで成績優秀で部活でも活躍していた。中学3年生になり，部活動の引退を機に不眠，食欲減退，意欲低下が出現した。夏休みの補習，塾の夏期講習にも出られなかった。夏休み後の様子に担任がびっくりし，養護教諭と相談し，紹介受診となった。受診時，疲れきった表情で肌の張りもなく，朝起きられない，登校できない，と語った。

●症例5（9歳　小学3年生　男子）…重篤気分調節症（Disruptive Mood Dysregulation Disorder）の例

学校でも不機嫌な様子がみられ，ときにかっとなり，暴言も吐き，クラスメイトを蹴ったり叩いたりした。帰宅後もイライラがみられ，毎日のように暴れ，弟や母親につかみかかってくるため，父親が帰宅するまで母親や弟は鍵をかけ部屋に閉じこもった。このような状態が1年以上続くため，養護教諭とスクールカウンセラーが相談し，学校医を通して紹介受診となった。

●症例6（17歳　高校2年生　女子）…持続性抑うつ障害（Persistent Depressive Disorder）の例

しんどさ，食欲低下，不眠を訴え受診した。自傷行為もみられた。小学校高学年から面白いこともなく，集中力もなく，なぜかイライラした。今までなんとか学校へは通ってきたが，面白いことは一度もなかった。生きていても仕方ない，と言う。別の病院へ行ったがよくならない，ここにも期待はなく来る気もなかったが，母親に連れてこられた，と語った。

**症例1～6の
ポイント**

幼稚園から高校までにみられる抑うつ症群の例を示した。このように多種多様であり，典型的な症状でくくることは難しい。本人の状態を丁寧に観察し，症状をつかむことが重要であるが，簡単ではない。ただ，子どもにもうつ症状があり，いつもと違うことに気づく力は養っておきたい。

抑うつ症群に関する一般的な解説

疾患の概要

　ほとんど一日中，毎日，抑うつ気分や易怒的（怒りっぽい）な気分が続き，ほとんどすべての活動における興味や喜びが著しく減退している状態を示す。一日のうちで変動がみられることもある。心の健康教室サニタ（https://sanita-mentale.jp/）が参考になる。

症状

　睡眠障害（不眠や過眠），食欲減退，身体のだるさ，皮膚の瑞々しさの低下，頭痛や腹痛などの身体症状。興味関心や気力，知的活動の減退。イライラ感が挙げられる。加えて成人に特徴的な症状である無力感，絶望感，自責感，罪悪感，抑うつ気分，自信喪失，不安，焦燥感，悲哀感などもみられることがある。

対応と治療

　①**対応**：十分な休養がまず必要である。十分な休養で自然に治ることが多い。環境調整，保護者，教職員の理解促進も行う。

　②**治療**：4週間の休養後も症状が続く場合は，支持的精神療法などの精神療法を実施する。初期には抗うつ薬は使用しない。精神療法に効果がみられない場合は，薬物療法を追加する。薬物療法には，選択的セロトニン再取り込み阻害薬が第一選択薬として用いられる。

予防

　自分のペースを守る。周りは子どものペースを尊重し，ゆったりとした生き方を大切にする。責任を与えすぎない。イライラや怒りの発散方法（ストレスコーピング）を見つける。良い相談相手をもつ。

❖ 学校でできること ❖

　①悲鳴をあげている身体の声に耳を傾ける（身体症状）。疲れ具合，オー

パーワークのチェック。心配なこと，嫌なこと，しんどいことがないか丁寧に聴き出す。睡眠，食事の状態を確認する。

②身体の疲れを溜めない工夫，睡眠，休息のリズムを保つためのアドバイス。

③「ほどほど」を身につけさせる。楽しみを探させる。他人がどう見るかより，自分がどう思うかを大事にするように伝える（相談室・保健室）。頑張らせすぎない（教室）。

④薬物治療中のときには，主治医と連携し，生活上の注意や配慮を行う（学校全体）。

❖ 学校での気づきのポイント ❖

以前と比べてどういう状態になっているかが重要である。授業中ぼうっとする，表情に精気がない，言葉数が少ない，元気がない，疲れている感じ，休み時間に遊ばなくなった，孤立している，笑わなくなった，成績が落ちた，簡単なミスが多くなった，居眠りが目立つ，遅刻が増えた，早退が多い，保健室に行くことが増えた，食欲がない，理由もなく泣く，といったことに注意を払う。

❖ ピットフォール ❖

初期に「頑張れ」と励ます。調子がよいときに次の目標をつくり，頑張らせようとする。

回復の最終段階で「休め」と必要以上に休養を迫る。

うつに関する用語解説

1）うつ状態

　一時的に憂うつ（抑うつ）になり，気分が落ち込んで塞ぎ込み，心身に不調をきたしている状態を示し，うつ病だけでなく，不安になったとき，眠れなくなったとき，病気になったとき（脳腫瘍，甲状腺機能低下症），失恋したとき，薬の副作用などで，生じることがある。

2）うつ病

　現在は DSM-5 の診断基準に基づき，診断されることが多い。大うつ病性障害とも呼ばれる。今後は，ICD-11 の診断ガイドラインも利用される。かつては，内因性の病気といわれ，外因性，心因性を除外した病態像で判断されていた。

3）抑うつ症群

　ICD-11 に記載されているが，単一エピソードうつ病，反復性うつ病，気分変調症，混合抑うつ不安症などが含まれる。

4）うつ症状

　うつ病に現れる症状。心の症状（意欲低下，興味の消失，焦燥感など）だけでなく身体の症状（食欲不振，倦怠感，不眠，ふらつきなど）が現れる。

うつに関する疾患別の略説

☞乳幼児のうつ状態

　発達面の考慮をする必要がある。愛着対象からの分離，愛情遮断，虐待によって生じやすい。症状として，塞ぎ込む，反応性の低下，笑顔や喜びの感情表現の減少，活動量の低下，食欲の低下が挙げられる。成人のうつと同じかどうかは明らかになっていない。

☞重篤気分調節症（Disruptive Mood Dysregulation Disorder）

　言語的行動的に消失される激しい繰り返しのかんしゃく発作が出現。状況やきっかけに比べ，強さまたは持続時間が著しく逸脱している。かんしゃく発作は発達の水準にそぐわず，平均して週3回以上みられる。発作が認められないときも，一日中毎日持続的な易怒性や怒りが周りから見ても明らかである。

☞持続性抑うつ障害（Persistence Depressive Disorder）

　軽度の抑うつ気分，イライラ感，広汎な興味の消失や何事も楽しめないという感じが小児期思春期で1年以上続く。易怒的で気難しく，自己評価が低く，悲観的である。愛されていない感情，怒り，自己非難，身体的愁訴，不安，反抗がみられることもある。

☞月経前不快気分障害（Premenstrual Dystonia Disorder）

　月経開始前最終週に以下の11の症状から5症状が出現し，開始後数日内に軽快しはじめ，終了後の週には最小限になるか消失する。11症状とは，
　①激しい感情の不安定さ
　②著しい苛立たしさ，怒り，対人関係摩擦

③著しい抑うつ気分，絶望感，自己批判的思考

④著しい不安，緊張

⑤通常の活動における興味の減退

⑥集中困難の自覚

⑦倦怠感，易疲労性，気力の欠如

⑧食欲の著しい変化，過食，特定食物への渇望

⑨過眠・不眠

⑩制御不能の感覚

⑪他の身体症状（乳房の圧痛・腫脹，関節痛・筋肉痛など）

である。

上記の①〜④までの中から1つ，および上記の⑤〜⑪の中から1つは症状として必要。

☞季節性うつ病（Seasonal Depression）

20歳代前半に発症しやすく，男女比は1：4であり発症時期は10〜11月ごろ，症状の極期は1〜2ヵ月後で，春分以降は自然に症状は消失する。小中学生や高校生でもみられることがある。症状が消失した後に軽い躁状態を示すことも少なくない。抑うつ状態の他に，過眠，過食，体重増加，炭水化物飢餓（甘いもの中心に食べるようになる）が高率に認められる。光療法の効果があるといわれている。

☞非定型うつ病

気分反応性が強く，楽しい出来事に反応して気分が明るくなる。10時間以上の過眠，手足に鉛が詰まっているように身体が重く感じる。食欲の亢進，体重増加。批判に対して過敏になり，社会的な障害が出やすい。

双極症／双極性障害（躁うつ病）
Bipolar Disorders

●症例（14歳　中学2年生　男子）

　アトピー性皮膚炎の症状が悪化し，皮膚科で治療を受けていたが，改善しないことにイライラし，保護者にあたるようになった。一方，学校ではハイテンションで自分の皮膚炎は滅多にみられないすごい皮膚炎であると大げさに述べるようになった。また，授業中も何回も発言し，話が話題から逸れるようになった。自宅では夜寝なくても大丈夫と一晩中勉強をしたり，突然保護者を起こし勉強の内容を細かく話し続けた。登校するとすぐに校長室に行き，自分は天才になったと午前中休みなく喋った。担任，校長はびっくりして養護教諭に相談し，保護者に精神科受診を勧めた。精神科受診後，すぐに児童精神科病棟に入院となり，治療が始まった。

ポイント　躁状態の典型的な症状が出現しているが，最初は保護者も教員も何が起こっているのかわからない状態となるのが普通である。学校と保護者で連絡を取り合い，素早く医療機関に紹介するのが一番良い方法である。

疾患の概要

　「躁うつ病」とは，双極症（双極性障害）と同義であり，躁状態とうつ状態の両方の症状が通常は交互に出現する。双極Ⅰ型障害，双極Ⅱ型障害，急速交代型，躁うつ混合状態に分類される。子どもではうつ状態と躁状態が明確には区別しにくく混在する混合状態やイライラ感，高揚気分，誇大性を示すことが多いといわれている。他の精神障害，甲状腺疾患，注意欠如多動症（ADHD），反抗挑発症，素行症の鑑別診断の必要性と合併が報告されている。

症状

　うつ状態は抑うつ症群を参照。躁状態は以下の症状である。

　自尊心の肥大（自分は何でもできると気が大きくなる），睡眠欲求の減少（眠らなくても大丈夫と感じる），多弁（一日中喋りまくったり，手当たり次第にいろいろな人に電話をかけまくる，メールを送りまくる），観念奔逸（次から次へ新しい考えが浮かんでくる），注意散漫（重要でない外的刺激によって注意が容易に他に転ずる），目標嗜好性の活動（社会的，職場，学校内，性的などの活動が増加し，よく動く），快楽的活動に熱中（抑制の利かない買い物，性的逸脱行為）。

対応と治療

　①**対応**：刺激をしないことが重要である。早めに医療機関へ紹介する。

　②**治療**：薬物治療が必要となる。できれば身体的な問題と精神的な問題の両方に対応する医療機関が望ましい。

予防

　7割くらいでの活動を心がける。抑うつ的なときには，そのうちエネルギーが戻ってくると考える癖をつけるよう指導する。

❖ 学校でできること ❖

　①身体症状には休養などを促し，対応する（保健室）。

　②早急に保護者に連絡をとり，精神科受診を勧める（管理職）。

　③主治医と連携し，生活上の注意や配慮を行う（学校全体）。

❖ ピットフォール ❖

　話を聞きすぎる。元気だから登校するようにと強く促す。

第 12 章

統合失調症群
Schizophrenia or Other Primary Psychotic Disorders

統合失調症に関して症例を紹介し，詳しく述べる。

さらに統合失調症群として，統合失調感情障害，若年性周期精神病，統合失調症後抑うつ状態，共有精神病性障害（反応性精神病，二人組精神病），非定型精神病，抗 NMDA 受容体脳炎について略述した。

統合失調症
Schizophrenia

●症例（13歳　中学1年生　男子）

小学校のときに「憂うつで身体が何かしんどい」と訴えていたが，すぐに回復するので放置していた。中学入学後，クラスの後ろのほうで自分をじっと見ている気配がしはじめたころから，鉛筆が筆箱から休み時間中に出されたり，先生もわざとできない問題を当てるような気がしていた。不眠状態が続いたある日，運動場で他のクラスの体育の時間に体育教師の声が自分をばかにしているように聞こえ，運動場に飛び出て大声で怒鳴った。学校では皆がびっくりし，すぐに保健室へ連れていき，休養させ，保護者に連絡した。保護者も最近睡眠があまりとれていないこと，言動がいつもと違うことに気づいており，すぐに児童精神科を受診させることになった。

 ポイント　了解不能な言動がみられた場合は素早く保護者と連絡をとり，精神科受診を勧める必要がある。保護者も最近の様子の変化に気づいており，保護者との連携がうまくいき，受診となった例である。

疾患の概要

6ヵ月以上続く障害で，妄想，幻覚，思考の解体，疎通性のない会話，まとまりのない言動または緊張病性の行動，陰性症状（感情の平板化，無為，

意欲・自発性の低下）。心の健康教室サニタ（https://sanita-mentale.jp/）が参考になる。

症状

　全く関係のない出来事を，自分に関係があると信じ込む。周りの人が自分の悪口を言っている，自分は命を狙われている，と怖がる（空想か否かの判断が必要）。実際に聞こえていないものが聞こえたりする（人から命令される，話しかけられる，日常行為をいちいち批評される），実際には見えないものが見える。実際には臭わないものが臭う。初期は無神経な態度がみられるが，進行すると，感情が平板化して周囲に無関心になり，自発性が低下し，刺激に対して感情が湧かなくなる。独語（幻聴との対話でぶつぶつ言う），空笑（おかしくもない状況で，主に幻聴に聞き入ってにやにやと独り笑いをする）がみられる。

対応と治療

　①**対応**：刺激の少ない静かな環境を提供する。専門医の受診を勧める。
　②**治療**：薬物療法，支持的精神療法（ねぎらい，幻聴に対する距離の取り方，妄想に対する接し方），心理療法（認知行動療法，家族療法），リハビリテーション（作業療法，ソーシャルスキルトレーニング〔SST〕，デイケア，デイホスピタル，中間施設，作業所）。

予防

　早期発見，早期対応して二次予防を目標とする。

❖ 学校でできること ❖

　①空笑，独語，幻覚など（症状の項を参照）に気づけばすぐに校内で情報交換し，保護者に伝える（教室・保健室）。
　②精神科医を紹介し，受診を早急に勧める（管理職）。
　③精神科通院中であれば，主治医と連携し，服薬，休息の場所として保健室を提供する（保健室）。薬物療法が順調かを時折確認し，服薬遵守の声かけをする（教室・相談室・保健室）。
　④他の職員へ，薬物療法が順調ならば怖がる必要はないと伝えるなど，疾病理解に努める（相談室・保健室）。受容的雰囲気を保つ（学校全体）。

⑤保護者も混乱し，本人の容態を受容できないこともあり，じっくりと保護者との話し合いをもつことも重要である（学校全体）。

❖ ピットフォール ❖

慌てて「あり得ないことを言うな，ばかな態度をとるな」と叱責する。

☞統合失調感情障害（Schizoaffective Disorder）

　簡単にいえば，統合失調症状と同時期に，抑うつ症状または躁症状を伴う病態である。

☞若年性周期精神病（Periodic Psychosis of Puberty）

　若年性精神病は初経前後の女子に多く認められ，周期的な気分変動，昏迷に至る言動や行動の抑制，まとまりのない興奮ないし多動，一過性の幻覚・妄想など，多彩な精神症状を伴う病態である。病気が終わると，完全な健康状態に戻り，残存状態を残さないことが特徴である。軽度の意識障害，意識水準の低下があると思われている。

☞統合失調症後抑うつ状態（Post Psychotic Depressive State）

　急性期の統合失調症の症状が消退した後も，うつ症状が持続し，疲れやすく根気がなく集中力に欠け，意欲がない症状を示す。数ヵ月以上続くこともあり，回復途上の症状の一過程ともいわれている。

☞共有精神病性障害（反応性精神病，二人組精神病）

　同胞，親子，親友など親密な関係にある人は，片方が精神病になると感応して妄想や幻覚を共有してしまうことがある。病気にかかって入院などして引き離されると，もう一人は回復する。

☞非定型精神病（Atypical Psychosis）

　急性に発症し，急性の経過をたどり，幻覚，妄想，緊張症状など，多彩で派手な精神症状を呈し，夢幻様状態，幻視，人物誤認などの意識の変容の症

状を伴う病態を示す。病前適応がよく，寛解後の適応もよい。

☞抗 NMDA 受容体脳炎（Anti-NMDA Receptor Encephalitis）

　NMDA とは，脳の興奮性神経伝達物質であるグルタミン酸の受容体である。このグルタミン酸受容体に自己抗体ができることによる急性型の脳炎を抗 NMDA 受容体脳炎と呼ぶ。若年女性に好発し，卵巣奇形腫を合併することが多く，統合失調様の精神症状，発熱，けいれん，ジストニア様の不随意運動，中枢性低換気を特徴とする。人工呼吸器装置が必要であり，意識障害が遷延するが，MRI 所見や髄液所見に乏しいことから，見逃されやすかった。重度意識障害は長期に及ぶものの，自然寛解がみられることが特徴である。

Column

□高感情表出家族（Family Members with High Expressed Emotion）

　批判的な感情表出，敵意のある感情表出，情緒的に巻き込まれる感情表出といった強い感情を患者へ対して向ける家族のことをいう。高感情表出家族では，患者本人の再発率が高いといわれている。

第 13 章

神経発達症／発達障害群
Neurodevelopmental Disorders

　注意欠如多動症（ADHD），自閉スペクトラム症（ASD），発達性学習症／限局性学習症（学習障害），発達性協調運動症，知的発達症／知的能力障害（知的障害）について症例を挙げ，解説する。そして，コミュニケーション症や発達障害以外の言語障害について略述し，最後に神経発達症（発達障害）の一般的な概念について解説する。なお，トゥレット症候群については第 23 章（p.243）で略説した。

注意欠如多動症（ADHD）
Attention Deficit Hyperactivity Disorder

●症例（9 歳　小学 3 年生　女子）

　片づけられない，落ち着きがなく，授業中はほとんど聞いていないということで，養護教諭や担任から「児童精神科」で診てもらったほうがよいと勧められ，両親も必要性を感じ相談に訪れた。幼少時期から，多動・衝動性，不注意がみられ，迷子になったり，順番を抜かしたり，なくし物が多く，あきっぽいところがあるとのことであった。発達障害の要支援評価尺度（MSPA）において，ADHD の特徴的パターンが認められている（後出の図13-2 参照→ p.176）。ADHD-RS- Ⅳでは，不注意，多動混合型のパターンが得られた。本人と保護者の了解を得て，担任，養護教諭，学年主任と話し合い，必要な支援をお願いした。一番前に座り，授業中は集中が途切れないようにしばしば声かけをした。提出物に関しても確認をした。家庭では，片づけの練習を開始した。最初は母親が手伝い，次は母親は横で見ているだけにし，最後には終わったら母親が確認するだけと，段階を踏んで練習をした。また授業中身体が勝手に動き，集中できないとのことで，ADHD 薬の処方も始まった。1 学期の終わりには，学校での落ち着きも増し，夏休みの

宿題も早めに済ますことができた。注意されることが減り，褒められること
が増えた。

 ポイント 環境調整，認知行動療法的アプローチ，薬物療法にて，症状
改善がみられた例である。今後機会を見つけ，薬の減量が重
要な課題となる。

症状

　不注意，多動・衝動性が顕著である。不注意では「なぜか忘れてしまう，
準備したつもりなのに忘れてしまう，何か一つに気を取られると忘れてしま
う，つい他のことを考えてしまう，元に戻すのを忘れてしまう，後先を考え
ずに置いてしまう，知らない間に物が溢れる，机の中が片づかない」が挙げ
られる。多動・衝動性では，「なぜか動いてしまう。落ち着きのなさ，好奇
心旺盛，多注意，すぐに気が逸れる，集中力の短さ，考えなしの行動，待て
ない，喋りすぎる」が挙げられる。

対応と治療

①**対応**：気が散らないように教師の近くに座る。単純明快で具体的な短い
　　教示。飽きさせない工夫。宿題は少なくし，達成感の成就を主眼に置
　　く。できたら褒める，肯定的な言葉かけをする。しつこい叱責は避け
　　る，1つだけを注意する。多動性を抑えず動ける保証をする。授業中に
　　小休止をする。多少の態度のだらしなさは容認する。用事をつくって教
　　室から出す。移動教室使用時は，グループで移動するか，何らかの用事
　　をつくる，戻ってきたら褒める。どういうときに離れるか記録してお
　　く。片づけは具体的に指示する。

②**治療**：親ガイダンス，ペアレントトレーニング，ソーシャルスキルト
　　レーニング（SST），認知行動療法などがある。薬物療法として，メチ
　　ルフェニデート塩酸塩徐放錠（コンサータ），アトモキセチン塩酸塩
　　（ストラテラ），グアンファシン塩酸塩徐放錠（インチュニブ）が利用さ
　　れている。新しい薬（リスデキサンフェタミンメシル酸塩：ビバンセ）
　　も承認されたが，管理や流通経路の問題があり，コンサータとともに，

本人，主治医，薬局の登録制度が開始になった。ときに，新規抗精神病薬が利用されることがある。ただ，本当の薬は，セルフエスティーム（自己肯定感）を高めてくれる人の存在だといわれている。

予防

　二次的予防として，特性をつかみ，大事に育てる。良い点を見つけ，褒める。日常生活を円滑に送れるように，常に具体的な説明を行い，褒めることを通して，自尊感情を傷つけないようにする。

❖ 学校でできること ❖

①学校生活のなかでは，予定や目安をあらかじめ知らせておく。確認できるように予定表やメモを活用する（教室）。

②薬物療法中は，体重・身長の測定を月に1回行う。血圧，脈拍を週に1回測定する（保健室）。

③何ができるか考え，本人の困っているところに焦点を当て，少しずつ粘り強く本人から聞き出す（教室・相談室・保健室）。今までの叱責の歴史に目を向け，日常生活面での相談にのる（教室）。

④保護者と密に情報交換し，家庭・学校でのやり方や，持ち物や提出物，宿題に関する声かけにおいて同じ方法がとれるような工夫をする（学年全体）。日頃の保護者の気配りなどをねぎらい，良い関係を築くようにする（学校全体）。

❖ ピットフォール ❖

　むやみに繰り返し叱責する。駄目な子と決めつける。本人の言い分を聴かず，指導に走る。

155

自閉スペクトラム症（ASD）
Autism Spectrum Disorder

●症例（11歳　小学5年生　女子）

　毎年，年度初めはみんなの輪に入ろうと努力した。休み時間などには前日に研究したテレビの番組について話すが，詳しすぎてみんなはついていけず離れていった。みんなが離れていった理由がわからず，いじめられる，無視されると学期途中から帰宅後，泣いて母親に訴えた。

　さらに学校の規則を守らない子どもにはすぐに注意して，うざいと言われパニックになることを繰り返した。夏休みになり，遊ぶ友達もいなくて，家にずっといた。自由研究で日の出，日の入りの研究をすると言って，毎朝早く起床し，橋の中央から日の出のスケッチ，夕方には，日の入りのスケッチをして，時間，方向を記録した。それをまとめあげて提出した。夏休み後，学級担任もクラスメイトの前で褒め，クラスメイトも努力を讃えた。2学期には，この子はこんな子だと認められるようになり，優しく接してもらえるようになった。

ポイント　続けることへのこだわりがクラスメイトから一目置かれる結果となった。本人の特性を活かすことができ，その結果を評価され，クラスメイトに認められることが生きづらさを和らげることにつながった例である。

症状

　独特の人付き合いを示し，対人交流が苦手で，コミュニケーションがとりづらい。狭い限定された興味や関心をもち，活動領域が限られる。反復的行動パターンを示すことも多い。認知面での特徴として，①音，におい，味，接触などへの知覚の過敏性，②人の声も雑音も同じように流れ込むという情報選択性の問題，③木を見て森を見ず，一枚一枚の葉っぱを見るといった汎化や概念性の問題，④昼夜の区別がつきにくく，生活のリズムが乱れやすい

ことによる睡眠の問題がある。こだわり行動の特徴として，①変えない（物の位置，靴や服，予定など），②やめない（遊びをやめない，友達が待っていてもやめない，書き始めたら止まらない），③始めない（初めての場所を拒む，慣れていないトイレは使わない，目新しい食べ物は美味しそうでも食べない）が挙げられる。思い通りにならないときや，うまくいかないときには，情緒面の乱れが生じることがある。二次的障害として，身体面での症状，反社会的行動，非社会的症状がみられる。

対応と治療

①**対応**：本人の特性と捉え，特性に合った工夫が必要である。例えば，音への過敏性に対して刺激を遮断，イヤマフ（防音用の耳覆い），イヤフォンの利用，一対一での説明を試みたりする。こだわりに対しては，「変えない」ことは習熟度が増したり，質が高まることにつながり，「やめない」ことは集中力を発揮できたり，満足感が大きくなったりすることにつながり，「始めない」ことは気移りしない，失敗を抑えられるということにつながると理解し，良い意味でのこだわりを大切にして，強制するより何かに活かすことが重要である。目で見てわかるように（具体的データなどを視覚提示）して，具体的に穏やかに話す。活動の手順をわかりやすくする。スケジュールを前もって知らせる。パーティションで部屋を区切るなど物理的に環境を整える。付き合い方を教える。授業やルールを工夫する。好きなことや得意なことを活かすことも手助けのポイントとなる。情緒面の乱れに対しては，落ち着くまで一定時間待つことは効果的なことが多い。ストレス処理の方法を話し合う。

②**治療**：支持的精神療法，環境調整，親ガイダンス，ペアレントトレーニング，ソーシャルスキルトレーニング（SST），易刺激性[*1]に対してリスペリドン（リスパダール）やアリピプラゾール（エビリファイ）が処方される。

> [*1]
> 易刺激性：些細なことに反応してすぐに不機嫌になる状態。

予防

ルールや指示は明確に，そしてポジティブに伝える。余分な刺激の少ない

静かな環境のほうが本来の能力を発揮できる。大声で叱ったりすることは逆効果で，叱られた，拒否された体験だけが残る。本人の言い分を聴き，命令でなく提案を行う。言行一致を心がける。自尊心，自己効力感を潰さない，否定的になりすぎないことで，二次的な障害を予防する。本人のつらい気持ち，誰にもわかってもらえない気持ちを早めに理解することも二次的障害を防ぐ。そのためには，保護者，担任教師などの学校関係者の理解が必要である。薬物療法としては，日本で適応がとれているのは2種類の薬剤で，リスペリドン（リスパダール），アリピプラゾール（エビリファイ）が自閉スペクトラム症（ASD）の不安定な感情，攻撃性，衝動性の改善に効果があるといわれている。

❖ 学校でできること ❖

①学校生活のなかでは，予定や目安をあらかじめ知らせておく。確認できるように予定表やメモを活用する。保護者と密に連絡をとり，家庭と学校でのやり方を合わせるなど，本人が混乱しないようにする。パニックになったときに落ち着ける場所などを決めて，利用しやすいように本人とも相談しておく（教室）。

②感覚の過敏さは服装や素材を選択し，食感や味，においへの過敏さは給食などでも食べられない食事があることを踏まえ，個別の対応が必要である（学校全体）。

③身体化したときの対応（身体所見の観察，血圧・脈拍・体温の測定，一時的な休息の場），余裕があるときに話を傾聴，担任やスクールカウンセラー，スクールソーシャルワーカー，管理職など関係者へのコーディネート，本人の立場に立った保護者への説明，校内研修の企画などを行い，共通理解とスムーズな対応が図れるようにする（保健室・相談室と協力して行う）。

❖ ピットフォール ❖

わがままと決めつける。苦手なところのみ良くしようとする。理由を確かめずただ叱責する。できて当たり前だと思う。なぜわからないのかと詰問する。先走ってつい手を出してしまう。もう駄目だと早く諦める。

発達性学習症／限局性学習症（学習障害）
Developmental Learning Disorder

●症例（7歳　小学1年生　男子）

　小学校入学までは発達の問題は指摘されていなかった。幼稚園時代には名前は書け，文字も読めているようであった。話し言葉は特に問題はなかった。小学校に入学し，文字や数字を本格的に学び始めた。5月の連休明けくらいに，教科書を授業中に読む際，通じない部分があることに担任が気づいた。他の子どもたちも怪訝な顔をしていた。授業が終わり本人に再度読んでもらうと，読めない字は飛ばし，読める文字だけ読んでいるようであった。また，よく似た文字「あ」や「お」，「め」や「の」が区別できておらず，本を読もうとすると頭痛がするようであった。担任は他の子どもに気がつかれないように，放課後，一文字一文字ゆっくり読む練習から開始し，次に単語，次に文と徐々に長く読む練習を行った。また似た文字に対して大きなカードを作り，タブレットも利用しながら，一字一字確認しながら読む練習を行った。大きな字から少しずつ小さな字に縮小しながら読む練習を行った。1学期の終わりごろにはかなりスムーズに読めるようになった。

ポイント　話し言葉の理解は問題なく，授業での口頭での教示や説明は理解できるが，教科書を音読する際に飛ばし読みや似た字の区別の困難さをもち，読字障害があることが判明した。特徴に基づいた教育を丁寧に行った結果，徐々に本が読めるようになった実践例である。

診断と支援の実践

　診断は医療機関でなされるが，支援の実践は教育機関に委ねられることが圧倒的に多い。憲法で保障されている教育を受ける権利から見て，特性を考慮した授業法の開発，実践が求められている。

学習の困難さに対して介入されているが，読字（読みの正確さ，速さ，流暢さ，読解力），書字表出（つづり，文法，句読点，文章の明確さ，文章構成力），算数（計算の正確さと速さなど）の困難さが続く。

① **読字の問題**：具体的には，読める文字だけ読む拾い読み，どの行を読んでいるかわからず飛ばして読んでしまう，読むのが遅い，よく似た文字の区別ができない，単語のなかの文字を取り違える，読字で頭痛が生じる。音読ができても，文章の意味理解が困難。口頭での教示や説明は理解できるが，教科書の音読や書き取りが困難。

② **書字表出の問題**：意図した言葉を正確に文字に表すことができない，鏡文字，視写・聞き写し・読点を入れることができない，作文が書けない，字画が1本（1ヵ所）抜けたり増えたりする。

③ **算数の問題**：数字やその読み書き計算に困難をきたす（九九が覚えられない，暗算ができない，加減乗除の混乱），量の概念，図形の位置関係，逆唱，時計の短針と長針の混同，筆算で桁がそろえられない。

対応と治療

① **対応**：

(1) **読字の問題**：覚えたい単語をイラスト的に個性的に書く。文字としてではなく録音して音として認識する。小さい字の読み方は早口言葉を利用。

(2) **書字の問題**：五十音表を用いた仮名の書字訓練。漢字の構成に関連する意味を付与しながら書く練習。パソコン，ワープロの利用。黒板を書き写すのが困難な場合は印刷，機器類の利用。

(3) **算数の問題**：おはじきなど具体物を使ったり，文章問題を視覚的な手がかりを用いたりして学習する。数の繰り上がりの際に桁がわかるように枠をつけたり色をつけたりする。電卓，パソコンなどの機器を利用。

② **治療**：評価・診断に基づく親ガイダンス。不安症など二次的障害が生じたときに支持的精神療法，薬物療法などが必要なことがある。

予防

　早期発見，早期対応の二次的予防が重要である。小学1年生時の担任が発達性学習症（学習障害）の研修を受けることを通して対応について学ぶ。

❖ 学校でできること ❖

①本人の学習に対するつらさを汲み，具体的な困難さがわかる場合は，対応について一緒に考えるなど，工夫しながら，本人に合ったやり方を探す。身体症状が出現した場合は丁寧に対応し，休息も取り入れる（教室・相談室・保健室）。

②保護者と情報交換し，共通理解と相談を継続する。必要によっては，関係機関への相談につなげる。また学校でできる学習指導は早めに開始するのが望ましい（学校全体）。

❖ ピットフォール ❖

　低学力，努力が足りない，保護者や担任の教え方が悪いと決めつける。

発達性協調運動症（DCD）
Developmental Motor Coordination Disorder

●症例（7歳　小学1年生　男子）

　小学校入学後，クレパスやハサミ，箸をうまく持てず，工作の授業中に時間がかかり，給食の時間によくこぼすため真面目にやりなさいと何回も叱られ，登校しぶりがみられるようになった。そこで，担任は，スクールカウンセラーと相談し，発達性協調運動症の存在を知り，指導の仕方を変更した。担任は横について安心できるような声かけをし，まず担任が見本を見せ，持ち方を手ほどきし，焦らせないようにゆっくりと練習をした。1回でできる必要はないので少しずつやっていこうと毎回声かけをした。1学期の終わりごろにはクレパスやハサミ，箸を使えるようになった。

ポイント　叱責から丁寧な指導に変えたことにより，徐々にできるようになった例である。自然にできるのを待つのではなく，丁寧に教示していくのが望ましい。

症状

　一言で言うと「不器用」なことである。歩く，走る，スポーツに参加する，食事をとる，靴紐を結ぶ，物をつかむ，ハサミや刃物を使う，書く，自転車に乗る，物を落とす，物にぶつかることなど，運動機能の発達が円滑でない。症状の始まりは発達段階早期であるが，5歳以後に気づかれやすい（不器用の例は**表13-1**に示す）。

対応と治療

　①対応：子ども自身の潜在力と周囲の指導によって発達を遂げていくので，取り組みやすい課題を励ましながら成功につなげていくような働きかけが重要である。右手と左手を別々に動かす練習，ボールで当てる的を遠くにしたり近くにしたり，強く投げないと倒れない的や弱く投げな

表13-1　不器用の例

運動面	縄跳びが跳べない，ボールをキャッチできない，ドリブルしながら走ることができない，腹筋ができない，坂道の下りで踏ん張ることができない
学習面	筆圧の入れ方，消しゴムの力加減，楽器や器具の操作，実験に時間がかかる
食事面	箸をうまく使えない，座位が保てない，両手が塞がると肘をついてしまう，スプーンや箸を使うときに薬指や小指が伸びきってしまう，硬さの異なるものが混ざった料理では咀嚼が困難
生活面	①衣服の着脱が困難（ボタン，靴紐，靴下，ネクタイ） ②買い物（財布からお金を出す） ③家事（洗濯のつまみ洗い，雑巾絞り，盛りつけ，テープ貼り，紐結び）

いと倒れない的を使って練習する。

②治療：作業療法，薬物療法（注意欠如多動症〔ADHD〕の薬）を利用。縦断的研究結果によると，介入（丁寧な指導）しなければ運動の困難さは自身では解決できないといわれている。

予防

早期発見，早期対応の二次的予防を通して，不器用さを少しでも改善することが肝要である。その際，本人の力を引き出す働きかけを忘れてはならない。

❖ 学校でできること ❖

①本人の挑戦をねぎらい，つらさを汲みながら，状況を観察して何が不得意かを発見する。

②取り組みやすい作業から始め，安心感を与えながら，粘り強く励まし，成功へつなげていくよう働きかける。特に具体的なやり方を示す。活動の内容によっては，怪我につながらないように注意・工夫が必要である（教室・相談室・保健室）。

❖ ピットフォール ❖

「心配しなくても放っておけばできるようになる」と捉え，放っておく。不器用さや努力不足を責めたり，行儀が悪いとみなす。不注意や注意力の欠如とみなす。「真面目にやりなさい」，「ふざけるな」と注意する。

知的発達症／知的能力障害（知的障害）
Disorders of Intellectual Development

●症例（10歳　小学4年生　男子）

　小学校入学後から，おとなしく，にこにこして，椅子に座っており，担任の指示にも素直に従い，担任の手伝いも率先して行った。勉強はできなかったが，母親が宿題を手伝い，提出もできていた。休み時間も皆についていき運動場でよく遊んでいた。小学4年生になり，クラスメイトは自分のことで忙しくなり，勉強も難しくなり，授業中に何をしているかわからなくなった。4年の担任は厳しく，こんなこともわからないのかと何回も叱責された。徐々に表情は暗くなり，教室で笑顔が見られなくなった。帰宅後も「自分は駄目な子だ」，「ごめんなさい，お母さん」と毎日言うようになった。母親は非常に心配し，担任に相談したが勉強が非常に遅れていると言われただけであった。そこで他の保護者からの情報で学校にコーディネーターがいることを知り，相談すると，通級指導教室を紹介された。通級指導教室で詳しく見てもらったところ，学習面および知的能力面で問題があることがわかり，通級指導教室の担当教員が学校訪問し，管理職，学年主任，学級担任と対策を話し合い，保護者に本人の知的な面での問題を丁寧に説明し，通常学級では本人の学習支援は難しいと伝えた。保護者も本人の状態をしっかり理解し，特別支援学級を見学し，本人としっかりと話し合い，特別支援学級に行ったほうが勉強もわかりやすいし，叱られることも少なくなると本人に説明した。本人も特別支援学級を体験後，行きたいとの意思を示し，次の学年から特別支援学級に通うことになった。

知的発達症／知的能力障害のある児童が小学4年生で気づかれた例であるが，最初の気づきと対応には悪気はないにしても，本人の自尊心が傷つけられたところは問題であった。保護者の努力により，支援機関が協力し，本人にとって適した環境にスムーズに移れたのは評価できる。実際はこのようにはうまくいかず，学校側と保護者側とで，かなり議論が必要なことがある。

症状

　言葉の発達だけでなく，運動，社会性，生活習慣などの習得が全般的に遅れる。言語的には，語彙数が少ない，文章が短い，文法上誤りが多い，抽象的な言葉の発達が不良である。社会生活では，指示がないと動きにくいが，指示があると簡単な作業は可能である。

　以前は，IQの値により重症度を判断していたが，現在はIQの値のみではなく具体的な生活での困難さから重症度を判断するようになってきている。例えば，IQ80はこれまでは知的発達症（知的能力障害）に入らなかったが，食事，着替え，入浴，排泄，衛生面などの身辺処理はできるが，教えるのに時間がかかり，促しが必要である場合は中度で，日常生活動作全般で支援が必要な場合は重度と判断される。軽度は，食事，着替え，入浴，排泄，衛生面などの身辺処理は可能であり，教えるのもさほど時間はかからないが，食材の買い物，栄養を考えた食事の準備，預貯金や金銭管理，余暇の調整などで支援を要する。

対応と治療

　①**対応**：そのつど，ごく短期間に支援を必要とする程度から，長期的に（場合によっては生涯にわたって）強力な支援の継続を必要とする程度まで対応の幅は広い。その人その人の状態（判断力や思考力の水準，能力の適正評価）をしっかり把握し，支援することが肝要である。その際，自尊感情を育て，自己主張ができるように保障し，自信・意欲を失わせない試みが求められる。また，その人が自らの障害を理解していく支援も必要となる。

②**治療**：評価・診断に基づく親ガイダンス。不安症などの合併症があれば合併症の治療となる。合併症がある場合，薬物療法が必要なこともある。

<u>予防</u>

早期発見，早期対応の二次的予防を通して，二次的障害を防ぐ。

❖ **学校でできること** ❖

①日々の学校生活や学習の様子から本人の特性を踏まえ，個別の支援計画などを利用し，学習内容などの工夫を行う（教室）。

②ストレス負荷からくる身体症状をきちんと手当てする（保健室）。

③頑張っているところをねぎらう。できたところを評価する（教室・相談室・保健室）。

④保護者と密に連絡を取り合い，日々の成長を一緒に見守り，進路に関する情報を早めに提供するようにする（学校全体）。

❖ **ピットフォール** ❖

努力不足や能力不足と決めつける。身体疾患を見逃す。

コミュニケーション症／コミュニケーション障害
Communication Disorder

　ネット上などで俗に用いられる「コミュ障」とは異なるものである。ネット上では「雑談が苦手な人」，「場の雰囲気や空気を読めない人」，「人付き合いが苦手な人」のことを「コミュ障」と称しているが，「空気を読みすぎる人」，「忖度しすぎる人」，「本音が怖くて言えない人」のようにその場の雰囲気につい飲み込まれ，場に一体化してしまい，そのことで仮の安定を保っている人たちがいる。このようにコミュニケーションの障害の一つを取ってもその解釈は難しいことがわかる。ここでは DSM-5 でいわれるコミュニケーション症について触れることにする。

　コミュニケーション症には，言語症，社会的コミュニケーション症，語音症，吃音症が含まれる。

☞言語症／言語障害（Language Disorder）

　語彙の発達が限られ，文法的な間違いをする，適切な言葉を思いつけない，定義をきちんと理解していない，同義語を知らないなどの特徴がある。前後の状況や会話の流れから直感的にうまく話を合わせてしまう談笑的行動を身につけていることが多い。

☞社会的コミュニケーション症（Social Communication Disorder）

　目的に適った形での挨拶や情報提供が難しい。遊び場と教室，相手が子どもか大人かによって話し方を変えるのが難しい。あいづちを打ったり，誤解されたときに言い換えたり，曖昧な言葉を理解したり，無言の合図に気づくことが難しい。慣用句，ユーモア，隠喩，曖昧語，複数の意味をもつ語の理解が難しい。大雑把に言えば，自閉スペクトラム症（ASD）のこだわり部分（想像性の問題）がない状態といってもよいかもしれない。ASD，注意

表13-2　コミュニケーション症，ADHD，ASD の比較（特徴）

	コミュニケーション症	ADHD	ASD
有病率	不明	5％（男女比2：1）	1％（男女比4：1）
感情	人の気持ちがつかみにくい	共感性，怒り	人の気持ちがつかめない
知識	感情の共有や表出が苦手	好奇心旺盛	表出が苦手，偏った興味や知識
根気や融通	こだわりなく，融通は利くが，伝えるのが苦手	根気が続かない　　集中が短時間	融通が利かない　　同じことを繰り返す
課題	うまく表現するのが苦手，伝えるのが苦手	最後まで取り組めない（懲りない：毎回同じ失敗をする）　　出すのを忘れる	最後まで見届けないといられない（物事に凝る）　　中途半端では出せない
興味・関心	限定しない，偏らない	いろいろなものに向く	興味・関心が偏る　　移行可能
理解しにくい行動	周囲の状況，場面が読めていない	衝動性，多注意，好奇心	周囲の状況・場面が読めていない　　初めての場面が怖い
対人関係	通常の会話のやりとりが苦手	人なつっこい，物怖じしない	一人を好む，妙に近づく
薬物療法	なし	アトモキセチン塩酸塩（ストラテラ），メチルフェニデート塩酸塩徐放錠（コンサータ），グアンファシン塩酸塩徐放錠（インチュニブ），デキサンフェタミンメシル酸塩（ビバンセ）（多動，不注意，衝動性）	アリピプラゾール（エビリファイ），リスペリドン（リスパダール）（不安定な感情，常同行為，攻撃性，自傷行為）

DSM-5 精神疾患の分類と手引き（医学書院）をもとに筆者作成。

欠如多動症（ADHD）との比較を**表13-2**に示す。

☞語音症（Speech Sound Disorder）

　音声の産出に困難があるため，会話に支障がみられる。舌足らずのことで

ある。通常は7歳までにはほとんどの単語は正確に発音できるが，語音症では難しいことがある。

Column

□社交不安症とコミュニケーション症の違い

　コミュニケーション症にはコミュニケーションの技能の発達に問題があるが，社交不安症ではコミュニケーションの技能は適切に発達していても，対人関係において不安・恐怖・苦痛のためコミュニケーション能力が活かされていない。

コミュニケーション症
Communication Disorder

吃音症
Childhood-Onset Fluency Disorder/Stuttering

●症例（21歳　大学4年生　男子）

　小学校入学後から吃音が目立ち始め，他の子からも言い方が変と言われていたが，本人はさほど気にしなかった。小学4年生になり，クラスメイトの一部がからかったり，真似をしたりするようになり，本人もつらくなることが増えてきた。担任が本人と保護者と相談し，吃音症のことをクラスメイトに説明することになった。わざとしているわけではなく，吃音という症状があり，言葉を繰り返したり詰まったりすることがあると説明した。本人にもあなたは悪くないし，一人ではないと伝えた。そしてクラスメイトにからかいをやめるように言い，本人が発表するときに笑わず最後まで話を聞きましょうと伝えた。また，音読は一緒にすると詰まることもないのでクラス全員で音読をすることをクラスの決め事にした。この方針を小学6年生まで続け，中学校も引き継いだ。クラスの仲間たちはこの子の人柄のよさや勉強が得意なことをしっかり理解し，吃音に関しても話すのに時間がかかっても待ち，からかうことはなかった。高校を卒業し，大学入学後もさほどつらい目には遭わなかったが，大学4年生になり就活が始まったときに面接時の吃音が問題となった。そこで耳鼻咽喉科を受診し，言語聴覚士の指導を受けながら，障害者手帳を就活に利用することにした。紹介により精神科受診となった。精神科ではこれまでの生きてきた道を丁寧にたどり，ねぎらいを中心に支援しながら障害者手帳の診断書を作成した。公務員の一般就労枠の試験を受け合格となったが，入職時に障害者手帳を示し，合理的な配慮を受けることになった。

ポイント 小学校時代の担任の配慮により，いじめやからかいに遭わず，大学までは順調に過ごせたが，就活のときに困難に遭遇した。その際，耳鼻咽喉科，言語聴覚士，精神科医とよく話し合いながら支援の受け方を相談し，就職に至った例である。社会資源をうまく利用できるかは疾病の受容にも関わり，小学校時代からの適切な支援が必要と思われる。

吃音の概要

発語リズムの障害であり，会話時にある音の発音をためらって出せない（難発：……ぼくは），同音（同音節）を繰り返す（連発：ぼぼぼぼくは……），初音を伸ばす（伸発：ぼーーーくは）など会話の流れに乱れが生じていることをいう。緊張すると増強することが多いが，一緒に読んだり，歌を歌ったりするとき，吃音は出なくなる。発症年齢は2～7歳で，男児が女児の2～3倍いる，65～85％の人が回復すると報告されている。吃音の原因やメカニズムははっきりとはわかっていないが，脳の形態・機能の問題といわれ，育て方の問題ではないことがわかってきた。幼児期に一過性のものとして現れるのはごく普通である。親や保育士が無理に矯正させないのがよく，矯正を求めると子どもが無理をして悪循環に陥ることもある。慣れてくると周りもこの子どもの個性の一つと自然に接してくれるが，吃音を真似されるなどからかわれやすいので，教職員にはからかい対策や支援対策（本人と対応法を話し合う，からかいをやめさせる，話すのに時間がかかっても待つ，話し方のアドバイスをしない，教職員間での共有など）が必要である。言語聴覚士の指導により改善することも多い。面接や初めての場面など緊張する状況で出現しやすく，最初から相手に伝えておいたほうがよい場合もある。入学試験や公務員試験では，合理的配慮がなされるようになっている。自身の特性を活かし，自分に合った職業を選んで活躍している人もしばしばみられる。健康な成人でも緊張したときや焦ったとき，いっぱいいっぱいになったときに突然生じることもある。幼稚園・保育園から大学・専門学校，就職までの支援方法については，『吃音の合理的配慮』（菊池良和著，学苑社）に詳しい。

発達障害以外の言語障害

　これには突発性言語障害，環境因性言語障害，心因性失声症，場面（選択性）緘黙(かんもく)（p.81 のコラム，p.86 の略説参照），早口症が挙げられる。

☞突発性言語障害（Unspecified Difficulty in Speech）

　原因不明の言葉の遅れで俗にいう「おくて」のことである。3，4歳で急速に言葉が発達することが多い。遺伝性で男児に多く，父親や祖父などに同様の既往がみられる。

☞環境因性言語障害（Environmentally Induced Language Disorders）

　言語刺激に乏しい環境（テレビに子守をさせている），言語の必要性に乏しい環境（極端に過保護，言葉の要求を先回りして叶えたり，身のまわりのことを全部してやる），言語の学習意欲を阻害する環境（完全主義的に教えるなど）のもとで育ったことによる言語障害のことである。

☞心因性失声症（Psychogenic Aphonia）

　何らかの心理的原因により会話など意図的発声での失声状態（声を発することができない状態）になることをいう。突然発症し，15歳以下が全体の30％といわれ，低年齢発症が増加傾向にある。

☞早口症（Cluttering）

　自分の言いたいことがはっきりしないのに遮二無二喋り，話がわかりにくい状態を示す。口の中に何か熱いものを入れているように喋る。明瞭な発音でゆっくり話す手本を示し，子どもの話を急がないでゆっくりと聴いてあげることが回復につながる。

❑一般的な言語指導のポイント

　話すときは視線を合わせて「○○ちゃん」と名前を呼んで意識を向け
させながら言葉かけをする。目の前のこと，具体的なこと，関心のある
ことを話題にし，短い言葉でゆっくりと楽しく話しかける。発音を訂正
しない。喋るだけで十分と考え，強制，くどさ，繰り返しは避けたほう
が望ましい。テレビなどの機械音より人が話しかけるようにし，家族や
同年代の子どもとの交流を多くする。

神経発達症（発達障害）の一般的な解説

　神経発達症とは，発達の過程において，初期の段階で何らかの原因によって阻害され，認知，言語，社会性，運動などの機能の獲得が障害された状態である。健常児との連続性のなかに存在し，加齢，発達，教育的介入により臨床像が著しく変化する。理解不足による介入の誤りが生じやすく，二次的情緒・行動の問題が生まれやすい。DSM-5 では神経発達症群（神経発達障害群）となったが，日本では 2005 年に発達障害者支援法が成立しており，法的公的にも発達障害モデルとして理解され，治療されてきている。

1. 心理検査

1）WISC-Ⅳ

Wechsler Intelligence Scale for Children-fourth edition の略であり，5 歳0 ヵ月～ 16 歳 11 ヵ月に用いられる 4 訂版知能検査である。全 15 の下位検査から全検査 IQ，言語理解，知覚推理，ワーキングメモリー，処理速度の5 つの合成得点が算出される。それらの合成得点から子どもの知的発達の様相を多面的に把握できる。学校での有効利用は子どもたちの特性をつかみ，それを発展させるのに非常に役立つ。例えば，ワーキングメモリーが低い場合は同時の指示や同時の作業が非常に苦手であり，一つひとつ指示したり，一つずつ作業を終えたりすることで，間違いが少なくなり，叱責することも減る。また，処理速度が遅い場合は思考，行動，作業に時間がかかり，あたかもわざとしているように見えることもある。ある程度の能力があれば，ゆっくりと作業することにより，他の子どもと同様に仕上げることが可能となる。この点に対する理解があるかないかで，叱責の回数が大幅に異なる（処理速度の値の低い例を**図 13-1** に示した）。

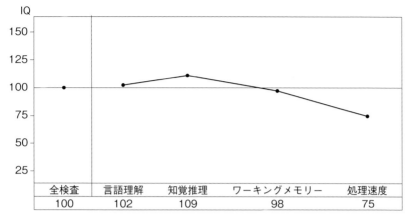

IQ	全検査	言語理解	知覚推理	ワーキングメモリー	処理速度
	100	102	109	98	75

図 13-1　WISC-Ⅳの結果（処理速度の低い例）

2）MSPA（エムスパ）

京都大学の船曳らが開発した発達障害の要支援評価尺度（Multi-dimensional Scale for PDD and ADHD）の略であり，発達障害の特性の程度と要支援度の評価尺度である。発達障害の特性についてコミュニケーション，集団適応力，共感性，こだわり，感覚，反復運動，粗大運動，微細協調運動，不注意，多動性，衝動性，睡眠リズム，学習，言語発達歴の項目から多面的に評価する。各項目は，当事者や保護者，支援者などから得た生活歴に関する情報に基づいて評価し，各項目の結果を特性チャートに示すことで発達障害の特性や支援が必要なポイントを視覚的に捉えることができる（**図 13-2**）。

3）新版 K 式発達検査 2001

適用年齢は 0 歳から成人まで幅広い。子どもの発達水準や偏りを「姿勢・運動」（P-M），「認知・適応」（C-A），「言語・社会」（L-S）の三領域から評価する。WISC-Ⅳよりも幼少の子どもたちの検査が可能で，発達年齢でも結果が表せる。また，WISC-Ⅳでは次の検査まで 2 年は空ける必要があるが，新版 K 式では 3 歳以上〜小学校入学前までは 6 ヵ月以上，小学校入学以降は 1 〜 2 年以上空けることが望ましいとされている。

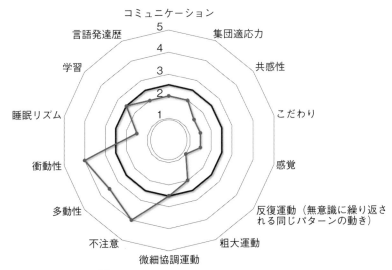

図 13-2　ADHD の例

4）IQ（知能指数）と DQ（発達指数）

IQ は Intelligence Quotient，DQ は Developmental Quotient の略である。IQ は，物事の理解や課題の解決といった認知能力を中心に評価する知能検査の結果を数値によって表したものである。DQ は，身体や社会性を含めた幅広い領域にわたる評価をする発達検査の結果を数値によって表したものである。IQ は WISC- Ⅳを利用することが多く，DQ は新版 K 式発達検査 2001 を利用することが多い。かつては IQ や DQ が 70 未満であれば知的発達症（知的能力障害）と評価していたが，現在は社会生活能力も加味し，70以上でも知的発達症（知的能力障害）と評価することがみられる。

5）AQ（自閉スペクトラム指数）

Autism Spectrum Quotient の略である。自閉スペクトラム症（ASD）のスクリーニングテストとして使われている。AQ は，ASD の傾向を知るために，社会的スキル，注意の切り替え，細部への注意，コミュニケーション，想像力の重要な 5 つの項目からなっている。33 点以上が ASD の可能性

が高く，日常生活に差し障りがある。27 ～ 32 点は ASD の傾向があるが，日常生活に差し障りが少ない。26 点以下は発達障害の傾向はあまりみられない。

6）ADHD-RS-Ⅳ

Attention Deficit Hyper Activity Disorder-Rating Scale Ⅳ の略である。DSM-Ⅳ の診断基準をもとに，注意欠如多動症（ADHD）の診断のために開発されたスクリーニングテストである。非常に簡便で，約 10 分で検査ができ，5 分で評価ができる。適用年齢は 5 ～ 18 歳である。奇数番の項目が不注意，偶数番の項目が多動・衝動性を反映した質問である。14 ～ 16 点以上が ADHD の可能性が高いことを示すが，正確な診断を表すものではない。特性をつかみ，支援するには役に立つ。ネット上で自己採点が可能である。

2. 合理的配慮（Reasonable Accommodation）

文部科学省は障害のある子どもが十分に教育を受けられるように，合理的配慮を提供するように通達している。合理的配慮は，一人ひとりの障害の状態や教育的ニーズに基づいて決定されるものである。各学校は本人の興味・関心，学習上または生活上の困難，健康状態などの状態把握を行い，これを踏まえて個別の支援を行う。この場合，学校と本人および保護者による合意形成を図ったうえで提供することが望ましいとされている。本人，保護者が合理的配慮を望んだ場合は，学校側は真摯にその希望に沿うように力を尽くすことが期待されている。

3. 特別支援学級と通常学級の交流の融通性について

通常，年明けには 4 月以降の学級を決定することが保護者に求められる。迷っている保護者も一応は決めるのであるが，4 月以降に保護者が期待したこととは異なる指導の場合がある。例えば，特別支援学級に移った後，すぐ

表13-3　二次的障害の予防

1. 規則正しいリズムの指導	睡眠，食事，生活全般（家庭，学校）
2. 基本的安心感の獲得	大丈夫感覚，信頼関係構築，不安軽減
3. 衝動コントロールの会得	サインの気づき，焦らず，諦めず，粘り強いストレスコーピング
4. 対人関係のスキルの獲得	挨拶・感謝をはじめとした基本的パターンの習得
5. トラウマの集積予防	トラウマの可能性や影響の認識，予防，傾聴，叱責理由の丁寧な説明
6. 自己肯定感の底上げ	成功体験と失敗体験後の支援，ねぎらい，称賛，励まし

に通常学級に戻りたいと言っても難しいことが多い。この場合の交流の融通性が限定的である。人事面や人員配置など難しい問題が多いが，交流の融通性がもっと行われることが児童生徒たちの学ぶ権利を守ることにつながるのではないかと思うことが多い。文部科学省には期待するところである。

4. 二次的障害（Secondary Disorders）

　二次的障害には身体的・反社会的・非社会的の三種類があるが，苦手なことが人より多く，どうもうまく生きられない，失敗してばかりいる，つらい気持ちを誰もわかってくれない，必死に努力してもちっとも成長できない，ということが積もり重なって二次的障害になるようである。心身医療では，身体症状に出あう可能性がある。

　二次的障害の予防（表13-3）：規則正しい生活リズムの指導，基本的安心感の獲得，衝動コントロールの会得，対人関係のスキルの獲得，トラウマの集積予防，自己肯定感の底上げに注意を向けるとよい。

5. 療育手帳について

　知的障害児および知的障害者を対象に，都道府県知事が交付する障害者手帳のことである。児童相談所または知的障害者更生相談所において，知的障害と判定された場合に受けることができる。A（重度），B1（中度），B2（軽

度）と判定される。この場合の知的障害の判定基準が各都道府県により異なっている。最近は本人や保護者の生活を送るうえでの困り度を配慮する場合も出てきている。

6. 精神障害者保健福祉手帳について

精神障害のため，長期にわたり日常生活や社会生活にハンディキャップをもつ人で手帳の申請を希望する人が対象となる。精神保健指定医を中心とした医師が診断書を作成する。申請を受け付けた後，精神保健福祉センターで診査・判定される。障害の程度は3級（軽度）から1級（重度）まで3段階に分かれる。手帳を取得することにより，各種福祉サービス（医療費減額，交通機関利用費減額など）が受けやすくなり，自立と社会参加を促進する手助けとなる。小・中学生で使用する例は多くはない。

7. 自立支援制度について

自立支援医療のなかに精神通院医療が含まれ，精神疾患の治療のため通院による医療費の負担を軽減し，継続して治療を受けやすくする制度で，診断書は医師が記載し，精神保健福祉センターで審査・判定される。更新手続きが毎年必要であるが，診断書の提出は2年に一度である。自立支援医療受給者証を窓口で提示することにより，医療機関や薬局などで支払う負担額が原則として1割となる。

8. 乳幼児・子ども医療費助成制度について

通院，入院とも中学3年生までは無料の自治体が増えているが，一部負担額を軽減する自治体や，高校3年生まで無料の自治体がある。この制度により，子どもたちの適切な受診ができるようになっている。この制度が適用できない年代になると，自立支援制度を利用することが多い。

第 14 章

愛 着
Attachment

　反応性アタッチメント症／反応性アタッチメント障害（反応性愛着障害），脱抑制対人交流症／脱抑制型対人交流障害について症例を挙げ，解説する。そして，愛着に関する一般的な解説をする。

反応性アタッチメント症／反応性アタッチメント障害（反応性愛着障害）
Reactive Attachment Disorder

●症例（4歳　幼稚園　男子）

　幼稚園に入園後，食事の時間や遊ぶ時間などでも笑うことがなく，自分から甘えに来ることもなかった。養護教諭が抱きしめるときでもよそを向き，終始無表情で，むしろ嫌がった。また他の子どもが寄ってくると噛みついたり，自分の頭を床に打ちつけたりすることもあった。

ポイント　反応性アタッチメント障害の典型的な例である。このタイプの子どもが幼稚園でなじむには，以下の対応に示すようにさまざまな工夫が必要である。

概要

　環境的問題，特に養育者の関わりの不全によって生じる。乳幼児（5歳未満）に生じ，大人の養育者に対してうまく甘えられず，普通のときに安楽*1を求めず，安楽に反応しない。持続的な対人行為と情動の障害といわれている。

> *1
> 安楽：安楽とは，安心して楽しめることであり，英語のcomfort（able）に近い。

症状

　明るく振る舞えない。嬉しさや楽しさの表現が少なく，つらいときや甘えたいときにも素直に甘えられない。通常の交流でも説明のできないイライラ，悲しみ，警戒心，恐怖心が強い。

対応と治療

　①**対応**：大事な子どもだという観点に立って，安心・安定・安全感を保つ環境をつくる。安楽を求めてもよいというメッセージを送り続ける。支援する側の大人が情緒的に揺れずに対応する。

　②**治療**：不眠，不安などに対する薬物療法が必要なときもある。養育者への発達ガイダンスなど支持的・教育的支援を行うこともある。

予防

　適切な養育を通した愛情をもった関わり。

❖ 学校でできること ❖

　①身体面で困っている場合は休息の場所とする（保健室）。

　②一人で抱え込まず，学校全体でチームとして対応できるよう働きかける（学校全体）。

❖ ピットフォール ❖

　むやみに叱責する。猫可愛がりをする。一定の対応をしない。

脱抑制対人交流症／脱抑制型対人交流障害
Disinhibited Social Engagement Disorder

●症例（5歳　幼稚園　女子）

　幼稚園では担任に懐かず，他の園児と遊ぶこともなく一人で行動するが，幼稚園に初めて来た訪問者には寄っていき，抱っこをせがみ，膝の上に座り，過剰に甘えた。気に入った教員にはべたっとひっつき，他の子どもが寄ってこないように机で囲みを作ったりした。母親が幼稚園に送ってきたときも振り返りもせずに幼稚園に入ってきた。迎えに来たときも嬉しそうな顔を全くせず，母親の前をさっさと歩いて帰った。1年後，気に入った教員が転勤になったときに，全く動揺せず，何もなかったかのように過ごした。

ポイント　脱抑制型対人交流障害の典型的な例である。場面に合った適切な行動と対人コミュニケーションを促すためにはスタッフ全員の愛情に基づいた工夫が必要である。

概要

　基本的特徴はほとんど初対面の人への対応が文化的に不適切で，過度の馴れ馴れしさを含む抑制が利かなくなった行動様式である。大人や仲間との対人関係能力をひどく損なう。

症状

　見慣れない大人に近づく。過度の馴れ馴れしい言葉かけや接近を行う。養育者を振り返って確認しない。見慣れない大人についていく。注意を引くための発言や行動をとる。

対応と治療

①**対応**：場面に合った適切な行動と対人コミュニケーションを促すためのソーシャルスキルトレーニング（SST），大人や友達との間の信頼感や自己肯定感を育てるため，子ども間のグループワーク，要求や気持ちの表現方法を学ぶ場を提供。

②**治療**：不眠，不安などに対する薬物療法が必要なときもある。養育者への発達ガイダンスなど支持的・教育的支援を行うこともある。

予防

愛着形成機会を与える。ネグレクト環境から脱出。養育者の頻回な変更を避ける。特定の愛着対象を長期にわたって育てる，または支援する。養育者に対して子どもの比率が高い施設を避ける。

❖ 学校でできること ❖

①常に穏やかに関わり，身体面で問題が存在するときは，養護教諭として専門的な視点で対応する（保健室）。

②近づきすぎず離れすぎないことが大切である（教室・相談室・保健室）。

③一人で抱え込まず，学校全体でチームとして対応できるよう働きかける（学校全体）。

❖ ピットフォール ❖

馴れ馴れしくさせすぎる。近づいてきたときに嫌そうな顔をする。

愛着に関する一般的な解説

　愛着とは子どもが主養育者に対して向ける特別な感情の絆。また子どもと養育者との間に形成される情緒的な結びつきともいわれる。愛着獲得のために微笑反応，モロー反射，吸せつ反射，把握反射など子どもに生来的に備わった本能的な行動があり，通常自然に主養育者に対して反応し，愛着は育っていく。ボウルビィによると愛着の発達は4段階に分けられる。第1段階（生後8〜12週）は非選択的愛着段階といわれ，誰にでも愛着行動を示し，人を区別した行動はみられない。第2段階（生後12週〜6ヵ月）は選択的愛着段階といわれ，母親に対する分化した反応がみられるが母親の不在に対して泣くような行動がみられない。第3段階（生後6ヵ月〜2歳）は分離不安段階といわれ，特定の人間に対する愛着が形成され，人見知りや分離不安が顕在化して愛着行動が活発化する。第4段階（3歳ごろ）は自立段階といわれ，愛着対象と身体的接近を必ずしも必要としない。3歳ごろまでには，主養育者を安全基地としてさまざまな試みを繰り返すなかで自己が確立し，他の人と良い対人関係を築いていく基礎ができてくる。このように，乳幼児期に形成された愛着は次第に内在化され，他の対象へと愛着の対象を広げていく。愛着を育むには，安定した継続的関わりとレジリエンスの強化，人に懐く，懐ける支援は必要である。

1．愛着の関連する諸段階

1）基本的信頼感（Basic Trust）
　新生児期（0〜1ヵ月）に生じる感覚で，「不快は永遠に続かない」を獲得すること。

2）情緒応答性（Emotional Availability）

乳児期（1歳まで）の母親が表情や仕草などにより，子どもの情緒を適切に読み取る能力。

3）母親参照能力（Maternal Reference）

乳児期（1歳まで）の自らの体験や判断が妥当かどうかを母親の様子から判断する能力。

4）移行対象（Transitional Object）

幼児期前期（1〜3歳）の幼児が母親から離れる不安に耐えるため，ぬいぐるみなど肌身離さず持ち歩く物をいう。

5）情緒的対象恒常性（Emotional Object Constancy）

幼児期後期（3歳）に現れるもので，母親が不在でも母親が自分を捨てないという自信をもつこと。

2. 母親に関する事柄

1）ボンディング障害[1]

子どもに対する母親のいとおしい思い，守ってあげたくなるような情緒的絆を称してボンディングというが，母親から子どもへの情緒的絆の障害をボンディング障害ともいう。常軌を逸した怒りを感じ，身体的・心理的虐待を行うこともある。また，ボンディング障害は母親側の要因（精神疾患，産後うつ病，母親自身の愛着スタイルの歪み）と，乳幼児側の要因（発達障害，小児科疾患）との間の障害ともいわれている。

2）母親への支援

母親への心理療法，家族への介入，地域保健所との連携，子育て支援センターなど社会資源の活用，母子合同心理療法などが挙げられる。

3. 愛着と発達障害の関係

1）知的発達症（知的能力障害）と愛着

　知的発達症（知的能力障害）の言語の発達の遅れ（喃語が少ない，模倣語が遅れる）から，保護者との情緒的交流が遅れる，反応がゆっくりであることが関係しているともいわれている。

2）注意欠如多動症（ADHD）と愛着

　生後12週から6ヵ月の選択的愛着段階において選択性が低く，養育者への愛着を示さない。生後6ヵ月から2歳での分離不安段階において，分離不安がなく，歩き始めるとよく動き，疾風のように母親のもとから走り去る。叱られても何もなかったかのように，にこやかに話しかけてくる。迷子になっても不安はなく，再会しても泣いてしがみつくこともない。これらのADHDの特徴が愛着の問題を起こしやすい。

3）自閉スペクトラム症（ASD）と愛着

　ASDの愛着の問題と結びつきやすい幼少時の特徴は，視線が合わない，表情が少ない，名前を呼んでも振り向かない，指さしをしない，母親の後追いをしない，人見知りしない，一人でいても平気，一人遊びを好む，他人の介入を嫌がるなどが挙げられる。一定の知的水準があり，かつ自閉特性が重篤でない場合は，十分愛着形成が可能という報告[2]もあり，小児期の愛着形成への支援を軽んじないようにする必要がある。

第 15 章

排泄症群／排泄障害
Elimination Disorders

遺尿症, 遺糞症について, 症例を挙げ, 解説する。

遺尿症
Enuresis

●症例（15歳　中学3年生　女子）

　幼少時期から夜尿がみられ, 小学4年生のときに一度改善した。中学入学後, 10月までは毎日夜尿があったが, 小児科受診し, 夕食後の水分摂取を最低限にし, アラーム療法を用いたところ, 夜尿は減少した。修学旅行やスキー合宿では教職員に起こしてもらった。過食傾向もあり, 精神的なことも影響しているのではないかと養護教諭より紹介となった。過食は認知行動療法により改善したものの, 夜尿に対し夕食後の水分摂取を制限し, 就寝直前に排尿も済ませ, デスモプレシン酢酸塩水和物（ミニリンメルトOD錠）を利用したが, さほど効果はみられなかった。そこで夜尿症の専門家を紹介したところ, 尿が濃く, 塩分の摂りすぎが判明した。食事で塩分を少なくした結果, 夜尿は完治した。

ポイント　夜尿症は学校での心配りが必要な疾患であるが, 精神的なものとして片づけられやすい。この症例は, 器質的な面への配慮が必要であった。

疾患の概要

　不随意でも意図的でも, 布団や衣服の中へ反復的に排尿する。夜間のみ, 昼間のみ, 夜間および昼間の両方に分けられる。夜間のみの場合, 夜尿症という。臨床的に意味のある苦痛が認められる場合, 診断される。5歳以上, 週2回以上, 3ヵ月間連続して生じる。夜尿症は夜間の尿産生メカニズム,

*抗利尿ホルモン剤投与時には厳重な飲水量のコントロールが必要

図15-1　夜尿症の治療（生活指導）
　　　　夜尿症診断のガイドライン（日本夜尿症学会）より抜粋して筆者作成。

蓄尿メカニズム，睡眠覚醒の異常など，さまざまな要因が複雑に関与した症候群とされている。夜尿症は自然経過で治癒する頻度が比較的高い。

症状
　夜間睡眠中のみに排尿。覚醒時中に排尿。夜間，覚醒時の両方で排尿。

対応と治療
　①対応：生活指導*1（夕食後以降水分を制限する，就寝時〔直前〕に排尿する）。
　②治療：行動療法（時間を決めて排尿を促す），夜間アラーム療法*2，薬物療法*3（ミニリンメルトなど）。

予防
　水分摂取の適切な制限。排尿記録（夜尿日数，一晩の夜尿頻度，尿意覚醒の有無など）。

❖ 学校でできること ❖
　①睡眠状態を尋ねる。夜間の水分摂取の確認，他の症状の確認（教室・保健室）。
　②宿泊行事の際の対応を一緒に考える（教室・保健室・学校全体)。

*1~3

*1 生活指導：夜尿症診断のガイドラインには食事内容のコントロール，飲水量のコントロール，排尿習慣のコントロール，就寝時排尿の履行，本人の心理負担の軽減が挙げられており，その中で特に本人の心理負担を軽減することが子どもの健全な成長発達を促すうえで重要と言われている（図15-1）。

*2 夜間アラーム療法：夜間アラームは夜尿の水分を感知して警報が鳴る装置であり，シート上のアラームでベッドに敷くタイプ，下着や身体に直接装着するタイプがある。アラームが鳴る時間が徐々に朝型になってくると改善していると判断できる。

*3 夜尿症の薬物療法：三環系抗うつ薬，抗利尿ホルモン剤，抗コリン剤が利用されてきたが，最近，デスモプレシン酢酸塩水和物（ミニリンメルトOD錠）が利用されるようになっている。夜間のホルモン分泌能力が未発達なため，尿が濃くならず薄い尿が溜まってしまうタイプの夜尿症に適応がある。

③特に小学校高学年以降は本人の心理的側面への配慮を十分に行い，周囲の子どもたちとの関係にも注意を払う（学校全体）。

❖ ピットフォール ❖

悪気なく笑いながら話題にする。「小学6年生にもなって」などの言葉で傷つける。親の気持ち，意見を聞かずしつけが悪いと決めつける。

遺糞症
Encopresis

●**症例（7歳　小学1年生　男子）**

　オムツが取れないまま，幼稚園生活を送っていたが，トイレで座るのを嫌がった。園から帰宅途中で便が落ちることもあった。また，お尻から便がはみ出してパンツが汚れることもあった。入浴後，オムツをはくと，便が出るようであった。両親は，トイレで便をするように厳しく指導したが，本人は頑なに拒んだ。小学校入学前，排便習慣がついていないということで小児科を受診し，発達の問題も疑われ，精神科受診となった。小児科では排便訓練の指導と緩下剤による規則的な便排出を試み，精神科では心理検査を行い特質を調べ，プレイセラピーを開始した。両親は病院での指導に基づき，丁寧に優しく排便訓練の指導を始めた。オムツについても本人の希望を聞き，着用を続けていた。小学校ではオムツをつけて登校したが，学校では便は出なかった。夏が来て，水泳の授業が始まり，最初は保健室で水着に着替えていた。その後，学校で着替えることが面倒とパンツで行くようになった。また，お風呂の後もパンツにすることにし，夏休みには自分からトイレで便器に座るようになった。

>
> **ポイント**　遺糞症への対応は遺尿症より難しく，保護者も厳しくなりがちである。本症例のように多角的で丁寧なアプローチが必要である。叱責はあまり効果がないことが多い。

疾患の概要

　不随意でも意図的でも，4歳以上で，少なくとも月に1回，3ヵ月間，不適切な場所（衣服，床など）に大便を反復して出す。緩下剤や医学的疾患の生理学的作用によるものではないとされている。改善意欲がないこともみられる。

症状

どこでも生じるが，本人も気づいていないことがしばしばみられる。

対応と治療

①**対応**：時間を決めてトイレに座る練習をする。怖がらせず，徐々に馴れ
させていく。

②**治療**：緩下剤を利用して便意を生じさせる。支援や治療に抵抗がみられ
ることがあるので工夫が必要である。

予防

規則正しく排便習慣をつける。

❖ 学校でできること ❖

①食事の内容，排便の習慣を尋ねる。時間を決めてトイレに行かせる。便
をしてしまったとき，自尊心を傷つけず丁寧に対応する。替えパンツを
準備しておく（教室・相談室・保健室・職員室）。

②宿泊行事の際の方針を話し合っておく。特に小学校高学年以降は本人の
心理的側面への配慮を十分に行い，周囲の子どもたちとの関係にも注意
を払う（学校全体）。

❖ ピットフォール ❖

「いつまでもこんなことをして」と責める。問い詰める。

第 16 章

健忘と記憶

　全生活史の健忘について症例を提示し，概説するが，他の健忘については簡単に説明する。最後に記憶に関する一般的な解説を行う。

健忘 Amnesia：
エピソード記憶の障害 Episodic Memory Impairment

●症例（13歳　中学1年生　女子）

　「いじめられている」と母親に言ってはいたが，学校でも家庭でも明るく振る舞っていたため，大丈夫だろうと母親は考え，どこにも相談はしていなかった。中間テストの日の休み時間に，階段の下で倒れていたのを発見された。てんかん発作の既往があり，養護教諭は担任と相談してすぐに近くの小児科へ救急搬送した。病院に到着後，すぐに意識は回復したが，自分の名前も言えず，自分がどこにいるかもわからなかった。病院に母親が駆けつけたが母親の顔もわからないようであった。脳波や頭部CTに異常はなく，外傷もなく，帰宅となった。2，3日経過後，自分の名前や家族の顔と名前は思い出したが，クラス写真を見ても誰かわからなかった。そこで，小児専門の精神科受診となった。不眠もあり，軽い抗精神病薬を服薬し，両親にはゆっくり休ませ，本人の好きな温かいものを食べさせ，一緒の部屋で寝るように指導した。2週間に1回の受診で徐々に記憶を取り戻し，中学1年生の春休みにはほとんど問題はなくなった。その間，学校には1ヵ月経過後から登校し，学校にいる時間を午前中だけ，昼食まで，午後までと徐々に延長し，保健室，別室，教室へと段階を踏んで，入る練習をした。

ポイント

全生活史健忘の女子の例である。もともとてんかん発作があり，最初はてんかん発作と疑われ，救急搬送された。精査によりてんかん発作は否定され，エピソード記憶の障害と判明した。ゆっくり休養させ，刺激を少なくし，徐々に回復するのを待った結果，自然回復した。学校で生じた場合は，教職員は焦るであろうが，症例のように冷静に対応し，迅速に病院へ搬送したことは適切な対応であった。

疾患の概要

発症以前の出生以来すべての自分に関する記憶が思い出せない（逆向性・全健忘）状態。自分の名前さえわからず，「ここはどこ？　私は誰？」という一般的に記憶喪失と呼ばれる状態である。障害されるのは主に自分に関する記憶であり，社会的なエピソードは覚えていることもある。多くは心因性であるが，稀に頭部外傷をきっかけとして発症することがある。発症後，記憶は次第に戻ってくることが多い。

症状

自分の名前が言えず，家族の顔もわからない，クラスメイトの顔も名前も忘れる。自分のいる場所もわからない。

対応と治療

①**対応**：器質的な場合もあり，初期には迅速な対応が必要である。病院受診後，器質的に問題がなければ，ゆっくり休養させ，刺激を少なくする対応がなされる。一時的に学校を休むことも必要な場合が多い。

②**治療**：不眠など，他の症状への薬物療法が必要になることもある。自然に改善することが圧倒的に多い。ただ，トラウマなどの強い外部刺激があれば，心理療法が用いられることもある。

❖ 学校でできること ❖

①不調時は休養させる（保健室）。

②保護者に連絡し，早急に総合病院（脳神経内科，小児科，精神科などが望ましい）への受診を勧める（管理職）。

③治療中，休養中の家庭訪問などは，主治医や保護者と連絡をとり，指示

を受けながら行う（教室・保健室）。

　ゆっくり様子を見る（発見時は迅速行動が望ましい）。回復を急がせる
（一般的にゆっくりと回復を待つのが望ましい）。

健忘の種類と概説

☞前向性健忘（Anterograde Amnesia）

　受傷や発症などのある時点から以降の記憶が障害されること。例えば，事故前の記憶は障害されないが，事故後ある一定期間を記憶していない。大人では睡眠薬とアルコールの併用でみられることが多い。子どもでは睡眠薬でみられることもある。

☞逆向性健忘（Retrograde Amnesia）

　受傷・発症より昔の記憶が抜け落ちた状態。記憶を呼び起こす想起の障害。

☞一過性全健忘（Temporary Amnesia）

　健康だった人が突然，前向性健忘を起こし，新しいことを全く覚えられなくなるもの。自分の周囲の状況を把握できなくなるため，本人は混乱する。通常，24時間以内に回復し，積極的な治療は不要なことが多い。ストレスの多い人に起こりやすく，側頭葉の血流低下が関与しているとみられる。

☞解離性健忘（Dissociative Amnesia）

　解離性健忘とは，物忘れや疲労では説明できない水準で自分の経歴の一部や自分に関する情報が突然失われることである。限局的，選択的健忘または生活史の全般性健忘として現れる。本人は記憶が失われたことに対して無関心，無頓着なことが多い。健忘の対象は大きなストレス負荷に関わるものが多い。

　例：ダイエットをきっかけに体重が急激に減少したが，学校には規則正しく通っていた。卒業生の送別会で出てくるものをすべて食べてしまった。そ

のころから学校から帰った後，つい食物を摂取し，多量になることがあった。ある日，鞄いっぱいに食べ物を入れ，お金を払わずに店を出ようとして，店員に見つかって警察に保護された。本人は「どのようにして店に入ったかも出たかもわからず，店員に呼び止められ，鞄に食物が入っていることに気づいた」と語った。

☞解離性遁走（Dissociative Fugue）

　突然，日常から離れた場所に行き，その期間の記憶がない。遁走中はその人なりの水準で普通に行動しているように見え，身辺管理が保たれている。

　例：期末テスト前で勉強が進まず焦っていた。2，3時間くらいしか眠らず，朝食をとらず家を出た。いつものように近所の人に挨拶をして出かけたが，学校とは違う道を行く姿を見かけた人もいた。その日の夜になっても帰ってこず，捜索願が出され，一晩中捜索されたが見つからなかった。翌日の昼になって，山の上の神社で発見された。事前の記憶がなく，どうやってそこまで行ったか覚えていなかった。

☞解離性同一症（Dissociative Identify Disorder：DID）

　2つ以上の他とは区別されるパーソナリティ状態。文化によっては憑依体験と記述される。それぞれの人格は自分が主役になった（人格交代）ときに基本人格（出生時にもっていた本来の人格）とは異なる独自の行動パターンで振る舞う。その際，周囲からは全く違った人物のように見える。

☞離人感・現実感消失症（Depersonalization/Derealization Disorder）

　離人感は自らの考え，感情，感覚，身体，行為について非現実，離脱，外部の傍観者と感じる体験。現実感消失とは，人や物が非現実的で夢のような霧がかかった生命をもたない体験。

　離人感・現実感消失の体験の間，現実見当識（p.47 の注＊4を参照）は保たれている。「ちょっと違うふうに見える」，「ベールがかかって聞こえる」，「触れた感覚も直接でない気がする」と語ることもある。

その他の健忘

☞限局性健忘

ある限定した期間に生じた想起不能（児童虐待に関する数年の記憶）。

☞選択的健忘

ある限定した期間に生じた出来事は想起できるが，すべてを想起はできない。

☞全般性健忘

自分の生活に関する完全な記憶の欠落。

☞系統的健忘

ある特定領域の情報についての記憶（その人の家族や特定の人物）。

☞持続性健忘

新しいことが起こるたびにそれを忘れてしまう。

記憶に関する一般的な解説

　認知心理学によると，記憶は短期記憶と長期記憶に分類される（**図16-1**）。

　短期記憶は通常，20〜30秒以内の記憶情報保持能力を示す。ワーキングメモリー（作動記憶）は短期記憶を核としてさまざまな認知課題を遂行するために一時的に必要となる記憶であり，容量には制限がある。WISC-Ⅳにて程度を数値として表すことが可能である。

　長期記憶は自分が思い出しているかという気づきを伴うかどうかに基づいて，顕在記憶（自分が思い出しているという気づきを伴う）と潜在記憶（自分が思い出したという気づきを伴わない）に分けられる。

　さらに顕在記憶はエピソード記憶と意味記憶に分類される。エピソード記憶は「いつどこで何を」という時間的・空間的に特定できる過去の出来事の記憶で，思い出（生活史記憶）のことである。意味記憶は語や物などに関する辞書的な記憶で，知っていること，知識のことでもある。エピソード記憶は人の記憶に特有な，より高度な記憶といわれている。

　潜在記憶はプライミングと手続き記憶に分けられ，プライミングは先行す

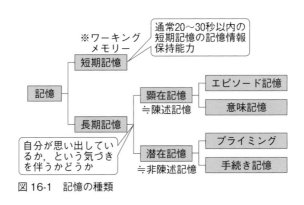

図 16-1　記憶の種類

る経験・刺激が後続する行為へ影響を与えるが意識を伴わない記憶であり，プライミング効果は例えば試験で1週間前に単語を目にしている群は目にしていない群より正答率が高いという現象を示す言葉である。手続き記憶は技能に関する記憶のことで，身体で覚えたものである。手続き記憶は簡単に言葉にできないことが多く，意識しなくても使うことができる。例えば，自転車，楽器，水泳の習得がある。

第 17 章

てんかん
Epilepsy

てんかんの症例を提示し，解説する。

てんかん
Epilepsy

●症例（8歳　小学2年生　女子）

　小学1年生までは何の症状もなかった。教室内でぼうっとする様子が時折
みられるようになり，しっかりと授業を受けるようにと学級担任から指導を
受け，保護者にも連絡され，自宅でも注意された。本人はよくわかっていな
いようで，さほど気にしていないようであった。ぼうっとする頻度が増え，
叱責されることが多くなり，塞ぎ込んだり泣いたりすることが増えてきた。
保健室で養護教諭に相談すると，一度小児科を受診するように言われ，受
診となった。小児科医はてんかんの疑い，脳波検査を行ったが問題はなかっ
た。検査日のころにはぼうっとすることがみられなくなっていた。その後も
時折ぼうっとすることがみられ，検査では問題もなかったことから，さらに
しっかりするようにと何回も指導された。症状が続くため，入院して長時間
記録ビデオ脳波モニター検査をしたところ，ぼうっとしたところで特徴的な
脳波異常がみられた。定型欠神発作というてんかんの一種だとわかり，薬物
療法が開始となった。薬物療法開始後，発作がみられなくなった。

ポイント　てんかん発作と思われず，通常の脳波検査では診断がつかず，
生活態度に問題があると指導や叱責を受けていた。実は欠神
発作というてんかん発作であることがわかった例である。て
んかん発作とは見えない発作もあることを頭に置いておく必
要がある。

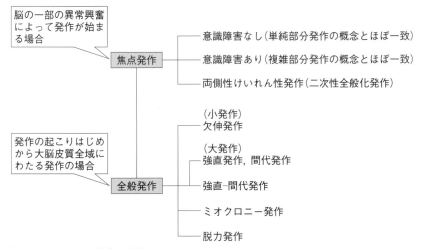

図 17-1　てんかん発作の分類
日本神経学会の発作分類をもとに筆者作成。

疾患の概要

　てんかんはてんかん発作をもつ病態である。てんかん発作は少なくとも2回の発作が 24 時間以上の間隔をもって生じる。あるいは1回の発作であっても 10 年以内に2回目の発作症状が 60%以上の確率で予想される発作である[1]。てんかんの消失とは，年齢依存性症候群[*1] が一定の年齢に達した場合や，10年間発作がなく後半の5年間は薬物を服用していない場合と定義された[2]。

　日本神経学会の発作分類（てんかん治療ガイドライン 2018）では，①全般発作（強直発作，間代発作，強直-間代発作，欠神発作，ミオクロニー発作，脱力発作）と②焦点発作（意識障害なし，意識障害あり，両側性けいれん性発作〔二次性全般化発作〕）に分けられている（**図17-1**）。

　①**全般発作**：強直-間代発作は意識をなくし，手を突っ張らせた（強直）

> [*1]
> 年齢依存性症候群：新生児から乳幼児にかけて，年齢依存的にてんかん発作が生じる。特異的な脳波を示し知能・運動・情緒に関する神経発達症（発達障害）を合併する症候群。ウエスト症候群（点頭てんかん）などが挙げられる。

後，がくがくさせる（間代），全身性のけいれん発作である。欠神発作は子どもに多い発作で，ぼうっとなり，今までしていた動作を止めて，呼びかけても応答がなくなる発作である。学校の授業中に起こると単に不真面目な児童と誤解されることもある。ミオクロニー発作は手足，体，顔などの筋肉が一瞬ビクッとなる発作である。発作により物を落としたり，転んだりする。思春期に発生する若年ミオクロニーてんかんでは，朝起きてすぐに起きる手のミオクロニー発作（朝にコップや物を落とす）が特徴である。

②**焦点発作**：意識が保たれる発作（単純部分発作）は，片方の手足や顔の突っ張りやけいれん，痺れが現れたり，実際に見えないものが見えたり聞こえたり，わけもなく怖い感じや寂しい感じに襲われる発作である。意識がなくなる発作（複雑部分発作）は，欠神発作と同様にぼうっとなり，今までしていた動作を止めて，呼びかけに応じなくなる発作である。持続は欠神発作より長く，数十秒から数分間である。口をモグモグ・クチャクチャさせたり，手足をモゾモゾ動かしたり，片方の手を不自然な格好に突っ張らせたりする動きがみられることもある。両側性けいれん性発作（二次性全般化発作）は単純部分発作，複雑部分発作に続き，意識をなくし，手足を突っ張らせたり，がくがくさせる全身性けいれんに至る発作である。

対応と治療

①**対応**：養護教諭を発作が起きた場所に呼び，養護教諭がけいれんの状況を観察し，保護者に連絡し，救急搬送する場合もある。医療機関との連携は必須である。本人には，不安を高めないように接する。

②**治療**：病院では脳波検査など，必要な検査を行い，診断をし，必要ならば薬物療法が開始となる。通常は，1回目の発作では経過観察となることが多いようである。

予防

睡眠不足，水分摂取不足，疲労の蓄積，ストレス負荷など，心身の負担になることを避ける。

❖ 学校でできること ❖

①発作が生じたときはバイタルサインを確認し，発作の状態を観察し，受診の要否を判断する（保健室）。

②発作時に失禁の症状が起こることを想定し，本人や周囲の子どもにその後の不安にならないような対応ができるよう準備しておく必要がある（保健室）。

③発作後には，クラスの子どもが不安や偏見をもたないよう担任から丁寧に指導し，本人が登校しやすいように配慮する（教室）。

④てんかんの子どもの情報収集と情報の整理を行い，校内で情報共有し，校内での薬の管理や救急対応方法を共有する（学校全体）。

⑤学校行事などで周囲の子どもにも知らせたほうがよいと考えられるときには本人や保護者の了承を得て，本人も周囲の子どもも不安にならないような説明を行い，みんなで協力できるようにする（保健室・教室）。

⑥てんかん発作を起こした子どもについて，本人や保護者とてんかん症状の共有をし，学校生活上の留意点や支援方法，緊急時の対応を相談する（保健室・教室）。

・**学校での坐薬挿入について**：文部科学省からの通達により，教員も坐薬の挿入が可能となり，対応することが必要になった（次ページのコラムを参照）。

・**学校における合理的配慮**：2016年4月から実施された障害者差別解消法では，「合理的配慮の提供」を定めている。学校における合理的配慮とは，障害のある子どもが他の子どもと平等に「教育を受ける権利」を受けられるように，学校が行う配慮を意味する。

❖ ピットフォール ❖

不真面目な子どもと決めつける。不安を増大する発言をする。

❑文部科学省からの通達（教育・保育施設等における発作時の坐薬挿入について）

　文部科学省 2016 年 2 月 28 日付事務連絡「学校におけるてんかん発作時の坐薬挿入について」により，教育・保育施設等において子どもがてんかんによるひきつけを起こし，生命が危険な状態にある場合，現場に居合わせた教育・保育施設等の職員またはスタッフが，坐薬を挿入する場合が想定され，そのような必要性が認められる子どもに関しては，事前に医師および保護者から書面の指示を受け，留意事項が遵守されるなかで適切に対応することが通達された。

第 2 部

状態・行動から見る
心とからだの基礎と
学校でできること

第 18 章
不登校とひきこもり

　不登校とひきこもりの症例を提示し，詳しく実態について述べ，詳細に解説する。

不登校
Not Attending School

●症例（13歳　中学2年生　女子）

　中学1年生では大きな問題はなく登校していた。中学2年生になり，1学期は腹痛・頭痛を訴えていたものの，時々休みながら登校した。2学期から，朝起きられず全く行かなくなった。母親が起こそうとすると抵抗し，大暴れした。夕方まで寝る生活が続いたが，起きているときは日中ぼうっとし，抑うつ的であった。家族が心配し，本人を説得して受診となった。本人にも理由ははっきりせず，保護者も思い当たることがないという。2学期ももうすぐ終わりだから正月までゆっくり休もうと伝え，お手伝いができるときはお手伝いをしようと提案した。次の診察日には，つきものがとれたように，すっきりした表情で「学校を休むと決心したら急に楽になった。母親もうるさく言わなくなった。お手伝いは掃除や洗濯，風呂洗い，食器洗いはしている。夕食の準備も手伝い始めた」と話した。しばらく通院が続いたころ，規則正しい生活と食事を三食しっかりと味わいながらとるようにとアドバイスした。2年生の3学期になり，突然3年生から行くと宣言し，3学期は自宅で規則正しく楽しく生活を送った。以前あった腹痛や頭痛もほとんどなくなった。春休みに母親と一緒に学校へ出かける練習をし，3年生から学校へ復帰した。

理由のはっきりしない不登校例である。理由を追及せず，本人の休養を第一とし，休養回復に寄り添い，リハビリとしてできることを増やしていくことにより，生活リズムが戻り，身体症状も出現しなくなり，学校復帰となった。このように適切な時期に休養をしっかりとることにより，回復する例もあることは知っていてもよいであろう。

定義と医学的意味

　文部科学省によると「不登校児童生徒」とは何らかの心理的，情緒的，身体的あるいは社会的要因・背景により登校しないあるいはしたくともできない状況にあるために，年間 30 日以上欠席したもののうち，病気や経済的な理由によるものを除いたものと定義している。医学・医療的には，症候群としてとらえられており，さまざまな精神的問題が背景にあることが多い。

不登校児童生徒数の推移と出席の条件

　この定義に基づいたデータが 2020 年 10 月 22 日に文科省より報告された。2019 年度の不登校は小学生では 5 万 3350 人，中学生では 12 万 7922 人と前年度と比べて増加し，過去最多になった。一方，フリースクールなど校外機関を利用することが，指導要録上「出席」と認められた児童生徒は 2 万 5866 人と最近は右肩上がりになっている。まだ，あまり利用されていないが，文科省通達では ICT 教材[*1] などで自宅学習した場合も，出席扱いしてその成果を評価に反映できることになっている（全国の利用者は 608 名と昨年の 2 倍）。新型コロナウイルス感染対策をきっかけに，大きく発展しようとしている。

> [*1] ICT：Information and Communication Technology（情報通信技術）の略で，パソコン，無線 LAN，e-learning（学習用ソフトウェア）などを示す。

不登校と結びつく原因と葛藤

　保護者・教師への反発，人生への失望，進路への迷い，成長の不安，人間関係の悩みが挙げられているが，わからないと答える子どもも多い。学校へ行けない不安と学校へ行かなければならないという現実の間に挟まれ，葛藤が多くみられる。最近は，神経発達症（発達障害）にみられる「学校に行きたくないから行かない」，貧困にみられる「行けないから行かない」，罪悪感

がない「身体の調子が悪いのは学校のせいである」，ネットやゲームが絡む「学校へ行くとゲームができない」のような，葛藤を伴わない新しい不登校が出現している。加えてヤングケアラーの問題も指摘され始めた。

症状

　登校をしない・できないというのが主症状である。不登校の経過を5期間に分けると，以下のように説明できる[1]。前駆期には，過剰適応や，学校活動や対人関係での萎縮，孤立などの状態にある。第1期は心気期・身体症状期といわれ，頭痛，腹痛，悪心，めまいなどの身体症状が出現し，身体症状に固執する。前の晩は元気だが朝になると頭痛が生じ，「頭痛がよくなったら行ける」と訴え，登校が困難になる。第2期は攻撃期・抵抗期といわれ，すべてに対して頑なになり，家庭内暴力が出現しやすくなる。この時期には保護者と学校側が相互不信となりやすく，互いに「家庭の問題がある」，「学校に問題がある」と歩み寄りがみられないこともある。その場合，不登校は長引くことが多い。第3期はひきこもり期あるいは自閉期といわれ，巣ごもり状態で学校のことに触れないかぎり波風は立たない。退行し，不登校児と母親の結びつきが強くなり，父親，同胞を排除する傾向になる。父親の支援がないと母子関係に没頭し，母子の社会的孤立に進み，母親さえも最後には排除する。この時期が長引くと，家族は疲弊し，外へ支援を求めることさえできなくなる。第4期は社会との再会段階といわれ，テレビなどを見て何気なく社会事象を口にし，社会参加の話題を避けなくなり，現実的な活動に率直な関心を示すようになる。その過程で父親を避けなくなり，父親への接近は母親離れを促進する。

対応と治療

①**対応**：前駆期に気づくことができれば予防できる可能性があるが，前駆期に気づかなくとも，周りの支援により成長・発達が順調に進めば，不登校にならずに済むことも多い。不登校の第1期に小児の心身医療の場に現れた場合，医療者が保護者，担任など学校関係者とうまく連携がとれ，同じ考えのもと，本人のつらさを理解し，適切な対応があれば早期の学校復帰につながる。第2期に医療機関を訪れ，医療機関の働きかけ

により保護者，学校関係者が歩み寄り，本人の頑なさをほぐすことができれば，学校復帰につながることもある。第3期は長く続くが地道な治療継続により終わりに近づく。第4期には，中間的な橋渡しの場（適応指導教室やフリースクールなど）の受け入れが始まる。中間的な橋渡しの場をうまく利用できれば，徐々に通常の生活に近づいていく。

②治療：認知行動療法，支持的精神療法（不安を取り除き，安心感を与える，本人の苦しみの理解，ねぎらい），併存症（不安症，気分症〔気分障害〕，統合失調症，摂食症〔摂食障害〕，神経発達症〔発達障害〕など）の治療がある。

長引く不登校への対応

家庭以外の居場所を探す（通級教室，適応教室，フリースクール，ひきこもりの会など），家での生活を規則正しくする（早寝早起きを始める，規則正しい食生活をする，味わいながら食事をとる，風呂掃除などお手伝いを開始する），背景の疾患の探索や特性評価をする（専門機関を受診または相談し，心理検査などを実施する），本人との人間関係を結ぶための教師による家庭訪問を実施する（初期には登校刺激を避けるが，適切なときを見極め，放課後の学校訪問を提案する）。

予防

学校生活への過剰適応や，学校活動や対人関係においてみられる萎縮，教室の人間関係孤立などの状態に気づき，適切な声かけや傾聴，受容，共感がなされればレジリエンスが働き，不登校を防ぐことが可能である。

❖ 学校でできること ❖

①初期身体症状があるときは休ませる（わかってもらえたという体験が重要），休息後教室へ戻すときにねぎらいを忘れずに「身体がしんどいのによく頑張っている」などと声かけをする。長期にわたって身体症状が続くときには病院を紹介する。保健室以外の居場所を探す（学校全体で話し合う）。支援機関に関する情報を提供する。併存する障害などがある場合はその状況も把握し，保護者に寄り添う（保健室）。必要時には支援機関に関する情報を提供する（保健室・学校全体）。

②家庭訪問，学校の話題，登校への刺激などは，本人の状況と保護者の考えを十分に踏まえて行う。本人の関心のある分野，趣味などを通して関わりをもつことでつながりができ，その後の対応が継続される場合もある。保護者との関係は重要であり，日々のつらさを汲み，情報交換を行いながら，良好な関係を築いていく（担任）。

③登校の機会は，登校しやすい環境を設定し，保健室での身体計測や健康観察のためなど，学習にこだわらず，検討していく（教室・保健室）。

④教室では，本人の存在を大切にしている姿勢が，他の子どもにも感じられるようにする（教室）。

❖ 保護者へのアドバイス ❖

「結論を急がない，子どもを肯定する，周りの人と比べない，子どもに共感する，子どもも自分も責めない，外出に付き合う」といったことを実践するように伝える。信頼できる相談機関をつくる。

❖ ピットフォール ❖

「どうして行けないんだ」，「根性が足りない」，「本当に頭が痛いのか」，「このままでいいのか」，「とにかく今日だけ頑張れ」と言う。犯人捜しをする。「学校に行くのは義務だ」と強いる。「学校に行ったら〜を買う」などの条件をつける。家庭訪問の約束をしたのに家庭訪問をしない。

Column

□ヤングケアラー

通学をしながら家族を介護している 15 歳から 19 歳の子どもが 2017 年時点で全国に推計 33 万 7100 人いることがわかっている。こうした子どもはヤングケアラーと呼ばれ，不安が過度になれば心身や学校生活，進路に影響が出るとされる（毎日新聞 2020 年 3 月 22 日）。

厚生労働省は 2020 年全国の教育現場に対し，実態調査を行う方針を固めた（毎日新聞 2020 年 10 月 5 日）。

学校は不登校生徒にこのタイプの子どもたちがいることにも注意を向ける必要が出てきている。

社会的ひきこもり
Social Withdrawal

症例を提示し，一般的な解説を行う。

●ひきこもりの症例（14歳　中学2年生　男子）

　初語が少し遅く，助詞（が，に）が幼稚園卒業まで出なかった。小学校の間は大きな問題もなく登校していた。中学入学後，2学期までは通学していたが，3学期になり，きっかけなく学校に行かなくなった。両親が心配して受診となった。服装，身なりに問題はなく，挨拶もしっかりでき，こちらの質問にも過不足なく答えた。「なぜか行きたくない」と言う。母親は「勉強しない」と何回も不安げに語った。本人は最初の2回だけ受診し，あとは受診しなくなった。母親と父親は1ヵ月に1回受診し，子どもの様子を語った。本人も拒まなかったので，学校と交渉し，担任に定期的な家庭訪問を依頼した。担任は，中学時代はもちろん中学卒業後も時々家庭訪問をした。家庭訪問のとき，本人が描いている絵や図，デザインについてコメントしたりして元気づけた。外出は日曜日に父親と車でDVDレンタル店に行くのみであった。母親はひきこもりの親の会に参加し，他の保護者の経験を聞き，自分の経験を述べることを続けた。5年間同じ生活が続き，同級生が大学入学のころ，突然進学したいと言いだし，デザインの専門学校へ進学した。

ポイント　ひきこもり例であるが，担任の粘り強い訪問や父親との外出，母親の相談機関との長期のつながりを通して，社会との接点が保て，家族としての孤立回避が再び社会へ戻る粘り強い支援となったと思われる。

ひきこもりに関する一般的な解説

　自宅にこもって社会参加しないという生活状態が6ヵ月以上続いており，精神障害が原因でないことと定義される。ひきこもりには人間関係の回避や拒絶がみられることがあり，理想の自分と現実の自分との間に大きなギャップがみられる。2019年の内閣府推計報告（毎日新聞2019年3月30日）によると40～64歳でひきこもり状態にある人が全国で61万3000人にのぼるとみられる。この数は15～30歳での推計54万1000人とほぼ同規模とみられる。このように中高年層でもひきこもりが増えており，ひきこもりの長期化・高齢化を防ぐため，若い世代での対策が急務である。小学校，中学校，高校，大学での不登校の早期発見，早期対応は社会的ひきこもりの予防になるかどうかの検証が必要である。近藤[3]は，子どものころのリスクとして，何でもないことを怖がる，普段どおりの状況や手順が変わると混乱する，新奇場面，予想外の出来事，言語表出を求められる状況，叱責などの強い刺激に対して恐れを感じることを挙げ，早期支援のあり方として，苦手な刺激の少ない場の設定，具体的で理解しやすい情報提供，安心して過ごせる環境の保証，わからないことや苦手なことに周囲が気づき，さりげなく支援すること，子どもが周囲の支援に期待できることを体験できるような環境整備を挙げている。各地でひきこもりへの対策が練られており，兵庫県明石市では，ひきこもり相談支援課を保健所内に設置して相談業務が始まり，神戸市でもひきこもり支援室がオープンした。

❏オープンダイアローグ（文献4を参考にした）

　オープンダイアローグ（開かれた対話）とはフィンランドで1980年代から開発と実践が続けられてきた精神病に対する治療的介入の技法である。オープンダイアローグの中核にあるのは徹底して他者を尊重する「対話」である。丁寧に本人の話を聴き，それに誠実に答えていく「対話」によってそれぞれの立場の違いを掘り下げていくと，その過程そのものが当事者をエンパワーする効果をもつ。この対話をひきこもり支援に応用する試みが斎藤[4]らによって始まっている。この手法は医療者以外でも実践可能であるため，教育現場での応用も期待される。

第 19 章

いじめ
Bullying

いじめの症例を提示し，いじめに関する一般的な解説を加える。

いじめ
Bullying

●症例（13歳　中学1年生　男子）

　中学入学後，部活にも入り，楽しくやっていると周りは思っていた。7月に入り，登校しぶりがみられ，保護者からも担任からも叱咤激励された。徐々に食欲も落ち，給食を食べる量が減り，授業中笑顔が見られなくなり，ぼうっとするようになってきた。担任が気づき，保健室へ連れていき身体面でのチェックをしてもらった。4月の身体測定に比べ体重が減少し，血圧も低下していた。また，服が汚れていることや，背中の痣（あざ）にも気づいた。丁寧に本人の話を聴くと，休み時間にプロレス技をかけられたり，教科書を隠されたり，宿題のプリントを破られたりしたことを涙ぐみながら途切れ途切れに話した。担任を呼び，本人と3人で今後の対策を話し合った。その際，担任が「自分が責任をもって君を守る」と宣言し，関わった他の生徒の名前と，されたことを聞き出し，学年教諭で手分けして関わった生徒からの話を1人ずつ丁寧に聞き，本人がどんなにつらい思いをしているかを心を込めて伝えた。関わった生徒は，全員涙を流し，謝りたいと申し出た。本人に謝罪を受けるか確認したところ，夏休みが終わるまでは会いたくないと訴えたので，夏休み後に再度確認することになった。すでに病院に受診しており，病院では1学期中は休むようにという指示が出ていた。そこで，本人は自宅休養となった。保護者は授業を本人のためにやってもらえるのかと訴え，学校側も夏休み中に家庭訪問をして，遅れている授業を行った。2学期になり，恐怖感が続き，心的外傷後ストレス症（PTSD）の症状も示し，登校で

きないため，学校長と相談し転校となった。

ポイント　学校側は丁寧に本人と関係者に対応したが，結果的に本人は転校せざるを得なかった。もう少し早く発見でき，対応ができていれば転校を防げた可能性があった。早期発見，早期対応，予防については，学校は常日頃から意識を高くしておく必要がある。

対応と治療

①**対応**：関係者一人ひとりの話を，本人を傷つけないように丁寧に聴き取る。その結果，管理職を中心とした「校内いじめ対策委員会」にて保護を目的とした適切な対策を実行する。被害者，加害者，傍観者への支援が必要である。

②**治療**：本人のつらさを汲み，支持的精神療法，認知行動療法，EMDR（眼球運動による脱感作と再処理法；p.61 の注＊3 参照），薬物療法，環境調整などを行う。

予防

いじめられたときや，いじめを見つけたときにはすぐに教師に言いにくるように，そしていじめがあったら学校が全力で君たちを守ると教室で全員に伝える。無記名アンケート調査や相談週間を通して把握する。その際，秘密は守ると保証する。いじめが生じたときには，早期発見・早期対応を実践し，二次的障害（不登校や心的外傷後ストレス症〔PTSD〕など）を防ぐ。二度といじめが起こらないようにするための指導や環境改善を行う。また，一次予防として，すべての教室で，すべての教職員によって行われる学校全体での包括的ないじめ予防教育を実践する。

❖ 学校でできること ❖

①笑顔がなくなる，服や頭髪が汚れているなどのいつもと違う様子に気づく（教室）。所持品がなくなる，落書きされるなどの子どもの周囲の状況の変化に気づく（教室）。

②丁寧に身体を観察し，不自然な傷に注意し，おどおどする，必要以上のハイテンションになるなど，精神状態の変化に気づく（保健室）。本人

の話に耳を傾ける（保健室・相談室）。

③保護者には学校での様子を正確に伝え，家庭での様子を聴き取り，今後の対応について十分に話し合う（学校全体）。本人が安心して話ができる場を設定する（学校全体）。

❖ ピットフォール ❖

「あなたも悪いところがあるからね」と決めつける。「どうしてもっと早く言ってくれなかったの」と責める。「たいしたことない」と楽観視する。「あなたがもっと強くならないと駄目よ」と叱咤激励する。仲直りを急ぐ（深く考えず握手をさせて終わったことにする）。「君たちで話し合って解決しなさい」と言う。

いじめに関する一般的な解説

1. いじめの定義と現状

　2013年にいじめ防止対策推進法（2013年法律第71号・文部科学省）が施行され，いじめを防止するための基本方針や国，地方公共団体，学校，保護者などの責務が定められた。いじめの早期発見の重要性やインターネット上でのいじめへの対策の推進が言及された。それ以来，いじめが被害を受けた児童生徒の権利を侵害し，人格の形成や身体生命に危険を及ぼす可能性が認識されてきている。

　いじめの定義は変遷しているが，最新の定義は「当該児童生徒が一定の人間関係のある者から心理的物理的な攻撃を受けたことにより精神的な苦痛を感じているもの」とするが，起こった場所は学校の内外を問わず，塾やスポーツクラブ，インターネット上などで起こったものなど，すべて含まれるようになった。なお，インターネット上で悪口を書かれた児童生徒がそのことを知らず，心身の苦痛を感じていないケースについても，加害行為を行った児童生徒への適切な対応が必要である。いじめ防止対策推進法施行後毎年調査が行われているが，文科省の調査（2020年10月22日）では，2019年度の全国の小中学校・高校などが認知したいじめが61万2446件で過去最多になった。警察に相談した件数も1111件と過去最大であった。

2. いじめの内容

　暴力（叩いたりぶつかったりなど），無視，悪口・陰口，仲間外れ，金品の要求，恥ずかしいことや危険なことの強要，勉強や行動の妨害，間違った情報を伝える，笑いものにする，馬鹿にする，SNSやネットによる誹謗・

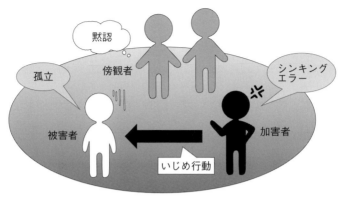

図 19-1　いじめのメカニズム
出典：和久田学：学校を変える　いじめの科学．日本評論社，東京，
p.127，2019．より許諾を得て改変し転載。

中傷などが挙げられる。「いじり」との差は，いじりは言い返せるといった両者間の力関係に差がないときには当てはまるが，力関係に差が生じているときはいじめと考える。いじめに関するキーワードとして，和久田は，①相手に被害を与える行為，②反復性（繰り返し長期にわたって１人または複数の生徒による拒否的行動にさらされる），③いじめの加害者と被害者の間に存在する力の不均衡，④不公平な影響（被害者のほうが大きな影響を受ける。傷つき，哀しみ，情けなくなり，不登校や自己肯定感の低下など，大きな感情的反応が生じる）を挙げている[1]。

3. いじめのメカニズム（図 19-1）

　加害者，被害者，傍観者が存在する。加害者は，誰かを傷つけていても「遊びだ」，「そうしても許される」と共感性に欠ける考え方（シンキングエラー：間違った考え方）をする。被害者は，孤立しやすく，助けを求めない。傍観者は，いじめを不愉快に思っているが，何をしたらよいかわからない，何かをして状況を悪化させることを恐れている。このメカニズムに変化を引き起こすことが学校現場では求められている。

4. いじめが発見されにくい理由

知られたら恥ずかしい，親に心配をかけたくない，認めたくない，相談をすることで状況が悪化すると思う，といった理由から本人が親や教師に隠すことなどが挙げられる。加害者側も教師の見えないところで行おうとする。グループでは，口裏を合わせ，隠そうとする。周りで見ていた傍観者は自分がいじめの対象にならないように傍観する。教師自らが傍観者になることがある。ときに，加害者に加担することさえありうる。

5. 症状

急性ストレス反応，心的外傷後ストレス症（PTSD），身体症状，自傷，自殺企図，不登校などが生じやすい。

6. 予後

加害者，被害者，傍観者それぞれに負の影響があるといわれている。

7. 対策

学校内では，担任以外が発見する場合もあることから，教職員全員が「いじめはありうる」ということや，加害者，被害者，傍観者の予後の深刻さについて共通理解をもち，情報交換し，早めに発見し，適切な支援ができるかが心的ダメージや精神疾患発症予防の鍵となる。教職員がいじめの加害者や傍観者にならないためにも，校内いじめ問題対策連絡協議会は定期および臨時に開かれることが望ましい。いじめのメカニズムを知る。担任が，いじめの予防授業をする。そのために，科学的研究に基づいた正しい知識，正しい方法を学ぶための研修を学校全体で全教職員が受けることが求められる。

第 20 章

家庭内暴力
Family Violence

家庭内暴力の症例を提示し，解説する。

家庭内暴力
Family Violence

●症例（14歳　中学2年生　男子）

　幼少時から口数が少なく，要領の悪い子どもで，親からも担任からも，しばしば「しっかりしろ」，「何をしてるんだ」，「早くしろ」などと叱責されることが多かった。父親の単身赴任が始まった中学2年生の1学期，期末テストでの成績が悪く，三者懇談で親や担任から「このままでは高校にも行けないぞ」と厳しく言われた。帰宅後も母親からため息をつかれ，何度も嫌味や皮肉を言われた。「早く風呂に入れ」と言われたことで突然大声を出し，辺りにある物を投げ，部屋の中は散乱した。母親はびっくりして何もできず泣くばかりであった。翌日から，朝起きても暴れ，なんとか学校に行っても，帰宅後夜になると暴言を吐き，暴れるようになった。ある日，包丁を持って暴れたため，やむを得ず警察を呼んだ。警察官が家に来るとおとなしくなり，警察官の話をおとなしく聞いていた。警察官が，少年サポートセンターで相談できると親身になってアドバイスすると，本人は頷き，行ってみると答え，警察官が段取りをし，少年サポートセンターへ相談に行くことになった。

ポイント

　自己表現力の弱い子どもが，大人からの厳しい指導が続くことにより，本人がどうしてよいかわからなくなり，暴力に及んだ。偶然警察官が相談にのり，少年サポートセンターに行って相談できた例である。

問題となる行動の背景

　一般的には，家族など周りの大人が本人を責めたり，長期間にわたって人格を否定したり，怠け者扱いしたりして，追い詰めてしまうと，それに対する反発として暴力が生じる背景がある。本人自身は，否定的な思いを抱いていることが多く，自分は価値がない，生きている意味がない，みじめだ，情けない，と思っている。逆に，こうなったのは自分のせいではなく親が悪いんだ，育て方が悪い，と他責的になりやすい。

症状

　「いちゃもん」をつける，暴言を吐く。家庭内の物を投げる，壊す。包丁など危険な物を取り出し，家族に向ける。

症状の意味

　怒りよりも哀しみのほうが大きいという識者もおり，その哀しみをわかってほしいという思いもある。親に，自分の苦しさを，自分の気持ちを，つらさをわかってほしい，自分はこんなに苦しいのに親はどうして普通に生活しているんだと無意識的に思い，衝動的に暴力に及ぶこともある。

対応と治療

　①対応：話を聴く。本人の言葉や訴え，恨みつらみを，反論せず，コメントせず，言い訳をせず，しっかりとひたすら聴く。ただ，要求をのむ必要はなく，「それはできません」と穏やかにきっちりと答える。暴力は受け入れない。第三者に入ってもらう。

　②治療：気分症（気分障害）や統合失調症，神経発達症（発達障害）の二次的障害などが合併していれば治療対象になる。早めの受診が勧められる。

予防

　周りの大人は，皮肉や嫌味，暴言，暴力を避ける。時間をしばしばとり，話をよく聴く。

❖ 学校でできること ❖

　①本人が困っていることの相談にのる。特に身体面での手当てを通して本人の真に困っていることが語られる可能性があるので，身体面の相談に

丁寧に応じる（保健室）。

②学校でも関係教職員が情報を共有し，保護者の気持ちに寄り添い，適切な相談機関の紹介を行う（学校全体）。

❖ ピットフォール ❖

皮肉や嫌味，暴言，返答に困る言葉を浴びせ続ける。

Column

❏物を壊したときの対応

　壊したままにしておくと，破壊行為を誘発したり，促進したりすることがあるので，片づけることが望ましい。本人が片づけるならば本人に片づけさせる。無理な場合は，親が片づけるのではなく，業者を呼び，跡形もなく直すことにより，抑止効果が上がることもある。警察，警備員，業者，ファイナンシャルプランナーなど，いろいろな人が家に入ってくることも意味があるといわれている。すぐに入院させることや，すぐに警察に逮捕してもらうことは適切でなく，最終手段と考えるほうがよい。避難することも一つの手ではあるが，あなたが嫌だから見捨てて逃げたわけではない，というメッセージを伝える必要がある。避難期間は数日でもよい場合があるが，1〜2週間が適当であり，途中一時帰宅を繰り返し，暴力を振るわないことがわかった時点で戻る（朝日新聞デジタル2019年6月21日斎藤環インタビューを参照）。

第 21 章

自傷行為
Self-mutilation

自傷行為と自殺企図について症例を提示し，解説する。

自傷行為
Self-mutilation

●症例（16歳　高校1年生　女子）

保健室に週に1回は来室し，「リストカットしている」と自慢げにリストカットのあとを見せ，手当てを求めることが続いていた。あるとき，急に真面目な表情になり「高校入学後，家でも学校でも明るく振る舞ってきたけど，本当はしんどい。親は何もわかってくれない。言ってもわかってくれない。死んでしまいたい*1。世の中もっとしんどい子どもがいるよとか言うだけで，話はそこで終わってしまう」と語った。つらさを汲みつつも，〈親にはつらさを伝えたほうがよい〉と話すと，「親にはどうしても言えない。言いたくない。しんどいのもわかってくれるわけがない」と険しい顔で言った。〈言えないのならば，こちらから，つらさを伝えてあげる〉と言うも，無駄だから言わないでほしい*2と言う。〈どうしてもしんどいときには私のほうから伝えるので言ってほしい〉〈ただし，あなたの身体と心を守る必要があるときはお母さんへ連絡します〉と伝えた。ある日，「またやってしまった」と困ったような表情で語るので，腕を見るとかなり深く，まだ新しい傷があった。総合

*1, 2

*1「死にたい」の意味（松本[1]による）：困難な問題のせいで死にたいくらいつらいが，問題が解決されれば生きたい，という気持ちの表れ。告白することが助けを求めることにつながる。この際，自殺はいけない，と叱責，批判，強引な説得をすることは有効ではない。むしろ，信頼関係を確立するチャンスでもあり，他にも解決策はあることを粘り強く伝えることに意味がある。

*2 守秘義務の原則（松本[1]による）：一般的に，守秘義務の原則は適用されない。「このことは，家族には言わないでください」に対し，「あなたを守るためには必要である」と誠意をもって真摯な態度で伝える。また，家族に知られるとどのような事態が危惧されるかを確認する。虐待が隠れている場合もある。

病院の形成外科に治療依頼し，〈母親にはすぐに伝えたほうがよい〉と穏やかに話すと，本人は連絡しないでくれと泣きそうな顔で言った。〈今日はお母さんに伝えたほうがよいと判断します。あなたは嫌だろうが，私から話します〉ときっぱりと本人に伝え，母親へ電話をし，迎えに来てもらい事情を話した。その際，〈叱ったら，エスカレートするので，しんどかったんだねと一言，言って手を握ってください〉と伝えると，母親は「知らなかった」と涙を流した。その後，精神科を受診することになり，保健室で養護教諭に相談しながら，病院へは母親と毎回受診した。待合室で待つ姿も最初は他人行儀であったが，徐々にそばにぴたっと座るようになり，母親にも学校でのつらさも話せるようになった。自傷行為もなくなってきた。

ポイント

本人のつらさに，母親に気づいてもらいたいという気持ちが強くあった。母親に言い出せずにいたが，養護教諭は本人の気持ちを汲みながら支援した。母親への橋渡しをしようと，養護教諭は努力していたが，機会を見出せなかった。しかしながら，危機的状況をうまく活用し，母親と本人との関係改善に至り，自傷行為がなくなった例である。自傷行為の場合，すぐに保護者に言えないときもあるが，医療機関と連携をとりながら，常に機会を探す努力は必要である。保健室で養護教諭のみが支えることは避けたほうがよい。

疾患の概要

　自傷行為そのものは自殺企図ではないものの，中長期的な自殺の危険因子である。自傷行為は，つらさに気づいてもらいたいといった気持ちに基づくものもあるが，不快感情（怒り，不安，緊張，抑うつ気分，孤立感）の軽減が最も多い目的といわれている。自傷行為の多くは「誰の助けも借りずにつらさに耐えて苦痛を克服」するための孤独な対処法（心の痛みを身体の痛みに代えている）と理解される。

症状

　リストカット，アームカット，身体のさまざまな部分への複数のピアス，自分で自分の身体を傷つける。

対応と治療

①**対応**：家庭や教育現場では，リストカットを発見すると禁止することだけに固執しがちであるが，叱責や説教のみが続くとますます援助を求められなくなる。傷に関しての援助希求行動を評価し，自傷の肯定的な面を確認し「共感」しながらも別の対策を一緒に考えていく。エスカレートに対する「懸念」を忘れずに伝える。学校で信頼できる教職員と良好な人間関係を結ぶことで自傷行為は治まっていくことがある。焦らず，慌てず，粘り強く接していくことが大切である。

②**治療**：代替スキルの習得も勧められており，スナッピング[*3]，香水をかぐ，紙や薄い雑誌を破る，氷を握りしめる，腕を赤く塗りつぶす，大声で叫ぶ，筋トレな

> [*3] スナッピング：手首に輪ゴムをはめてパチンと皮膚をはじくこと。

どの刺激的な代替法のほか，焦燥や緊張，怒りといった不快感情そのものを鎮める目的のマインドフルネス呼吸法などの鎮静的な代替法が挙げられる。抑うつ症状などには薬物療法もときに用いられる。

予防

本人の気持ちを聴く場所の設定。困ったときに学校内で相談ができる体制をつくる。

❖ 学校でできること ❖

①つらさを受け止めながら冷静に対応する（淡々と傷の処置をし，そばに寄り添う）（保健室）。

②自傷行為をしないために，したくなったときにどうするかを一緒に考える（顔を洗う，筋トレをする，音楽を聴く，文章や絵を描くなど）（相談室・保健室）。

③学校の他の教職員と情報を共有し，独断で行動しないよう確認し，保護者への伝え方を検討する（相談室・保健室）。

④病院受診などの危機的状況の判断を行う。一人で抱え込まない（「誰にも言わないで」という求めに対しては約束をしない）（学校全体）。

⑤周囲の子どもの様子もよく観察する（学校全体）。

リストカットの禁止だけに固執する。叱責や説教のみを続ける。頭ごなしに「自傷では何も解決しないからやめなさい」と言う。理由を詰問する。

Column

☐精神科へ紹介する基準

自傷行動により精神科へ紹介する基準は，援助希求の乏しさ，コントロールの悪さ（感情的苦痛が強まってくると自傷に対するコントロールを失いやすい），自傷のエスカレートという 3 項目のうち，2 項目以上が該当する場合である。その場合，本人や家族を説得して，精神科受診を検討したほうがよく，「痛みの欠落」や「自傷以外の故意に自分の健康を害する行動」のいずれかがある場合には，精神科受診を勧めたほうがよいとされている[2]。紹介したら終わりではなく，精神科受診後も複数の支援者の一人として学校（教職員）が関わることも必要である。

自殺企図
Suicide Attempt

●症例（15歳　中学3年生　女子）

　兄2人に比べ，幼いころからおとなしく真面目で，生活態度も申し分のない子であった。中学3年生の1学期までは，何の問題も指摘されずに登校していた。校内ではほとんど喋らなかったが，保健室をときに訪ねて養護教諭のお手伝いをしながら勉強のことや部活のこと，友達のことを話すことがあった。夏休みになり，宿題も早めに済ませ，塾に通い，高校受験準備も始めた。夏休み中，両親も何も気にかけず，手のかかる2人の兄のことで，てんてこ舞いだった。夏休みに入る前に，クラスの子からLINEに入るように勧められ，何も考えずに入った。盆が過ぎたころ，LINEで本人の悪口を言う言葉が回り始め，最初は「真面目ぶっている」，「何も喋らず何を考えているかわからない」，「内申点で先生のひいきをしてもらっている」といった内容であったが，最後にはエスカレートして「死んでしまえ」といった過激な内容になった。本人は困って何の反論もできず，誰にも相談できなかった。夏休み中でもあり，学校もこのことは把握できていなかった。夏休みの終わりごろ，勉強もできずつらそうな表情で一日中家にこもっていたが，両親は気づかなかった。徐々に夏休み明けの課題テストのことが気になり，夜も眠れなくなり，食事量も減ってきた。始業式の日，ぼうっと歩いているのを養護教諭が気づき，後で「保健室においで」と話しかけた。養護教諭は担任に連絡し，1学期のころとかなり違うようだと話した。担任も気づき，本人に声かけをしたが，本人は「大丈夫です」と精一杯の笑顔で返した。養護教諭が担任，管理職と相談して自宅へ電話し，状況を母親に報告した。母親はびっくりし，「全く気がつきませんでした。気をつけて見ておきます」と応じ，その日はそれとなく見守った。夜中の0時が過ぎ，こっそりと家から出ていくのに母親が気づき，後ろから声をかけた。本人はハッと気づき，

走りだした。母親も懸命に走って追いかけ，父親も後を自転車で追いかけ，踏切まで来て本人が飛び込もうとした瞬間に後ろから抱きかかえた。父母と本人は涙を流し，しばらく動けなかった。一緒に自宅まで帰りながら本人のつらさを聴き，受け止めた。翌日，児童精神科を受診し，長時間話を聴いてもらい，通院すると同時に学校での支援を主に選択し，養護教諭，スクールカウンセラーの支援を受けることになった。

ポイント

幼少時期から兄2人に手がかかり，おとなしく真面目な本人は手がかからず結果的に父母との距離が遠くなっていた。学校でも本人のつらさは気づかれておらず，友人間でのトラブルがあったが，夏休みでもあり学校も状況を把握していなかった。誰にも相談できず自分で抱えていたが，耐えられず自殺企図に及んだ例である。偶然，養護教諭との交流があり学校とのポジティブなつながりがあったため，ぎりぎりのところで助かった。細いつながりであっても，本人の変化に気づける人が存在すると，最悪の事態を防ぐことが可能である。

❑自殺企図の危険因子と保護因子 （文献3, 4を参考にした）

　自殺企図とは，死ぬことを意図して，「これくらいすれば死ねるだろう」という致死性の高い手段・方法を用いて，自身の身体を傷つけること。10代における自傷行為のエピソードは，10年以内に自殺既遂による死亡のリスクを数百倍高めるという報告もある。困難な状況が改善していないにもかかわらず，急に自傷行為をやめたときには注意が必要である。危険因子として，身体の痛みに対する慣れ，所属感の減弱（自分の居場所がない，誰も自分を必要としていない），負担感の知覚（自分が生きていることが周囲の迷惑）が挙げられ，また保護因子として，家族の凝集性の高さ（家族間の相互交流，興味の交流，情緒的支援），学校とのポジティブなつながり，学業面での達成が挙げられている。

　万が一，亡くなった場合の周りの人々への支援については，ストレス関連症候群の遷延性悲嘆症に一部記載している（p.64を参照）。

　文部科学省の2019年度までの報告（2020年10月22日）では，小中学生・高校生の自殺は2013年から200名を上回り，2018年からは300名を超えている。

第 22 章

児童虐待
Child Abuse

児童虐待の症例を提示し，一般的な解釈の解説を加える。

児童虐待
Child Abuse

●症例（11 歳　小学 5 年生　女子）

　小学 4 年生まではおとなしい児童であり，少しやせ気味で給食を食べる量が少ない以外は問題がなく通学していた。小学 5 年生になり，父親の再婚により新しい母親が一緒に暮らし始めた。2 学期になり，乱暴な言葉遣いになり，髪の毛が急に短くなり，給食を人一倍食べるようになった。担任が 1 学期と違うことに気づき，養護教諭に相談した。養護教諭は本人を保健室に呼び，身体を見せてもらうと，背中や太ももの外から見えないところに傷がみられた。本人に丁寧に話を聴くと，新しい母親が食事をとらせてくれない，自分で散髪しろと言ったり，本人が口答えをすると蹴られたり物を投げられたりしたと泣きながら話した。養護教諭は担任，管理職と話し合い，本人に「お家ではあなたの安全が守られていない。先生たちはあなたを守ってくれる人を知っている。そこであなたを守ってもらうため，その人に話を聞いてもらおう」と伝え，児童相談所へ通報した。

ポイント　最近は学校で児童虐待に気づくことも増えており，この症例のように適切な対応が求められる時代になっている。早期発見，早期の適切な対応を常に心がける必要がある。

対応と治療

　①**対応**：学校で明らかになった場合は，すぐに児童相談所または子ども支援センターに通報する。保護者への連絡や病院受診は通報先に任せる。

本人への支援に加え，保護者への支援も必要といわれている。

②**治療**：病院での治療としては，身体的治療および精神的な治療を行うが，病院のルール（虐待委員会などでの方針決定）に基づいて対応をすることになっている。他の疾患の合併（心的外傷後ストレス症〔PTSD〕など）がある場合は，長期にわたり病院で支援することもある。

予防

早期発見，早期対応して状況の悪化を防ぐ。一人ひとりの児童生徒の特性をつかんでおき，いつもと違う大きな変化（乱暴になったり，帰宅したがらなくなったり，塞ぎ込んだり，感情の起伏が激しくなったり，怖がったりなど）がみられたときに虐待の可能性を頭に置いておくことは重要である。学校を含んだ地域で，社会的孤立，貧困，精神疾患などの困り感を念頭に置き，家族全体を支援することが予防策になる。

❖ 学校でできること ❖

丁寧に身体を観察し，不自然な傷を見つけたり，甘えたり怖がったりなどの精神的に不安定な状態に気づく（保健室）。本人の話に耳を傾ける（保健室・相談室）。いつもと違う様子に気づく（教室）。一部の関係職員で情報を共通理解し，対応策を練る。通告，通報する（学校全体）。

❖ ピットフォール ❖

本人の問題行動のみにとらわれる。本人の話を疑って聞く。本人の話を聞かない。不適切な言葉かけをする（例えば，親や本人を否定するような言葉）。家族の問題として片づける。しつけだという保護者の言葉を信じる。

Column

□教師の暴力

教師は児童生徒との距離がしばしば近くなりすぎ，悪気はなくても暴言や暴力に結びつきやすいので，常に襟を正し，自分を省みる必要がある。学校全体で意識を高く持ち，学校内での児童虐待にも常に注意を払うことが求められる。

虐待に関する一般的な解説

1. 児童虐待の種類と現状

　厚生労働省によると，身体的虐待，性的虐待，ネグレクト，心理的虐待の4種類に分けられる。2019年のデータによると，虐待を受けている疑いがあるとして全国の警察が児童相談所に通告した18歳未満の子どもは，9万8222人にのぼり，最多を更新した。死亡した子どもは54人であった。また，摘発件数は1972件であり，1641件が身体的虐待で，246件が性的虐待であった。生命の危機があると警察が緊急で保護した児童は，5553人であった（JIJI.COM〔nippon.com，2020年4月24日〕）。

2. 虐待の内容

　厚生労働省の定義によると，身体的虐待には殴る，蹴る，投げ落とす，激しく揺さぶる，火傷を負わせる，溺れさせる，首を絞める，縄などにより一室に拘束するなど。性的虐待には子どもへの性的行為，性的行為を見せる，性器を触るまたは触らせる，ポルノグラフィーの被写体にするなど。ネグレクトには，家に閉じ込める，食事を与えない，ひどく不潔にする，自動車の中に放置する，重い病気になっても病院に連れていかないなど。心理的虐待には言葉による脅し，無視，きょうだい間での差別的扱い，子どもの目の前で家族に対して暴力を振るう（ドメスティックバイオレンス），代理ミュンヒハウゼン症候群[*1]など。

> [*1] 代理ミュンヒハウゼン症候群：他者による身体的，心理的症状のねつ造，外傷，疾病の意図的誘発を示す。養育者などが子どもに病気を起こさせることである。例えば点滴を汚染させたり，人為的に傷口を化膿させたりする。

爪嚙みの例を紹介し，一般的な習癖について述べ，各習癖の概要を短く説明する。

習癖
Habit

爪嚙み
Onicophagia：Nail Biting

●症例（9歳　小学3年生　男子）

小学校入学前に爪嚙みがあったが，小学校入学と同時に自然に消失した。小学3年生の4月に母親が入院となり，祖母が手伝いに来た。それまで母親と同じ部屋で寝ていたが，入院後は一人で寝るようになった。布団に入ってから爪を毎夜嚙み始め，祖母から毎日のように行儀が悪いと叱られた。学校でも学級担任の目に留まり，毎日のように注意された。徐々に爪に炎症が起こり，その部分をさらに嚙むようになった。爪嚙みは母親が退院後も続き，感染によって指先が真っ赤に腫れ上がったため，皮膚科を受診した。皮膚科では精神的なものが影響しているとのことで，精神科受診を勧められた。精神科では以前と同じように母親と同じ部屋で寝るように伝え，寝るまで手をつなぐようにアドバイスした。また，しばらくの間手袋をするようにし，学校ではテーピングをした。これは傷を守ると同時にリマインダーとしての役割も果たした。保健室でも時々テーピングの状態を確認し，本人の話を聴くように努めた。冬が終わるころには爪嚙みは続いていたが，傷になるほどではなくなり，友達と放課後に野球をするようになり，小学校を卒業するころには消失した。

一度治癒していた爪噛みが，環境変化のために生じた不安から再発したと思われる。改善には安心感を与えると同時に，リマインダーの利用や気持ちを違うものに向ける工夫が必要であった。爪噛みは多くの子どもたちにみられるが，自然治癒することが多い。

それぞれの習癖の略説

☞爪噛み（Onicophagia：Nail Biting）

指しゃぶりより高年齢で始まる。10歳ごろにピークになり，その後減少するといわれている。悲しいとき，恐怖を紛らわせるとき，緊張したときなどによくみられる。干渉や治療的介入は急がない。

☞指しゃぶり（Finger Sucking：Thumb Sucking）

3歳くらいまでは問題がないと考えられている。4，5歳すぎには治療したほうがよいという小児歯科医の意見もある。学童期にはリマインダー（思い出させるもの）として絆創膏やガーゼを使い，指しゃぶりを防ぐ行動療法が勧められている。また，トークンエコノミー法*1を用い，温かい雰囲気で優しく教えることも行われている。

> *1 トークンエコノミー法：行動療法の一つである。指しゃぶりをやめることができたとき，あらかじめ約束した条件に従って報酬を与える方法。

☞盗み（Theft）

3，4歳まで所有という概念が発達しておらず，他者の所有物を勝手に自分の物にすることに対する罪悪感はない。子どもは親からのしつけや幼稚園などでの指導を通して他者の所有物と自己の所有物とを区別できるようになる。社会的ルールを粘り強く教えていき，盗みが悪いことであることを確認させる。最初が肝心であり，親子でしっかり話し合い，本人が盗みをしようとした理由を把握することができれば，対応策を練ることができる。金銭は保護者がしっかりと管理することにより，盗みがみられなくなることがある。万引きがあった場合は，保護者と本人が謝罪に行き，保護者も本人と共に謝ることで事の重要さがわかることもある。家での盗みを厳しくすると，外での盗みが生じるのではないかと心配する保護者がいるが，盗みは癖にな

るものであり，家での盗みを大目に見ると家以外での盗みが生じやすい。学校内で盗みが生じたときも，状況をしっかりつかみ，確証が得られるまでは職員全体で見守りを強化する。確証が得られた場合は，本人だけを呼び，しっかりと丁寧に話をし，今後盗みをしない約束をする。同時に，家庭に連絡し，保護者を交えてじっくりと話をすることが肝要である。ときに警察や少年サポートセンターの力が必要な場合があり，その場合はそれぞれの機関が共通の方針で行動する。予防として，多額のお金を学校へ持参する必要がある場合は朝礼時に回収するなどの工夫が必要である。

☞**性器いじり**（Genital Fondling）…プライベートゾーンの利用も考慮する。

　幼児期から児童期にみられるものは性的意味は認められない。親は困惑して過剰に心配し，問題行動として意識する。対策として乳幼児期には慌てず穏やかに抱き上げたりして間接的にやめさせる。外遊びや，より楽しく遊べる遊びに誘導する。児童期には気づかぬふりをして用事を頼む。

Column

❑プライベートゾーン（Private Zone）

　水着で隠された部分をプライベートゾーンという。プライベートゾーンは他の人に見せたり触らせたりしてはいけない。他の人のプライベートゾーンを見たり聞いたりしてはいけない。他の人がいるところではプライベートゾーンを出したり触ったりしてはいけない。

☞常同運動症（Stereotypic Movement Disorder）

　身体を揺らす，頭を揺する，指をはじく，手叩き，目を突く，身体を噛む
など随意的に反復し，常同的で非機能的な運動のことを表す。社会的コミュ
ニケーション，相互交流には問題なく，この点が自閉スペクトラム症（ASD）
との鑑別点である。自傷行為の一種として生活指導を工夫し，事故を防止す
ることを優先させることが望ましい。

☞吃音（Stuttering：Stammering）

　神経発達症／発達障害群の「吃音症」（p.170）参照。音を繰り返したり詰
まったりするなど，会話の流れに乱れが生じる発語リズムの障害。緊張する
と増強することが多い。幼児期に一過性のものとして現れることがある。保
護者や保育士が無理に矯正するのは望ましくないといわれている。頭の回転
に口がついてこられないと説明することもある。

☞抜毛（Trichotillomania：Hair-Pulling Disorder）

　強迫症と関連症群の「抜毛症」（p.95）参照。

☞嘘言（Lie）

　幼児期には大人と同様の嘘言は存在しない。4，5歳までは空想的な話を
作り上げるのは正常な活動である。年長時では嘘の背景に，①孤独感や嫉妬
などの感情，②心配させたくない気持ち，③自己防衛の手段，④責任の回避
が挙げられる。嘘を隠すために新たな嘘をつくこともある。また，追いつめ
られて，盗ってもいないのに盗ったと嘘をつくことがある。愛情深い養育と
教育，しつけが重要である。

習癖に関する一般的な解説

疾患の概要

癖とは，繰り返されることで身につき，固定された行動のことであり，誰でも何らかの癖をもっている。子どもの癖は心理学的な問題を表していることがあり，注意が必要なこともある。身体をいじる習癖，身体の動きを伴う習癖，日常生活の動きを伴う習癖，日常生活の習慣に関する習癖，体質的要素の強い習癖，その他に分けられる。これらの習癖は通常の発達過程でみられることがあり，必ずしも治療が必要なわけではないが，改善せずに続いて二次的な障害が生じた場合は治療の対象となる。

症状

身体をいじる習癖として指しゃぶり，爪噛み，抜毛，鼻・耳ほじり。身体の動きを伴う習癖としては，頭打ち，首振り，身体揺すり，チックなど。日常生活習慣に関する習癖として，食事・睡眠・排泄・言語に関するものがある。例えば，異食，偏食，夜驚（やきょう），遺尿（いふん），遺糞，吃音（きつおん），緘黙（かんもく）など。体質的要素の強い習癖としては，反復性腹痛，便秘，下痢，嘔吐，乗り物酔い，頭痛など。その他として，嘘言（きょげん），盗み，金銭持ち出しが挙げられる。

対応と治療

①**対応**：子どもが何らかのストレスや不安を抱え，その影響で症状が出現している場合もある。ストレスを軽減したり，不安を改善するためのアプローチが必要である。

②**治療**：保護者への対応の指導として，本人には責めることなく安心感を与え，一緒に工夫を考える。プレイセラピー*2 や薬物療法が用いられることがある。

> *2
> プレイセラピー：遊戯療法ともいわれ，遊びを主に表現手段として行われる心理療法。

体質的なものもあり，予防は難しいことがあるが，早めに発見し，二次的な障害を防ぐことが肝要である。

❖ 学校でできること ❖

①丁寧に本人の話を聴き，不安を軽減する。担任に症状をしっかり説明し，誤解を与えないようにする（相談室・保健室）。

②注意をしすぎない（教室）。

③重症の場合は医療機関との連携を保護者と共に図っていく（学校全体）。

❖ ピットフォール ❖

叱責・非難を続ける。わざとしていると決めつけ，無理やり治そうとする。

習癖
Habit

チック
Tic Disorder

●症例（14歳　中学2年生　男子）

　小学3年生のころから，口や鼻を曲げる，肩を上げるチックが時折出現したが，誰からも指摘されていなかった。本人も気がつかず，保護者も気づいていなかった。中学に入り，部活などで緊張感が高まる場面が増え，目立つようになり，部活の顧問から肩を上げないようにという指導を受けたが，本人は気づいておらず家に帰り母親に聞くとそういえば肩が上がっている気がすると母親に言われて初めて気づき，保健室で養護教諭に相談した。養護教諭はチックを疑い，児童精神科医へ紹介した。診察時も口や鼻を曲げ，肩を上げるチックがみられたが，本人は意識していないようであった。定期的に受診し，どういうときに生じやすいかを確認し，母親と本人に気をつけてもらうように伝えた。母親はビデオに撮り，本人に見せ，このようになっていると言ったが，本人はわかったものの癖だから気にしなくてよいとさほど気にしなかった。部活で試合前に肩の上がりが頻繁になり，仲間から肩が上がっていると指摘され，ようやく自分でも何とかしないといけないと感じ，受診時にその旨を担当医に話した。担当医はよく気がついた，一緒に対応を考えようと伝え，肩が上がりそうなときに逆の運動（肩を下ろす）をしようと提案し，自宅では保護者，学校では部活顧問や養護教諭に協力してもらうことになった。同時に薬物療法も開始し，経過を見ていった。約1年後にはほとんどチックはみられなくなり，快適な学校生活となった。

ハビット・リバーサル（習慣逆転法）（後述，「治療」参照）と保護者・学校での支援者による理解と協力，薬物療法により，比較的短期に改善した例である。本人が自覚し，自分なりに工夫をしようとすることもチックの改善には重要である。しかしながら意識しすぎると自分を責めたりすることもあり，二次的な障害を防ぐ必要がある。

疾患の概要

　突発的で，急速でリズムがなく反復される不随的な運動。6，7歳でピークに達し，徐々に軽減する。チックの種類は運動チックと音声チックに分けられる。

　運動チックはまばたき，口や鼻を曲げる，顔をしかめる，首を振る，肩を上げるなどの症状が出現する。

　音声チックは一般的音声チックとして，咳払い，鼻や喉を鳴らす，アッアッという声を出すなどの症状が現れ，複雑音声チックとして，状況に合わない単語や句の繰り返し，話している最中に突如声が大きくなったり途切れたりする症状が現れる。コプラリア（汚言症：社会的に不適切な言葉を言ってしまう），エコラリア（反響言語症：耳にした言葉を言ってしまう），バリラリア（反復言語症：自分の発した音声や言葉を繰り返す）が複雑音声チックに含まれる。

　どのような状況で出現するか軽減するかを観察し，工夫をする。チックは，不安や緊張が増大していくとき，逆に強い緊張が解けたときになりやすい。ウキウキした快適な状態であっても，情緒が揺らぐときに起こりやすい。疲労時や月経前にも増加することがある。一方，一定の緊張度で安定しているとき，集中して作業しているときには起こりにくい。重症例としてトゥレット症候群（次の項目を参照）がある。病態としては皮質－線条体－視床－皮質回路（CSTC回路）の異常が想定されており，そのなかでも基底核の機能低下を示唆する所見が多い。しばしば併発する強迫症や注意欠如多動症（ADHD）もCSTC回路の問題が指摘されている。

①**対応**：親の育て方や，本人の性格に問題があるのではないと伝える。変動性や経過の特徴を示し，一喜一憂しないように伝える。不必要な緊張や不安を減らし，自己評価の低下を防ぎ，学校で安心して過ごせるように働きかける。

②**治療**：症状と上手に付き合うこと，「チックがあっても毎日の日常生活が送れること」を目指す。症状が激しい場合は薬物治療を検討する。ハビット・リバーサル（習慣逆転法）という行動療法が有効という知見が増えている。この方法はチック症状を意識し，実行したくなったときに逆の動作をするように訓練する方法である。

❖ 学校でできること ❖

①本人の困り事を丁寧に聴き，相談にのる（保健室・相談室・教室）。緊張を伴う学校行事前などに参加方法などを相談する（保健室・相談室・教室）。

②周囲の児童生徒も知っているほうがよい場合は，本人と保護者の了解のもと，クラスメイトなどに症状や声かけなどを本人も周囲の子どもも不安にならないように配慮しながら説明する。からかわないように指導する（教室）。ときには，癖として説明し，学校生活がスムーズに送れるように支援する（教室）。

③試験などのときは，別室での受験を配慮する（学校全体）。専門機関に紹介する（保健室・管理職）。

❖ ピットフォール ❖

「わざとするな」，「授業の邪魔だ」，「やる気があるのか」と叱責する。「変顔をするな」と全く理解していない言葉をかける。

トゥレット症候群
Tourette Syndrome

　チックは成長の途中で生じる運動症状である。それ以前は認められず，長期的には軽快して，成人後は治療を有しない人も多いことから，ここではチックを習癖の範疇に含めた。しかしながら，トゥレット症候群はDSM-5では神経発達症群（第13章で述べた）に含まれており，治療支援においては発達障害として対応することが有用である。多彩な運動性チックと1つまたは1つ以上の音声チック（例えば，社会的に容認しがたい猥褻な言葉を示す汚言症）が症状として現れるが，両方が同時に出てくるとは限らない。運動性チックが生じ，その翌年に音声チックがみられたとしても，トゥレット症候群と診断される。児童期から思春期に起こる変化として，症状自体の急激な増悪，併存症の出現，治療自体の変化，本人の治療動機がはっきりしてくることが挙げられる。薬物療法が必要となることが多い。

第 24 章

性別違和 Gender Dysphoria,
性別不合 Gender Incongruence

ICD-11（2019 年 5 月に採択）における性別違和に関する概念は，性別不合として性の健康に関する分野に組み入れられることになった。ここではDSM-5 の診断基準に基づき，症例を提示し，解説する。

性別違和 Gender Dysphoria,
性別不合 Gender Incongruence

●症例（14 歳　中学 2 年生　女子）

　幼いころから短髪を好み，活発で少年のような雰囲気をもっていた。中学入学後，柔道部に入部して男子と一緒に力いっぱい活動することがストレス発散になっていた。しかし，初経を経て 2 年生ごろからイライラが高まり身体症状を現し，休みがちになった。医療機関への受診のなかで性別違和感を話したが，保護者は受け入れられず，本人，保護者ともに悩みながら過ごした。学校では，身体的な事情として体操服登校を認め，トイレは多目的トイレを使用し，更衣などは保健室で行うよう配慮した。参加する学校行事や学習活動などは本人の意思を尊重した。スクールカウンセラーを紹介した。進学に際しては，生活しやすい環境が得られやすい学校を選ぶようにアドバイスし，その後も専門機関での受診・相談は長期にわたり継続した。

ポイント　家庭内での葛藤はあったが，学校では，できることを行動へ移し本人の支援にあたった。その結果，学校生活はなんとか送れた例である。現代の学校においては，常に支援が求められている。

疾患の概要

　その人が体験し，または表出するジェンダーと指定されたジェンダー（自

分が意識する心の性と身体の性）との間に著しい不一致がみられるものである。加えて，その状態は苦痛であり，社会，学校などの重要な領域において機能の障害として現れている必要がある。

症状

　反対のジェンダーになりたいという欲求。自分は違うジェンダーであるという主張。逆のジェンダーの衣服を身につけることを強く望み，指定されたジェンダーの衣服を着ることへの強い抵抗。ごっこ遊びや空想遊びにおいて反対のジェンダーになることを強く好む。反対のジェンダーに使用されたり行われたりする玩具やゲームまたは活動を強く好む。反対のジェンダーの遊び友達を強く好む。自分の性器の構造を強く嫌悪する。自分の体験するジェンダーに合う第一次・第二次性徴を強く望む。

対応と支援

　文部科学省は性的少数者の子どもについて，全国の教育委員会，国公私立の小中高校などにきめ細かい配慮を求める通知を出した。通知には，子どもが相談しやすくするために，教員が性的少数者の子どもに対する心ない言動を慎むことや，子どもの服装や髪型について否定したりからかったりしないように明記した。診断はなくても支援は可能とし，学校内外にサポートチーム，医療機関，保護者との連携を要請し，一人ひとりの状況に応じた取り組みを進めている。学校現場での対応として，具体的には，職員トイレや多目的トイレの使用を認める，更衣室として保健室・多目的トイレの利用を認める，希望する性別の制服の着用を認める，宿泊研修において一人部屋の使用を認める，入浴時間をずらすなどが提案されている。支援のポイントとして，本人の抱える複合した困難な点を整理して，一つひとつの解決策を考えていく。相談してくれたことへの感謝を示し，批判や評価を加えず，共感的態度で相談にのる。医療機関に受診していれば連携も考慮する。岡山大学，埼玉医科大学，札幌医科大学，大阪医科大学などに専門の相談機関が設置されている。

予防

　二次的な障害を防ぐことが極めて重要である。

❖ 学校でできること ❖

①身体の相談にのる，慎重に丁寧に話を聴く，日常生活面での相談にのる，学校でできることを伝える，家族と継続的に相談する，必要ならば専門医の受診を勧める（相談室・保健室）。

②学校では，教職員の研修をもち，理解を深め，施設・環境の整備を図る。学校生活のなかでは，学校行事や学習活動などへの参加について本人の意思を確認しながら相談にのり，参加方法などを検討する（教室・学校全体）。

③周囲の子どもへの説明について，本人，保護者の意思を尊重しながら検討する（教室・学校全体）。

④子どものことを第一に考え，将来の変化も視野に入れて支援する（学校全体）。

❖ ピットフォール ❖

大騒ぎする。表出するジェンダーを否定することを言う。指定されたジェンダーのほうがよいことを説く。

Column

❏ LGBT

　全国的にジェンダーセンター，ジェンダークリニック，ジェンダー外来などでの診療が行われるようになっている。また当事者交流会，生活支援カフェ，家族会，家族茶話会などのプログラムも開催されている。2017年度から高校教科書に性的マイノリティの総称である「LGBT」という言葉が初めて登場した。Lは Lesbian（女性同性愛者），Gは Gay（男性同性愛者），Bは Bisexual（両性愛者），Tは Transgender（生まれながらの性別と心の性別が一致しないことから，別の性で生きようとしている者）。Transgender は精神疾患概念ではないといわれてきている。

❏ 性別不合（Gender Incongruence）

　表出されたジェンダー（個人が経験する性）と指定されたジェンダー（割り当てられた性）の間の明らかで持続的な不一致（自分が意識する心の性と身体の性の不一致）があること。ICD-11 からこれまで精神疾患の扱いであった性別違和が精神疾患から外れることになった。性別不合として性の健康に関する分野に加えられた。

第 25 章

慢性身体疾患と子どもの心

小児がん，Ⅰ型糖尿病，難聴の症例を提示し，解説する。

慢性身体疾患の症例

●症例1（12歳　中学1年生　男子）

　中学入学後すぐ，小児がんがわかり，長期の入院が必要であった。入院中は病弱特別支援学校の院内学級を利用した。その間，原籍校は常に協力を惜しまない意向を示した。抗がん剤治療における脱毛が非常に気になり，外出も難しく，家でもカーテンを常に閉め，光が入らないようにして外をカーテンの隙間から覗くのがやっとであった。担任や養護教諭が家庭訪問しても，一切会おうとせず，保護者は非常に困りきっていた。同じ中学出身の大学1年生の兄がいろいろと話を聴き，勉強を教え，丁寧に支援していった。治療終了まで2年近くかかり，髪の毛が抜けなくなり，ある程度生え揃ったころからキャップを被り，兄と近所へ出かけるようになった。保護者は原籍校との連絡は定期的に続け，時折，保健室を訪問した。原籍校からの情報は本人には伝わっていた。中学3年生の夏休み中に，ようやく登校する意欲が出現し，担任に会いたいと言いだした。担任は忙しいなか時間をつくって家庭訪問し，何も口を挟まず本人の話を丁寧に聴いた。本人は，病気のことや学校へ行きたかったが行けなかったことなど堰を切ったように語った。2学期，3学期と無欠席で卒業となった。

ポイント　学校拒否が子どもにみられたが，学校側（原籍校）も無理をせず保護者との連絡を取り合い，本人の気持ちを汲み，時が熟すまで待つことにより学校復帰に至った例である。

●症例2（14歳　中学2年生　女子）

　小学5年生でⅠ型糖尿病を発症し，小学校，中学校とも保健室での支援を受けていた。中学2年生になり，学校でのインスリン注射をする場所のことで本人，保護者，病院，学校で相談を何回も重ね，保健室の一角をカーテンで区切り，本人がインスリン注射をできる場所を提供した。

 ポイント　学校でできることを皆で相談して納得できる支援を受けることができた例である。

●症例3（5歳　聴覚特別支援学校幼稚部　男子）

　保育の時間に落ち着きがない，何かを思いついたら，廊下を突進する，注意が散漫で乱暴な口のきき方をするとのことで，養護教諭から紹介された。注意欠如多動症（ADHD）の診断はついたが，難聴の影響も大きく，難聴へのさらなる支援が必要であった。担任，他の支援者は手話でコミュニケーションがとれていると考え，難聴の影響についてさほど考えていなかった。

 ポイント　聴覚障害では，コミュニケーションをとる方法が限られており，ADHDの子どもは，素早く動くため聴覚の問題が影響しやすく話が通じていないことがある。

慢性身体疾患と子どもの心

疾患の概要

　長期の身体疾患のため，原疾患やストレスによる不安などの精神症状が本人や保護者，きょうだいに出現する。以下の問題が報告されている。疾患をもつことから起こる本人の精神的変化（疾患のために自由にならない苛立ち，未来への不安による自己不全感，無力感，ときに自暴自棄など）や過剰適応による身体化。本人が周囲から受ける影響（身体面での形態異常による自己不全感の増幅，良好な対人関係を築くことの困難さ，外観からわからない疾患の場合は理解や協力を得にくいための葛藤），親が受ける影響（自分のせいでこの子はこういう病気になってしまったという罪悪感，将来に対する不安，あきらめの感情，非常に手のかかることによる身体的影響），同胞が受ける影響（良い子になりすぎてうっ積した不満が心身症や精神症状を引き起こす。注目を集めたいために問題行動を起こす。なぜ自分ばかりに，と被害的になる）。

症状

　不安，恐怖，不眠，抑うつ，強迫，幻覚などあらゆる精神症状が出現する可能性がある。

対応と治療

　①対応：本人の気持ちに添い，無理をせず，できる支援を行う。可能ならば話をよく聴く機会を定期的につくる。治療が必要な場合は，保護者や本人と話し合い，了解が得られれば紹介する。

　②治療：支持的精神療法，認知行動療法，薬物療法，家族支援が行われる。

予防

　日頃から，できることを体験できるように支援する。生きていく意味を1

つは見つけ，肯定し，応援する。頑張ってきた，無理をしてきた，健康に常に目を向けなければならない苦労をねぎらう。どのように生きてきたかに目を向け，子どもや家族へ敬意を払う。

❖ 学校でできること ❖

①命の脅威を感じている人として接する。ありのまま受け止める。心の奥に秘めたつらさを汲み，寄り添う。子どもと保護者へのねぎらい（学校全体）。

②治療後に登校を再開するときや定期的な自己注射などの与薬の場所の提供（保健室）。緊急時に対する処置（保健室）が必要な子どもには，保護者，主治医との連携をして身体的な注意点を知り，教職員で共通理解したうえで，安全で安心できる環境を準備する（学校全体）。

③学校行事などへの参加については，あらかじめ本人・保護者と十分な相談や細かく丁寧な打ち合わせなどで不安を軽減する（学校全体）。

④本人の希望に添った配慮をする（学校全体）。

❖ ピットフォール ❖

心配しすぎ，過保護である，と保護者へ言う。わがままだ，甘えている，と本人に言う。これからのこともあるから場所は自分で探すようにと場所の提供を行わない。

第 3 部

子どもを支援するうえで
必要な事柄と
学校でできること

保護者支援がなされた症例を挙げ、解説する。

心配する保護者との関わり

●症例（13歳　中学1年生　女子）

　命に関わる疾患をもった子どもがプールでの授業を受ける際、主治医の指示（1対1の監視下であれば可）を学校で受け入れてもらえるかが心配になり、保護者が何度も電話をかけてきた。補助の教員がつくことやプールサイド側のコースを泳ぐことや帽子の色を変えることを提案したところ、いじめにつながらないのか、うちの子どもだけ特別扱いして子どもの気持ちを考えているのか、他に方法はないのかと何度も電話をしてきた。電話でのやりとりでは、なかなか保護者の不安の軽減につながらなかった。さらに保護者は気持ちが揺れ、プールの授業には参加させないと泣きながら訴えるようになった。保護者に校長室へ来てもらい、学年主任、教頭が時間をとり、来校したことをねぎらい、しっかりと話を聴き、保護者の不安をしっかり受け止めたところ、保護者は帽子の色を変えることなど学校の提案を認めて、プール授業に参加となった。

ポイント

保護者の話を丁寧に聴き、保護者の不安に寄り添った提案をすることにより、保護者が学校の対応を認め、無事に子どもが希望するプールでの授業に参加できた例である。子どもの教育を受ける権利をしっかりと守ろうとする姿勢が表れている。

概要

　子どもへの理解や対応に関して、学校側と保護者との行き違いから保護者が不安に思うことは多く、適切な対応ができないと保護者の不安が増大し、

保護者の怒りに結びついたり，保護者の二次的障害に結びつくことがある。

保護者の言動

　何回も担任，部活顧問へ電話をする。職員室や校長室へ突然来室し，話を求める。教育委員会へ電話をする。保健室をたびたび訪れる。懇談の席で不安を訴え続けたり，怒ったり，泣き続けたりする。

対応と治療

①**対応**：保護者との信頼関係を修復し，保護者の不安を受け止め，支える。来校するたびにねぎらいの言葉をかける。保護者の話をともかく聴く。その際，話を途中で遮らず，最後まで聴き，それから保護者の言いたいことを，こちらで言い換えて確認する。評価してほしいと思われることは褒め，評価する方針で臨む。保護者の判断や提案で，賛同できるものは支持する。賛同できない場合は，その理由をしっかり吟味し，学校で検討することを約束する。話が終了した際も，再度来校したことをねぎらう。頻回に話を聴く際は，時間を決めて行う。子どもに治療が必要と判断しても，焦って一方的に保護者へ指示するのではなく時間をゆっくりかけ，保護者の納得がいくまで状態について丁寧に説明していく。チームでの対応が望ましく，個別での面談より複数面談を行う。

②**治療**：保護者が自身の心身の症状に対して治療が必要なときがある。相談を受けたときには，受診に関しては，保護者の意思を尊重する。

予防

　保護者との信頼関係を早めに構築する。保護者の心をくじいてしまわないよう，言動に配慮する。ささやかなエールを送り続ける。一方的な指摘，指示は控える。保護者が迷っているときには，一歩下がって保護者の意見を尊重して支え続ける。保護者の子どもに関する理解の段階をつかむ。

❖ 学校でできること ❖

①保護者が保健室に来室した場合は，保護者の話を聴く。子どもが保護者と学校とのやりとりについて不安を述べる場合，傾聴し，ねぎらう（保健室）。

②必要ならば管理職など関連する教員に情報を提供し，共に対応策を考え

る（学校全体）。

③担任など矢面に立っている職員の話を聴き，ねぎらう（管理職・相談
室・保健室）。

❖ ピットフォール ❖

子どものことを決めつけて評価し，一方的に問題点を指摘する。早く相談
機関へ行くように言う。親の話を聴かない。モンスターペアレントと決めつ
ける。

第 27 章

教職員のメンタルヘルス

休職に至った症例を示し，教職員のメンタルヘルスの基本について解説する。

休職に至った例

●症例（小学校の教諭　25歳　女性）

入職後，2年間は低学年を担当し，大きな問題なく職務をこなしていたが，3年目に高学年の担任になった。他のクラスの担任はベテランであったが自分のクラスのことで精一杯の状態で相談もしづらい状況であり，そのうえ若いからということで課外活動も任された。クラスの保護者にベテランの先生のクラスになればよかったという声が出ていると他学年の同期から聞かされたので，授業の準備に多くのエネルギーをかけ，毎日遅くまで事務業務や教材研究を行った。連休明け，睡眠時間が短い状態で授業に出て，保護者へのお知らせの内容について大きな間違いを児童から指摘され，混乱し泣いてしまった。次の日からさらに睡眠時間を減らして準備をしていたが，だんだん能率が落ち，準備が間に合わなくなってきた。朝の倦怠感が強くなり，食欲が落ち，学校へ行きたくなくなった。こんなことでは駄目と自身を叱咤激励して必死で通ったが，6月終わりにはついに朝起きられなくなり，出勤できなくなった。保健室で養護教諭に相談し，スクールカウンセラーに話を聴いてもらい，公立学校共済組合病院を勧められた。最初抵抗はあったが，同病院を受診し，休職することになった。職場復帰支援プログラムを受け，翌年4月には復帰となった。

ポイント　早めの相談，対策ができず仕事を続けることが困難になり，休職になった例である。最終的に相談でき，職場復帰支援プログラムが利用でき，職場復帰できたのは幸運であった。

ストレス負荷の多い現場であり，ストレス関連疾患はもちろん，統合失調症，気分症（気分障害），摂食症（摂食障害）など，あらゆる心身疾患，精神疾患になる可能性がある。

症状

心身疾患，精神疾患の症状が出現する。

対応と治療

①**対応**：同僚，管理職，先輩教諭，スクールカウンセラー，養護教諭らが話を聴き，相談にのる。休養をとることが極めて重要であるが，専門医の診療を受けるほうがよいことも多い。

②**治療**：一般の心療内科，精神科，公認心理師または学校医に相談する。公立学校共済組合病院では，教職員向けのメンタルヘルス対策事業を実施し，職場復帰（リワーク）支援プログラムなど多彩な支援プログラムをもち，休職中の教員に対し，スムーズな復帰，再休職の予防を目標に支援が行われている。

予防

日頃からストレス対策を工夫する。相談相手をもつ。一人で責任を背負い込まず，困難な仕事には同僚や管理職に協力を要請することが予防となる。

❖ 学校でできること ❖

①養護教諭やスクールカウンセラー，管理職は相談に来たら丁寧に話を聴き，重症度の差に基づきストレス処理方法を一緒に考える。

②必要なら専門家を紹介する（相談室・保健室・管理職）。

❖ ピットフォール ❖

「頑張れ」，「努力が足りない」，「職業意識が低い」，「恥ずかしい」，「採用試験通ったんでしょ」と言う。

職場のメンタルヘルスの基本

　学校精神保健とは，スクールメンタルヘルスとも呼ばれ，一般の児童生徒，教師のメンタルヘルス（保持・向上，学校生活を送るうえでの発達過程や適応）から，精神障害を抱えた子どもや職員に関することまで，幅広い領域を扱う分野である。第一次予防として，発生予防による発症率を減らす。第二次予防として，早期発見，早期治療によって有病率を減らす。第三次予防として，リハビリテーションによる社会復帰，再発防止が挙げられる。

　学校では教職員のメンタルヘルスも非常に重要であるが，これらの予防についてほとんど対策が練られていない。経済協力開発機構（OECD）の調査（2019年）によると，中学教員の1週間の仕事時間は56時間とOECD参加国（48ヵ国・地域の平均38.3時間）の中で，最長と報告されている。特に課外指導，事務業務が多く，保護者対応，登下校の見守りなど，授業，授業準備，テストの採点以外でのストレス負荷の問題が極めて大きな課題となっている。

第 28 章

薬物療法の基本

　処方の条件，薬物療法の目的と注意点，思春期ならではの特徴，標的症状と薬の特徴，副作用，保護者や本人からの質問，具体的薬剤名を示し，解説する。

1．処方の条件

　学級担任など学校関係者から，子どもに薬を出してほしいという要望や，保護者へ薬を出してもらいなさいという提案がなされることがあるが，そう簡単に処方されるわけではない。学校関係者は処方の前に心理学的，社会的，心理教育的介入をまず考慮し，実行することが第一であることを知っておく必要がある。これらの努力をしても症状が改善しない場合，次に処方の条件を吟味することになる。処方の条件として，標的症状をもつか，症状はどれだけ重度であるのか，薬の適応があるのか，薬で何を治療目的とするのか，症状は薬物により改善されるのか，副作用はどのようなものがあるのか，評価の方法にはどのようなものがあるのか，効果と危険性（副作用）のバランスはどのようなものか（短期，長期療法）が挙げられる。専門医であれば，一つずつの処方が通常診察室で即座に吟味されるものである。

2．薬物療法の目的と注意点

　薬物療法の目的は，本人のつらさや苦しさを伴う症状の軽減を図ることであり，薬物療法は支持的精神療法，心理療法，環境調整とともに重要な治療法の一つである。

　処方の在り方と注意点は，成人，思春期，子どもにより異なり，その相違点を以下に示す。成人の薬物療法は診断や症状に加えて来談者のニーズに合わせて処方し，本人だけに説明をすることが多い。思春期では診断の重要性がさらに増し，症状に合わせて処方する。本人の意向や保護者の意向に沿っ

て処方するが，本人が管理すると過量服薬など危険が伴う可能性もあり，管理は保護者に任せることが多い。子どもの場合，薬はあくまでも補助療法で支持的精神療法，心理療法，環境調整をしたうえでやむを得ないときに処方することになる。保護者との話し合い，保護者の了解が必要であるが，子どもの気持ちも大切にする必要がある。子どもに効果や副作用を尋ね，飲み心地を聴くことも極めて重要である。

3．子ども，思春期ならではの特徴

薬が全く効かないことがある一方，効きすぎることもある。多量服薬の危険性が常にあり，親の管理も危ういことがある。副作用として，依存性，脱抑制（ばかな真似，興奮，おしゃべり，過活動），奇異反応[*1]，健忘作用が生じることがある。アドヒアランス[*2]が一定しないともいわれている。

> [*1] 奇異反応：本来の薬の作用と反対の症状が出ること。不安感を軽減するはずの薬が逆に不安を起こす。
>
> [*2] コンプライアンスとアドヒアランス：コンプライアンスは，患者が医療提供者の決定に従って，その指示に従った行動をとることに対し，アドヒアランスは，患者が積極的に治療方針の決定に参加し，その決定に従って自ら行動することをいう。

4．標的症状と薬の特徴

薬には一般的に標的症状があり，標的症状を改善するために薬が処方される。抗不安薬は不安，イライラ，不安から生じる身体症状（動悸，息苦しさ，むかむか感など）を標的とする。睡眠薬は睡眠の障害を軽減することを標的としている。寝つきの悪い症状に対しては超短時間型の睡眠薬，中途覚醒には短時間型・中時間型の睡眠薬，早朝覚醒には中時間型・長時間型の睡眠薬が用いられる。最近は睡眠リズムの調節，覚醒の抑制を目的とした睡眠薬も利用できるようになっている。抗うつ薬は憂うつ感，意欲低下，強迫症状，焦燥感，うつから生じる身体症状（倦怠感，食欲低下，味覚障害，不眠，肩こり，頭痛など）が標的となる。効果発現まで時間がかかるのが一般的である。気分安定薬は躁状態や躁うつの波の軽減を標的としている。抗精神病薬は幻覚，妄想，せん妄，

恐怖，重度のうつ，衝動性，攻撃性，躁状態，錯乱状態，統合失調症から生じる身体症状（体感幻覚，食欲不振，不眠など）を標的とする。自閉スペクトラム症（ASD）の不安定な感情，睡眠障害，常同行為，攻撃性，衝動性，自傷行為などを改善するため，リスペリドン（リスパダール），アリピプラゾール（エビリファイ）が適応となっている。小児の自閉スペクトラム症に伴う易刺激性に対して有効性と認容性が確保されている。注意欠如多動症（ADHD）治療薬は多動，衝動性，不注意の改善が標的となる。

5. 副作用

　抗不安薬や睡眠薬の範疇に入るベンゾジアゼピン系の薬剤は症状軽減には非常に効果的であるが，鎮静，思考の鋭敏性の低下，健忘作用，耐性，奇異反応，焦燥，脱抑制がみられ，思春期，子どもには慎重な処方が必要である。また，突然の服薬中止で反跳現象[*3]，退薬症状（離脱症状，禁断症状ともいう）がみられ，勝手に服薬中止すると混乱状態に陥ることもあり，非常に危険であるため，医師の指示に従い徐々に減量する必要がある。抗う

> [*3]
> 反跳現象：薬を中止したときに出る不快な症状の一種で，例えば抗不安薬で不安を軽減していたが，中止することにより，服薬中より強く不安が生じる現象である。

つ薬は服用初期，イライラや不安が生じやすく，眠気，ふらつき，喉の渇きなどがみられるが，徐々に慣れることのほうが多い。抗うつ薬での問題点は賦活症候群（アクティベーションシンドローム），断薬症候群（ディスコンティニュエーションシンドローム）の2つであり，前者は投与初期にみられる中枢神経刺激症状でアカシジア[*4]様症状やうつの悪化がみられることがある。後者は抗うつ薬を中止する際に発現する症状で，めまい，ふらつき，眠気，倦怠感，焦燥など，多様な症状がみられる。気分安定薬にも副作

> [*4]
> アカシジア：錐体外路症状（次ページの注＊5参照）による静座不能の症状をいい，座ったままではいられない，じっとしていられない，下肢のムズムズ感の自覚症状である。焦燥，不安，不眠などの精神症状を伴うこともある。

用が生じるが，特にリチウムは血中濃度が上がると，胃腸症状，振戦（不随意でリズミカルなふるえ），突然の意識障害がみられ，血中濃度のモニタリ

ングが必須である。抗精神病薬には錐体外路<ruby>すいたいがいろ<rt></rt></ruby>症状[*5]がみられるが，最近の新規抗精神病薬は副作用が軽減されている。ADHD 治療薬ではメチルフェニデート塩酸塩徐放錠（コンサータ）は食欲不振，成長抑制，イライラ，睡眠障害，アトモキセチン塩酸塩（ストラテラ）は食欲不振，眠気，グアンファシン塩酸塩徐放錠（インチュニブ）は血圧低下，

[*5]
錐体外路症状：神経伝達の遮断にて，手のふるえ，よだれ，筋強剛（筋肉がこわばって硬くなり，身体を動かす際にスムーズさがなくなること。例えば他動的に肘関節を動かすとカクカクとした動きになる），斜頸，舌の突出，眼球上転がみられる。また，下垂体の刺激によりプロラクチンと呼ばれる下垂体ホルモンが分泌され，乳汁分泌，月経不順が生じることがある。

眠気，リスデキサンフェタミンメシル酸塩（ビバンセ）は食欲不振，睡眠障害が認められ，副作用をしっかりと把握する必要がある。

6. 保健室での保護者や本人からの質問

　薬に関する質問については，あやふやな知識で答えないほうがよいであろう。診察室では，しばしば，「学校で薬をもらってこいと言われた」，逆に「薬は要らないと思いますよと言われた」と聞くこともある。薬の話を聞くことで何を改善したいのか，本人の気になること，困っていること，よくしたいことを聴くきっかけになるので丁寧に話を聴くとよいであろう。その際，上記1〜5の内容に目を通しておいていただきたい。また，どういった理由でどの薬が処方されているのかを尋ね，服薬の感想（効果，副作用）や飲み心地を聞き，薬を服用する大変さをねぎらうとよい。もし理由もわからず服薬しているのなら，高校生なら自分で，中学生（ときに自分で），小学生，幼稚園児，保育園児なら保護者が担当医に尋ねるようにアドバイスする。

7. 薬剤名

　処方薬一覧を以下に示すが，その簡単な特徴を示し，一般名（括弧内は商品名）として記載した。後発医薬品（ジェネリック医薬品）はしばしば一般名が使われることがある。

抗不安薬

標的：不安，イライラ，不安から生じる身体症状（動悸，息苦しい，むか
むかするなど）の改善。ベンゾジアゼピン系の抗不安薬には依存性がある。

ベンゾジアゼピン系

- 長く作用：ロフラゼプ酸エチル（メイラックス），フルトプラゼパム（レスタス）
- 即効性：アルプラゾラム（ソラナックス，コンスタン）
- 強力：ブロマゼパム（レキソタン，セニラン）
- 筋弛緩作用強い：ジアゼパム（セルシン，ホリゾン：けいれん。注射あり）
- 頸椎症，頭痛，筋緊張：エチゾラム（デパス：眠気強い。依存性高い）
- 蓄積作用少ない：ロラゼパム（ワイパックス：肝臓に負担少ない）
- 睡眠障害に利用：フルジアゼパム（エリスパン）
- 足むずむず：クロナゼパム（リボトリール，ランドセン：眼瞼（がんけん）けいれん）
- 弱い：クロチアゼパム（リーゼ）
- もっと弱い：タンドスピロンクエン酸塩（セディール：副作用や乱用，依存性少ない）
- 皮膚疾患に伴う掻痒（そうよう），蕁麻疹に効果：ヒドロキシジン塩酸塩（アタラックス，アタラックス-P：注射あり）
- レストレスレッグス症候群：抗不安薬ではないが，ガバペンチンエナカルビル（レグナイト：足むずむずに有効），プラミペキソール塩酸塩水和物（ビ・シフロール：足むずむず，パーキンソン病に有効）
- SSRI（抗不安作用の利用）

睡眠薬

標的：睡眠障害。特徴からみた睡眠薬の比較を**表 28-1** に示す。

- 超短時間型：ゾルピデム酒石酸塩（マイスリー：筋弛緩作用弱い，抗不安作用弱い。前向性健忘，統合失調症・躁うつ病に伴う強度の不眠症には不適），トリアゾラム（ハルシオン：反跳性不眠，依存性大），ゾピクロン（アモバン：苦い），エスゾピクロン（ルネスタ：アモバンの苦みを少し軽減）

- 短時間型：ブロチゾラム（レンドルミン：口腔内崩壊錠あり），ロルメタゼパム（エバミール，ロラメット：肝臓に負担少ない），リルマザホン塩酸塩水和物（リスミー）

- 中時間型：フルニトラゼパム（サイレース：注射液あり，米国などへの

表 28-1　睡眠薬の比較

ベンゾジアゼピン系：BZD	メラトニン（メラトベル）	ラメルテオン（ロゼレム）	スボレキサント（ベルソムラ）
GABA 作動性ニューロン	光，視交叉上核松果体より分泌セロトニンから体内合成	視交叉上核	モノアミン・コリン作動性ニューロン（デエビゴは p.266 参照）
恒常性維持機構睡眠中枢増強	体内時計機構休息促進	体内時計機構休息促進	睡眠・覚醒調節覚醒中枢抑制
GABA 受容体作動薬（GABA の神経伝達増強）	メラトニン受容体作動薬睡眠ホルモン	メラトニン受容体作動薬	オレキシン受容体拮抗薬（受容体への結合を阻害）p.266 参照
依存性ありせん妄誘発	依存性少ない不足すると不眠	依存性少ない	依存性少ない悪夢を見ることがある
睡眠導入，不安軽減，筋弛緩	睡眠リズム調節体温，血圧を低下	睡眠リズム調節	覚醒低下（食欲低下）
短時間型，中時間型，長時間型	1mg 〜 4mg 小児期の神経発達症の入眠困難	8mg 子どもは4mg以下で開始することが多い	高齢者・15mg 成人・20mg

持ち込み禁止薬物），エスタゾラム（ユーロジン），ニトラゼパム（ベンザリン，ネルボン：抗けいれん作用）

- 長時間型：クアゼパム（ドラール：筋弛緩作用弱い。抗不安作用弱い。残眠感），フルラゼパム塩酸塩（ダルメート：残眠感），ハロキサゾラム（ソメリン：残眠感）

- メラトニン受容体作動薬　依存性が少ない：

①ラメルテオン（ロゼレム：睡眠リズム改善，睡眠相後退症候群に有効）

②メラトニン（メラトベル）は松果体から分泌される内因性メラトニンと同一の化学構造式をもつ。小児の神経発達症（発達障害）に伴う入眠困難を改善する。メラトベルは視交叉上核内の2つの受容体（1つは睡眠への導入に関与，もう1つは概日リズムの調節に関与）に働きかけ，活性化する。

- オレキシン受容体拮抗薬　依存性が少ない：

①スボレキサント（ベルソムラ：覚醒を抑える。悪夢を見ることがある。残眠感）

②レンボレキサント（デエビゴ）はオレキシン受容体2に強く作用する。過度の覚醒状態を緩和する。悪夢あり。一包化が可能。

- 古くからの睡眠薬（危険）：フェノバルビタール（フェノバール：不安・緊張状態の鎮静。てんかんのけいれん発作），フェノバルビタールナトリウム（ワコビタール，ルピアール：小児に対して経口投与困難な催眠。不安・緊張状態の鎮静。熱性けいれん・てんかんけいれん発作の改善），トリクロホスナトリウム（トリクロリール：脳波・心電図検査などでの睡眠），アモバルビタール（イソミタール：不安・緊張状態の鎮静），ペントバルビタールカルシウム（ラボナ：不安・緊張状態の鎮静），ベゲタミン（合剤：発売中止）

抗うつ薬

標的：憂うつ感，意欲低下，強迫症状，焦燥感，うつから生じる身体症状（倦怠感，食欲低下，味がしない，不眠，肩こり，頭痛など）。

- 第1世代，三環系：イミプラミン塩酸塩（トフラニール：遺尿症にも効果），アミトリプチリン塩酸塩（トリプタノール：夜尿症に効果），クロミプラミン塩酸塩（アナフラニール：遺尿症に効果），アモキサピン（アモキサン：即効性），ノルトリプチリン塩酸塩（ノリトレン）など

- 第2世代，四環系：セチプチリンマレイン酸塩（テシプール），ミアンセリン塩酸塩（テトラミド），マプロチリン塩酸塩（ルジオミール）

- 第3世代，選択的セロトニン再取り込み阻害薬（SSRI）：フルボキサミンマレイン酸塩（デプロメール，ルボックス：8歳以上で強迫症の保険適応がある），パロキセチン塩酸塩水和物（パキシル），塩酸セルトラリン（ジェイゾロフト），エスシタロプラムシュウ酸塩（レクサプロ：1錠でOK）……不安にも効果あり

- 第4世代，セロトニン・ノルアドレナリン再取り込み阻害薬（SNRI）：ミルナシプラン塩酸塩（トレドミン），デュロキセチン塩酸塩（サインバルタ），ベンラファキシン塩酸塩（イフェクサー）……痛みにも効果あり

- 第5世代，ノルアドレナリン作動性・特異的セロトニン作動性抗うつ薬（NaSSa）：ミルタザピン（リフレックス，レメロン：食欲低下，不眠が強いときに効果あり），セロトニン再取り込み阻害・セロトニン受容体調節薬：ボルチオキセチン臭化水素酸塩（トリンテリックス）

- その他：トラゾドン塩酸塩（レスリン，デジレル：眠気強い），スルピリド（ドグマチール：食欲亢進効果あり。副作用として高プロラクチン血症，乳汁分泌に注意），ラモトリギン（ラミクタール：双極性障害のうつに効果あり），アリピプラゾール（エビリファイ：既存治療で十分な効果が認められない場合）

気分安定薬

標的：躁状態，躁うつの波。

- 炭酸リチウム（リーマス：有効であるが，即効性なし。予防効果あり。多幸感や爽快気分を呈する患者には反応しやすい。血中濃度測定必要。水分補給必要。甲状腺機能低下に注意）
- バルプロ酸ナトリウム（デパケン：急速交代型に対する効果の可能性あり。副作用として体重増加。抗てんかん薬）
- カルバマゼピン（テグレトール：抗攻撃性。抗てんかん薬）
- ラモトリギン（ラミクタール：予防効果あり。急速交代型に対する効果の可能性あり。抗うつに効果あり。副作用として皮疹）
- オランザピン（ジプレキサ：抗うつ効果。副作用として体重増加）
- アリピプラゾール（エビリファイ：躁状態に効果あり。予防効果あり。副作用として体重増加）
- リスペリドン（リスパダール：躁状態に効果あり。副作用として錐体外路症状〔p.263の注＊5参照〕。副作用として体重増加）
- クエチアピンフマル酸塩（ビプレッソ：不安にも効果あり。抗うつに効果あり。副作用として体重増加）
- クロナゼパム（ランドセン：急性の躁状態，軽躁状態に効果あり。抗精神病薬との併用や脱抑制に注意）
- ルラシドン塩酸塩（ラツーダ：抗うつに効果あり）

抗精神病薬

標的：幻覚，妄想，せん妄，恐怖，重いうつ，衝動性，攻撃性，躁症状，錯乱状態，精神病から生じる身体症状（体感幻覚，食欲不振）。

- 従来薬：ハロペリドール（セレネース），クロルプロマジン塩酸塩（コントミン），レボメプロマジンマレイン酸塩（レボトミン）など（いずれもパーキンソン症状出現）

- 非定型抗精神病薬：リスペリドン（リスパダール：即効性の液体があるが苦い。口腔内崩壊錠。副作用として乳汁分泌，パーキンソン症状がある），ペロスピロン塩酸塩（ルーラン：陰性症状に効果あり），オランザピン（ジプレキサ：口腔内崩壊錠。抗躁・うつ。副作用として食欲増進。糖尿病禁忌），クエチアピンフマル酸塩（セロクエル：催眠作用強い。不安にも効果あり。糖尿病禁忌），アリピプラゾール（エビリファイ：陰性症状に対し効果あり。抗うつ，抗躁。副作用としてアカシジア〔p.262の注＊4参照〕），ブロナンセリン（ロナセン：抗幻覚・妄想強い。陰性症状にも効果あり。テープあり），クロザピン（クロザリル：治療抵抗性統合失調症。汎血球減少など副作用強い），アセナピンマレイン酸塩（シクレスト：舌下薬。吸収が速い。早期より有効量に達する），ブレクスピプラゾール（レキサルティ：エビリファイの改良，副作用軽減。鎮静やや強い），ルラシドン塩酸塩（ラツーダ：レキサルティに類似。双極性障害のうつ症状にも効果あり）

- その他：スルピリド（ドグマチール：抗潰瘍薬。中等量で抗うつ作用。多量で抗精神病作用。副作用として乳汁分泌）

ADHD 薬

　標的：多動性，衝動性，不注意。

　ADHD の主症状の多動性・衝動性・攻撃性・不注意・指示の通りにくさ
の軽減，集中力アップに効果がある（特徴については**表 28-2** を参照）。

- 中枢神経刺激薬：メチルフェニデート塩酸塩徐放錠（コンサータ），リ
  スデキサンフェタミンメシル酸塩（ビバンセ）
- 非刺激性薬：アトモキセチン塩酸塩（ストラテラ），グアンファシン塩
  酸塩徐放錠（インチュニブ）

　中枢神経刺激薬については，適正流通管理システムが 2019 年 12 月 2 日か
ら設置された。これにより，治療に精通した医師，適切な患者，十分に管理
できる医療機関，および薬局に制限されることになった。医療機関・医師登
録，薬局・薬剤師登録，患者登録が必要となった。

表 28-2 ADHD 薬の比較

	メチルフェニデート塩酸塩徐放錠（コンサータ）※処方に資格が必要	アトモキセチン塩酸塩（ストラテラ）	グアンファシン塩酸塩徐放錠（インチュニブ）	リスデキサンフェタミンメシル酸塩（ビバンセ）※処方に資格が必要
効果	多動，衝動性，不注意	多動，衝動性，不注意	多動，衝動性，不注意	多動，衝動性，不注意
副作用	強い食欲低下，身長などの成長抑制，不眠	食欲低下，傾眠，血圧・心拍数増加	傾眠，血圧低下，徐脈	食欲低下，不眠
効果発現	その日から	5〜6週間（最大量で）	2週間	その日から
量	18mgから	18歳未満：0.5mg/kg開始，18mgまで 18歳以上：40mg開始，120mgまで	小児対象：50kg未満1mg開始，50kg以上2mg開始。維持用量	30mgから
依存性	少ない？ 可能性残る	少ない	少ない	不明
回数	朝のみ1回（休薬日は？）	朝夕2回（成人は夕1回）	1日1回，子どものみ	1日1回
他	チックに禁忌，てんかん，心疾患に注意	チック，不安に効果あり	他薬との相互作用	プロドラッグ，運動性チックに禁忌
部位など	側坐核，線条体	前頭前野	選択的α2Aアドレナリン受容体に作動	dアンフェタミン取り込み

抗てんかん薬

　最近よく使われている薬は，バルプロ酸ナトリウム（デパケン，セレニカ），カルバマゼピン（テグレトール），ガバペンチン（ガバペン），トピラマート（トピナ），ラモトリギン（ラミクタール），レベチラセタム（イーケプラ），ラコサミド（ビムパット），ペランパネル水和物（フィコンパ）などがある。2014年のNICEガイドライン[*6]によると，第一選択薬は，焦点発作の治療薬としてカルバマゼピン，ラモトリギン，強直−間代発作の治療薬としてバルプロ酸，ラモト

> [*6] NICEガイドライン：英国の国立医療技術評価機構によるガイドラインのこと。NICEはNational Institute of Clinical Experienceの略である。

リギン（バルプロ酸が不適なとき），欠神発作の治療薬としてエトサクシミド，バルプロ酸ナトリウム（強直−間代発作を伴えば最初から処方），ミオクロニー発作の治療薬としてバルプロ酸ナトリウムが推奨されている。

漢方薬

　よく処方される薬を挙げる。飲みにくい場合もあるので，チョコクリーム，ココア，ヨーグルト，リンゴジュース，お薬ゼリーのチョコレート味，練乳，かき氷用シロップ，海苔の佃煮と混ぜたり，オブラートに包んだりとその子どもの好みに合ったあの手この手を使う（はりがや小児科の針谷先生からの情報を含む）。量は少なめで効果が認められることも多い。

- 半夏白朮天麻湯：めまい，冷え性，頭痛
- 柴胡加竜骨牡蛎湯：イライラ，心悸亢進（体力が比較的あり）
- 桃核承気湯：月経時の精神不安，便秘
- 柴朴湯：咳，不安神経症
- 半夏厚朴湯：不安神経症，神経性食道狭窄症
- 加味帰脾湯：不眠，精神不安
- 加味逍遙散：冷え性，虚弱体質
- 当帰芍薬散：倦怠感，冷え性，月経不順
- 抑肝散：小児夜泣き，不眠，神経症
- 六君子湯：消化不良，食欲不振，嘔吐
- 小建中湯：腹痛，便秘などの腹部症状，反復性腹痛
- 甘麦大棗湯：不安症，パニック症，夜驚症
- 桂枝加芍薬湯：腹部膨満感のある腹痛，フラッシュバック
- 酸棗仁湯：心身の疲れ，不眠
- 桂枝加竜骨牡蛎湯：不眠やイライラ，体力の衰えているもの

第 29 章
医療機関との連携とチーム医療

　各職種の役割，チーム医療の概念，学校面談，インフォームド・コンセント，子どもの入院について解説する。

各職種の役割
—子どもの心身を守り，安全・安心を
確保する役割を学校内で果たすために—

　文部科学省は2009年に中央教育審議会答申（子どもの心身の健康を守り，安全・安心を確保するために学校全体として取り組みを進めるための方策について）に基づき，学級担任等が行う健康観察が円滑に実施できるよう指導参考資料「健康相談のための子どもの健康観察の方法と問題への対応」を作成した。また，2017年には，「現代的健康課題を抱える子どもたちへの支援〜養護教諭の役割を中心にして〜」を公表した。それらのなかに子どもの心と健康問題と教職員の役割として管理職，養護教諭，学級担任，学校医，スクールカウンセラー，スクールソーシャルワーカー，学校の設置者（教育委員会など）の役割が記載されている。ここでは，管理職，養護教諭，担任，スクールカウンセラー，スクールソーシャルワーカーの役割を要約し，主治医との連携について説明する。

1. 管理職（校長・教頭）の役割

　学校全体での心の健康問題に適切に対応するにあたっては校内組織活動を円滑に機能させる必要がある。そのためには校長のリーダーシップは不可欠で，報告を受け，校内の委員会などに自ら進んで参加し，会議の定例化を図り，全教職員の共通理解のもと，問題の早期発見・早期対応に努めることが求められる。スクールカウンセリングや指導だけでは解決できない医療的支援を必要とする場合も，家族（保護者）と話し合い，学校医と密な連携をと

り，医療機関の受診を助言する。校長は常に子どもの心身の健康を理解しようとし，支援にあたって中心的な役割をしている養護教諭との連携を密にしなければならない。

2. 養護教諭の役割

学校における心身の健康問題への支援にあたっては，中心的な役割を果たすことが求められている。いじめや虐待，摂食障害などの早期発見・早期対応における役割，受診の必要性の有無を学校医と相談して判断し，医療機関へつなぐ役割，学校内および地域の医療機関などとの連携におけるコーディネーターの役割などがある。スクールカウンセラー，スクールソーシャルワーカーなどを有効に活用しつつ連絡を取り合うのが日常となりつつある。養護教諭はこれらの役割を果たすために教職員，保護者，関係者との人間関係づくりに努め，信頼関係を築いておくことが必要である。

3. 学級担任の役割

メンタルヘルスに関する基本的な知識の習得に努める。朝の健康観察や授業時間，休み時間，給食・昼食の時間，放課後の活動などにおいて，子どもの表情，言葉，身体，行動，態度，人間関係などに表れたサインをとらえるため，きめ細かな観察をして心の健康問題の早期発見にあたる。問題のある子どもだけでなく，すべての子どもについて理解する。この子どもはいつも○○な子どもだからという先入観にとらわれず，さまざまな視点から子どもを見るように心がける。保護者および子どもが学級担任に相談しやすい人間関係をつくっていき，養護教諭をはじめ関係者と連携しながら，組織的に対応する。一人で抱え込まず，養護教諭と相互に連携して，健康相談，保健指導を行う。

4. スクールカウンセラー（SC）の役割

　SC は子どもの状態や子どもをめぐる緊急事態（事件・事故や自然災害など）への見立て，子どもや保護者に対する個別相談，教職員へのコンサルテーション，関係機関との連携に関する繋ぎ役などを行う。SC の臨床心理の専門性に基づく助言・援助は学校の組織的な教育相談体制のなかで重要な役割を占めている。SC は養護教諭をはじめとした教職員との情報の共通理解や地域の専門機関との連携を推進していくことが求められる。

5. スクールソーシャルワーカー（SSW）の役割

　SSW は問題解決を代行するものではなく，児童生徒の可能性を引き出し，自らの力によって解決できるような条件づくりに参加する役割を持つ。さらに個人と環境の双方に働きかけることによって，連携・仲介・調整などの機能を発揮することが SSW の特性であり，役割である。筆者の経験では，SSW が児童生徒，保護者，学校，医療機関の間に入り，児童生徒が自らの力で学校生活をスムーズに送れるようにまとめあげたことがあった。

6. 主治医との連携・協力

　上記の学校内での各職種の役割に基づき，主治医との連携はどのように行うことができるのかについて考えてみたいと思う。

　直接面談が可能か，電話相談が可能か，メール相談が可能か，子どもの診療に同席できるか，主治医への手紙を持たせることができるか，と段階に分けることができる。それぞれに問題はあるが，何らかの主治医との協力があれば支援がうまくいくことのほうが多い。筆者の経験によると最近の学校と主治医との面談の特徴は，男児が女児より年々増加しており，小学校の増加率が中学校よりも大きいことである。面談には個人情報，プライバシーの問題，病名の取り扱い，誤解を与えない説明の工夫，それぞれの機関の能力以

上を期待しすぎないことが重要である[1]。

チーム医療

　子ども支援，小児医療の場では，チーム医療が行われるのが一般的になってきたが，学校と医療機関の連携においてもチーム医療は実は重要な概念である。チーム学校という考え方が広まっているものの，教育関係者，養護教諭がチーム医療に加わることは，病弱児支援，院内学級をもっていないところではほとんどなされていない。そこで，ここでは，協力支援体制の一つとしてチーム医療の実際を紹介する。

1. リエゾン

　リエゾンがフランス語で「連携」や「連絡」を意味し，チーム医療と同義といわれている。精神科医，心療内科医，心理士らが小児病棟を定期的に回

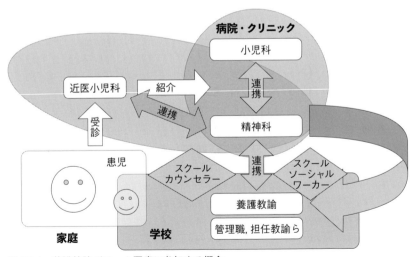

図 29-1　養護教諭がチーム医療に参加する概念

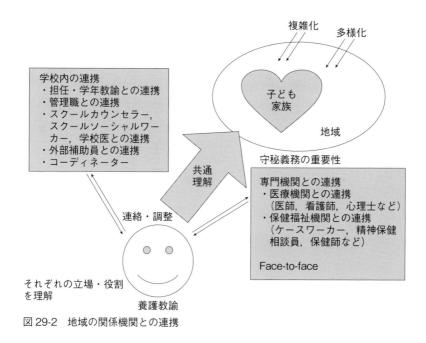

図 29-2　地域の関係機関との連携

診したり，カンファレンスなどに出席して，チームの一員として構造的に活動するために，病棟内での精神科的，心理・社会的問題の発見が精神科医自身によってなされる割合が高く，より早く対応できる。

　病院内における多職種チーム医療も当然リエゾンであり，病院外のシステム化した連携もリエゾンととらえると，学校精神保健活動も広義のリエゾン精神医学といえる。学校保健安全法では，緊急措置，健康相談または保健指導を行うにあたっては，学校が所在する地域の医療機関などと連携を図るように法律で規定されることになった。養護教諭を中心とした地域の関係機関と学校との連携について図示する（**図 29-1**，**図 29-2**）。

2.　学校保健安全法の改正（表 29-1）

　2009 年 4 月に学校保健法が改正され，学校保健安全法が施行された。そ

表29-1　学校保健安全法の改正（2009年4月）

第二節　健康相談 第9条 ・養護教諭その他の職員は，相互に連携して，健康相談又は児童生徒等の健康状態の日常的な観察により，児童生徒等の心身の状況を把握し，健康上の問題があると認めるときは，遅滞なく，当該児童生徒に対して必要な指導を行うとともに，必要に応じ，その保護者に対して必要な助言を行うものとする。	第二節　健康相談（つづき） 第10条 ・学校においては，救急処置，健康相談又は保健指導を行うに当たっては，必要に応じ，当該学校の所在する地域の医療機関その他の関係機関との連携を図るよう務めるものとする。

アンダーラインは筆者記入。

のなかで，第二節健康相談の第9条において，養護教諭その他の職員は相互に連携し，心身の状況を把握し，健康上の問題があると認めるときには，遅滞なく必要な指導を行い，保護者に対して必要な助言を行うとされている。このように，養護教諭を中心とした連携チームが求められており，医療チームとの拡大型チーム医療（協力支援体制）が必要になってきている。チーム医療において，養護教諭の役割は，保健室での傾聴，共感，バイタルチェック（血圧，脈拍，体温を中心に）を通して心身の支援をすること，本人，保護者の了解を得て医療機関と情報交換し，情報共有すること，支援内容の確認，教職員との情報共有，院内学級との連携，学校での居場所提供が挙げられる。

　次章では，子どもの摂食障害のチーム医療に養護教諭が加わった例を治療経過に沿ったチャートにて具体例を示す。

❏子どもの精神科から見た学校関係者との学校面談

　学校関係者との面談では，学校という場における子どもの詳しい様子と学校の取り組みを教えてもらうことがまず行われる。その際，学校の観察力・児童生徒理解，協力体制，具体的取り組みの評価を行っている。学校ができることを配慮しながら，心理検査の結果と学校，家庭の様子からわかる子どもの特性を伝え，その子どもに合わせた対応を一緒に考え，学校の立場を尊重し，適切な支援をお願いする。養護教諭を中心とした先生方には来院や日頃の業務の大変さ，子どもたちを支えている努力をねぎらうことも大切にしたい。また，面談の内容を診察時に保護者に伝え，学校との協力がしやすいように計らっている。子どもを取り巻く支援者に対してもささやかな精神療法を実践しつつ，子どもに対する適切な支援を，協力して行ってきた。特にねぎらいをもっての学校との連携実践は子どもの日常臨床では必須の枠組みと考えている。

❏インフォームド・コンセント

　十分な説明を受け，理解をしたうえでの同意や拒否のことをいう。子どもへのインフォームド・コンセントは，病院またはクリニックへ通う理由を中心に具体的な説明を提示し，絵や図を利用して説明する。保護者へのインフォームド・コンセントは，できれば保護者がそろっている場所で説明をする。時間経過とともに少しずつ状況を伝え，治療側の方針が定まった時点で長期展望を含めて告知と説明を行う。保護者の質問に誠実に答え，子どもの発達状況と今後の見通しについて丁寧に説明する。治療方針の同意を得て，学校も含めた共同作業を行うことの同意も得る。セカンドオピニオンも可能だと伝える。

　子どもには未来を得る権利があるため，未来の権利を阻害するその時点での自己決定権は制限されるという考えがあり，子どもの自己決定権が保護者によって代替される根拠となっている。子どもを取り巻く支援

者に対してもささやかな精神療法を実践しつつ，子どもに対する適切な支援を，連携を通して行うことが極めて重要である。

❏子どもの入院

　一般病院への入院は自由入院といわれ，医療法に基づいている。精神科病院への入院は精神保健福祉法に基づくものであり，任意入院，医療保護入院，措置入院などがある。任意入院は，医師による診察を受け，入院が必要と診断・告知され，本人の書類での同意を得て入院となる。原則として開放病棟への入院となり，緊急避難時以外，行動制限はない。医療保護入院は，医療および保護のため入院を要すると精神保健指定医によって診断された場合，病状のため本人が理解し入院契約に同意する能力がない場合は家族のいずれかの書面による同意により精神科病院に入院させることができる制度である。閉鎖病棟で行動制限が伴う。家族により入院中の退院請求が可能である。措置入院は，直ちに入院しなければ自傷・他害の可能性が高いと2名の精神保健指定医の診察が一致した場合に，都道府県知事または政令指定都市の市長が精神科病院に入院させる制度であり，閉鎖病棟で行動制限を伴う。子どもの入院には，治療と同時に育ちの保障が必要であり，しつけ，遊び，教育が必須である。治療目標の明確化や面会をどうするか，どこへ退院するかなど，支援組織間で話し合わなければならないことは多い。入院中の学校関係者の面会は，主治医，保護者，本人からの許可や同意が必要である。面会時に持っていくもの，内容（クラスの子どもと行事のこと）についても主治医からの許可を確認しておく必要がある。たとえば，摂食症（摂食障害）の子どもにお菓子や食べ物の雑誌を持ってくること，勉強を中止にしている子どもに宿題を持ってくることは避けたほうがよいし，事前に確認しておくことが望ましい。

第 30 章

外来から退院までの学校と医療機関の協力体制で取り組む摂食障害治療

　小児摂食障害に対するチーム医療における各職種の具体的な実践をチャートにまとめて，解説する。

小児摂食障害に対するチーム医療

〈学年・性別〉中学２年生・女子。

〈性格〉控えめ，几帳面，聞き分けがよい。

〈学校生活〉真面目で努力家。成績トップクラス。

〈気づき〉もともとやせ型だったが，中学２年生の２学期の身体測定結果により摂食障害であることが疑われた。

〈紹介までの経過〉摂食障害に関する学校と医療のより良い連携のための対応指針（以下対応指針）に基づき，学校で支援しつつ，養護教諭が本人・保護者と相談し，紹介となった。

表30-1 小児摂食障害に対するチーム医療のチャート

外来治療	本人	家族	養護教諭	小児科医	精神科医	看護師	管理栄養士	心理士	薬剤師
X年4月 身長150cm 体重35.5kg (標準体重78.5%)			中学2年1学期の身体測定の結果、肥満度-20%未満であり、密に経過をみることにした。(対応指針：段階1)。定期的に身体・体重測定・派出・血圧測定実施。夏休みまでは大きな変化はなかった。						
X年9月 気づき 身長152cm 体重35.0kg 徐脈 (標準体重75.4%)	自覚症状なし。	食事量が減っているものの元気なので問題視していなかった。受診させず。	2学期の身体測定の結果を担任に相談後、本人に様子を聴いた。担任、部活顧問、管理職と見守り体制を作った。(対応指針：段階2)						
X年10月 体重33.0kg 徐脈 (標準体重71.1%)	受診に至らず。	学校から連絡があるが行動に変化なく、受診させようとしなかった。	肥満度-25%未満であり、身体の状態を本人に説明し、家庭へ連絡をした。さらに医療機関での精査を勧めた。(対応指針：段階3、4)。密に家庭連絡をした。						

体重30.5kg
(標準体重65.7%)

顔色不良、表情が乏しい、さらに体重減少。

体重の減少が止まらず、肥満度-30%未満であり、学校医と相談し、総合病院の受診を強く勧めた(対応指針:段階5)。了解を得て、学校医から A 総合病院に紹介した。

X年11月1日
体重30.0kg
(標準体重64.4%)
A総合病院
外来診療開始

身体の状態の説明を受け、渋々受診。受診の必要性は感じていないが、渋々受診させた。

A 総合病院受診。病院からの指示(体育・部活動禁止)を職員へ伝え、共通理解を図った。受診時に学校での様子をまとめ、主治医へ提供するよう保護者へ渡した(成長曲線添付)。

血液・尿検査をもとに身体でも生じていることを説明し、体育・部活動を禁止に。1週間後に体重の減少がみられたら、入院というよう約束を交わした。

小児科からの紹介があり、精神科受診したことを本人と保護者をねぎらうことを本人と保護者をねぎらい、小児科から指示されたことを確認し、入院治療のシステムを説明した。

本人と母に対して、来院したことをねぎらい、温かい声かけをし、不安を増大しないように接することにした。小児科から指示されたことを確認し、身長・体重・血圧・脈拍・体温測定のときの様子を観察し、スタッフ間で共有した。(本人や母から話が出てくれば自然な形で受容し、情報を得た。スタッフ間で情報を共有した。

表30-1 小児摂食障害に対するチーム医療のチャート（つづき）

入院治療	本人	家族	養護教諭	小児科医	精神科医	看護師	管理栄養士	心理士	薬剤師
X年11月8日 体重29.7kg（標準体重64%） 入院治療開始 【入院時の身体所見】 身長152.4cm 体重29.7kg（標準体重の64%） 初経未発来 徐脈、低血圧 四肢冷感 心嚢液、脳萎縮あり 床上安静期 【入院時の契約】 退院目標体重40kg 【摂取カロリー】 2,200kcal/日 【最初の目標】 800kcal/日、全量摂取まではベッド上安静（トイレ歩行と1日60分の読書は可） 【血液検査データ】 汎血球減少、低コリンエステラーゼ、低血症、高CPK血症	入院開始直後、おとなしく、不満を言ってくることもなく、話を一つひとつ慎重で言葉を選んで話した。 学習意欲が高く、「絶対に勉強したら駄目ですか？」「勉強関係の本を読むだけでも駄目ですか」と何回も尋ねた。 入浴が制限されているため身体を拭くことを希望した。	本人と話し合い、入院の決断をした。 毎日面会し、毎日保清を行った。本人の身体の拭き方が、ぎこちない方だが、不自然。 栄養指導の必要性が感じられず、今回は見送ることにした。	入院の知らせを受け、学校としての支援の在り方を主治医に文書で尋ねた。主治医からの連絡を待った。 方針決定のため来院時スタッフカンファレンスへの参加を依頼された。 1回目のスタッフカンファレンスでは入院前主生活の様子、身体状態の経過を報告した。 カンファレンスの内容を校内委員会で報告し、学校でできる支援内容を検討し、共通理解を図った。	体重減少が進み、入院治療開始となった。毎朝・夕に回診し身体の状況を優しく説明を続けた。 ミーティング時、バイタルサインや検査データをもとに身体の状態を説明した。勉強や読書の時間を身体の状態の改善が増すに自由度が増すように伝えた。 便秘が続くため酸化マグネシウムを処方。下剤として腹部の酸化マグネシウムを処方。	小児科医と同席し、本人、看護者をねぎらった。本人、看護者をねぎらいながら再度入院治療の説明を行った。毎朝・夕に回診し入院の状況を… 週1回本人の希望を聴く（ミーティング）を小児科医、スタッフと共に開始した。 同時に月2回のスタッフカンファレンスを開始した。 家族面接（親担当精神科医）、摂食障害母親の会への参加、母親が栄養指導を受けることを勧めた。	入院での治療方針を確認し、本人、看護者をねぎらいながら初めての入院で不安が大きい本人と家族への接し方などスタッフ間で相談した。 病棟での入院のつらさを汲み、本人の希望を出しやすいよう話し合いをした。 週1回本人の状態をバイタルサインで測定し丁寧に行い、本人は支持的に関わった。「思い」や「希望」をミーティングで出すようにした。 自分の気持ちや学習意欲）を表出できるようになった。 家族に対して：家族の負担をねぎらいながら、本人、母親の代わりに身体を拭いたり、ぎこちない母親が身体を拭いている場の雰囲気を和ませたりした。	栄養の基本的な知識を伝えると共に食事の希望を聴きながら、希望に沿ったメニュー作りをするためにスタッフと間で相談した。 週1回病棟を訪問し、ベッドサイドにてミーティングで決定した栄養量に基づいて食事の希望を入れながら食事内容をアレンジしていく。	本人の発達水準やバランス、心理面の特性を知り、自己理解や支援につなげるために心理検査を実施した。非言語で表現される気持ちの整理やストレス緩和を目的に心理カウンセリングを担当することになった。 心理検査結果：知的能力・社会性に問題はなく、年齢相応の行動がとれる。性格は神経質で内的、情緒不安定でストレスに対して弱く、不満は表すもので、不満は表に出せないことが多く、建設的な問題理解に頼る一方で解決は苦手なタイプ。対人関係においては苦手なことに対する抵抗を表す一方で次始に対しては抗始に対しては…	処方薬について、の丁寧な説明や感想を聴き、心理面の特性を知り、自己理解につなげる支援に沿う理解を聴くことを目標とした。

X年12月5日
病室内歩行許可
体重32.7kg
(標準体重70.5%)
入院5週間
(12/13頃)
800kcal/日 → 毎週200kcalずつ増加し、1,600kcal

「下剤って便を出すだけの薬でしょう？家でも下剤に頼っていました。『便が出れば食べられる』と思って服用したが、効く日と効かない日があるので上手な飲み方を教えて」

物事が予定通りに進まないとイライラ、精神的にイライラうな様子。食事時間が普段の食事の時間と異なることが不満。「いつも家では6時半に朝ご飯を食べているのに今日は遅い」「ここにいてたらストレスが溜まる、帰りたい」「家の病院のほうがおいしい」食欲がないと涙した。

家族面接、摂食障害親の会への参加は見送った。

院内学級に学籍を移した。

医療スタッフに対して不信感を抱き始めた。

本人・保護者に、院内学級に移っても、A校の生徒には変わりないことを説明した。

安静経過の条件を決定。

病院内歩行を許可。

院内スタッフカンファレンスに出席し、身体状況を知るとともに病院での関わりを開始。本人にとって必要な学校の状況や学籍について報告した。

家族に対して：毎日定期的な面会をすること、本人に「帰ってこい」と言われても逃げ帰らないこと、本人が帰りたいと言っても帰らせないこと。入院が長期になるので入院先に移るよう勧めた。

本人とも週1回面接し、つらさ、悲しみ、ねぎらい療法を基本に病態教育に関するアプローチ、やせの意味、ストレス、ニューイング、幼少時期からの振り返り、摂食生活体重以外の話題も積極的に取り入れ、未来に向けての生き方の相談、自己効力感・自己評価・自信回復などに光を当てた。

攻撃的な言動であっても、ありのままに受け止めた。本人の遠慮しながら話を傾聴し、入院生活に適応しやすいように関わった。本人のイライラが募るようなときは一日のスケジュールを調整し、本人の気持ちを落ち着かせた。

スタッフに対する不信感がみられるため声かけを意識して行う。言語化できたことについては話してくれており、ありがとうと感謝の意を示した。

薬剤指導開始。「環境調節と薬物療法がうまく調和することが大切で、そのためにいろいろな医療スタッフが関わること。そしてこれからはみんなで考えていかなければならないし指導、その後も定期的に訪問指導。」

[腸の運動は環境に大きく左右され、薬ですべてをコントロールすることは無理であること][環境調節と薬物療法の件]

友達より強く慕っている。心理検査結果をスタッフカンファレンスで報告し、共有した。

心理面接開始。言葉表情硬く、言葉少なく紙粘土などの作業を好んだ。

食事に対するこだわりや入院生活への不満を、まずは否定せず耳を傾け、安心して話ができる雰囲気づくり、信頼関係の構築に努めた。

素直な気持ちを表現できたことを大事にしながら、本人のペース、希望を尊重し、心理室では話したことについては話してくれており、ありがとうと一緒に取り組んだ。

表 30-1 小児摂食障害に対するチーム医療のチャート（つづき）

入院治療	本人	家族	養護教諭	小児科医	精神科医	看護師	管理栄養士	心理士	薬剤師
X年12月20日 病棟外歩行期 34.1kg （標準体重73.5%） 200kcalずつのカロリーアップが苦しくなるので100kcalの増加にし、1,700kcalとなった。	「○○さん嫌い、いや、むかつく」「心理はなくてもいいのに、心理のとき話しづらい、と聞かれるのが嫌」 「揚げ物は嫌い物の煮汁は少なくして」「マヨネーズやミンチ肉が嫌」 食事記録「煮汁なくて食べやすかった」「味が薄く、食べやすい」手芸が得意な本人が心理士に手芸を教える。やりたいことを表すようになる「今、手芸に集中しているので」早くさまざまな食品のエネルギー量を確認するようになった。 ゴミ箱に食べ物を包んだティッシュを捨てた。	ゴミ箱に食べ物を包んだティッシュが見つかったことに母親が大きなショックを受けた。	担任が入院している本人の様子を伝え、安心させた。 担任の面会も始まった。	病室外歩行を許可。 ミーティングで1,700kcalアップを決定。 ミーティングで安静緩和の条件を再確認し退院の条件を最終決定（40kg）。	医療スタッフの認めてもらえないという気持ちに対しても個人的に話し合いの場を持ち、カンファレンスで取り上げ、スタッフの努力をねぎらい、本人が示す行動の意味を説明。 体重増加に対する恐怖を示さないが、行動パターンから肥満恐怖があることをスタッフに伝えた。 しばらく経過をみて、食べ物を	ゴミ箱の中に食べ物を包んだティッシュを偶然見つけた。すぐに本人を追及せず。	「揚げ物料理」を「焼き物、煮物、蒸し物料理」に変更。盛りつけ時にも煮汁が入らないように調理師に指示。本人の嫌がる食品についても相談し、食べやすい食品に変更して配膳。 ミーティングより1,700kcalにアップ。本人と相談し、米飯量を増やすなど対応。	手芸を介在することで緊張感がとれてきた。本人から話しかけてくることはあるが、心理士からの質問には抵抗を示す。本人のペースや表現を尊重し、関わりを見守りを続けた。	

1,700kcal → 1,580kcalにダウン	管理栄養士の仕事に興味を示し「栄養の本を貸してほしい」	母親も看護師と同様の心構えでいた。「食べられないでほしい」		捨てた現場を見つけたときの方針をカンファレンスで話し合った。ミーティングにて、「今までの患者さんはそうそう捨てたくなる気持ちが出ていたりと本人に伝えていった。	本人の知りたい情報を提供。栄養の話をし、料理の載った本を貸した。つらさを感じつつ受け止めた。	毎回深刻なくらい心理相談室にやってきては、熱心に手芸に集中して取り組むことが続いていた。心理士は見守りながら、そっと褒めたりねぎらいの声をかけたり。本人は聞いているのか聞いていないのかというような反応。
少しずつ着実にカロリーアップ	食事記録：「おやつの鯛焼きとあんまんが好き」相談時にはあまり言い出せない。	本人の状態・気持ちに対する理解が不足している。		苦しい気持ちを「苦しい」という、サインを受け止めた。食事中の観察に出捨てる場面に出くわしたりした。「苦しかったとき、『苦しい』と言いにくくなったりした。	医師に確認し摂取エネルギー量を一度下げた。「おやつくらいの最近食べにくいくらいの口から言うようにして、変更した。本人の言いやすい状況を作り、本人の言いやすいように、自分のペースで増やせばいいのよ」と声かけを続けた。1、2週間で15kcalと細かくカロリーアップ。	
	苦しいことを口に出せないため、牛乳だけ残す。パンを細かくちぎって食べていた。	食事量が低下したため、治療へ。母親への栄養指導開始	クリスマスや正月は特別外泊を許可。			
特別外泊の途中に帰院	魚の皮を捨てることがみられた。食べ物を捨てたくなり、食べにくいものは残していた。	母親が家族面会は実施せず、摂食障害母親の会に参加した。テスト受けなり、食べている者流して他の参加者の話を聞いた。	テスト受験希望には、学年教諭に相談し、テスト受験の時間を病院に届けた。	テスト用紙を詰め用所で預かった。		
退院への意欲低下	「本当はところてんが嫌いなのに『大学芋は私の分だけど』と自分の気持ち、希望を言えるようになった。	母親が実家面会	スタッフカンファレンスにて学校を知り、面会やや対応について相談した。	外泊から途中で帰院したことに対して両親に焦らず、ゆっくりと待つ姿勢が大切で、自宅での生活に対する不安を理解し、安心できることとをミーティングで出すように伝えた。	母に対する栄養指導開始（内容）・栄養について・現在の必要量について（食品構成も含めて）・外泊について	
学校への不信感						

表 30-1 小児摂食障害に対するチーム医療のチャート（つづき）

入院治療	本人	家族	養護教諭	小児科医	精神科医	看護師	管理栄養士	心理士	薬剤師
X+1年1月17日 体重34.1kg （標準体重73.5%）	「クリスマスやお正月は家に帰りたい」終業式当日は病院から登校。外泊中の母が作った食事は食べられなかった。	進路に対する不安が出始めた。外泊で母といれば食べれば違うこと、それからの不安などを学校で話した。入院中は摂食障害の会に参加。	学校教諭に本人の苦しさを伝え、相談したことを踏まえた対応を進めた。本人の希望に応え、養護教諭のみ面会することを機会に、学校面会を機会に、学校との距離も縮まった。		母が栄養指導を受けることを再度勧めた。学校面会を調整し、教諭のみとし、本人との面会時には学校の話題は出さずに話をしてもらうように依頼。		本人の意向、家族が可能な食事状況を確認し、ルールや方法を含めて具体的に何を食べるかを決定した。（必要時にはレシピを渡した）		
X+1年2月14日 体重35.6kg （標準体重76.7%）	食事記録：「お母さんのばかり」「外泊もめんどくさい」外泊希望が減り、摂食量が低下。	入院中は摂食障害勉強会に参加。入院中の母親の会に参加した。	学校職員は、生徒の面会しか理解できなかったことや、素直な気持ちが表現できない対応だったと反省。	主に身体面での フォロー継続	本人の感情表出の仕方だと受け止め、いっぱい出しているのではなく、記録用紙を集めること、一緒に読んで、思いを共感にした。				
X+1年3月14日 体重36.8kg （標準体重79.3%）	学習のことを気にする一方で、「担任には来てほしくない」と面会を拒否。面会時は不機嫌で、事前に知らせても来ないと希望。食事記録：学校生活や教師に対する不満。	両親の不安について担任に相談にのり、継続して対応した。新学年のクラス分け分け、本人、両親の希望を考慮して行ったが、学校への不安も高くなったため、主治医の後押しを得ながら進めた。名前がある名票でクラス分け発表、座席の準備を行った。			本人の不安や不満について対策を一緒に考えた。週1回の面接で本人が家庭や学校での生きづらさを口にするようになり、傾聴した。	本人の不安や不満について対策を一緒に考え、学習環境を整えた。			

「薬だけに頼るの
はよくない。よ
い環境が整わな
いと薬も効きに
くい」旨を強調
して伝えた。他
の患児と薬の情
報交換をしてい
る旨「薬の利
用も大切である」
旨も説明し、服
薬中の他の患児
を配慮して指導。

心理面接では本
人が1人で作業
に取り組み、で
きあがると、「ち
よっとだけ見せ
てあげる」と薬
らかい表情がみ
られるようにな
った。予定通り
にできなくても、
以前はどこだわ
りがみられず、
硬さや抵抗が少
なくなった。

ゆっくりと様子
をみていく姿勢
がみられるよう
になり、特に薬
だけで何とかし
ようとする態度
は徐々になくな
っていった。
酸化マグネシウ
ム以外の薬剤処
方もなく、薬剤
指導終了。

ていねいに話を
聴くのを続けた。

クラス分けに助
言。

入院時に比べる
と自然な印象を
受けた。→入院
生活を通してい
ろいろなことに
目を向けるよう
になったと評価。

看護師の仕事に
ついて説明した。

面会時には表情
が明るくなる。
学校での準備の
様子を話した。

入院生活にも不
満が高まって
る。
同室不満に対して
直接不満は口に
出さなかった。
食事記録（殴り
書き）:「うるさ
い」,「眠れない」,
「勉強に集中でき
ない」,くしゃく
しゃに丸められ
ていた。
他の患児（摂食
障害）がたまた
ま服用していた
薬に興味をもち、
「あのような薬で
食べられるように
なるのか？　ず
っと飲んでいて、
身体は大丈夫な
のか？」
「明日には出るか
な？」「今日はイ
ライラしていた
から出ないのか
な？」
便秘が続いていても、

同室児と一緒に
折り紙をするな
ど、話しかける
ようになった。
看護師の仕事に
興味をもち始めた。

表 30-1　小児摂食障害に対するチーム医療のチャート（つづき）

入院治療	本人	家族	養護教諭	小児科医	精神科医	看護師	管理栄養士	心理士	薬剤師
X+1年4月11日 体重38.0kg（標準体重81.9%）	3年生の卒業式には交流で参加。吹奏楽部員として仲間と共に卒業する先輩を送る体験をした。	養護教諭と主に相談し本人の話に耳を傾けた。		卒業式参加許可。	卒業式、修学旅行について相談にのる。学校と話し合いをもつ。	卒業式、修学旅行の感想を聞き、参加できてよかったと共感した。			
X+1年4月中旬 中学3年生スタート	4月の記念に残る行事は交流で登校し参加。					記念に残る行事への参加もできたことを一緒に喜んだ。			
X+1年5月中旬 修学旅行に参加	修学旅行参加希望。学籍をA校に移して出発。修学旅行中必死に食事をとる。修学旅行帰宅後は疲れて、ぐっすり眠ることができた。		修学旅行の打ち合わせを行う。修学旅行中に寄り添い、困ったことに相談にのった。	修学旅行のため外泊を許可。			修学旅行に向けて食事量の増加を相談。入院中の229日間に28回の栄養相談を行った。	スタッフへの信頼・尊敬の気持ち、高校入試への不安を語り、中学生らしい明るさや照れ、ルーズさが出た。	
X+1年5月23日 退院 身長153cm 体重40kg（標準体重85.8%）順調に回復				退院前最後のミーティングで再入院の条件を話し合い、了解を得た。	本人や母の入院中の苦労をねぎらった。困ったときにはいつでも相談にのる旨を伝えた。				

退院後	本人	家族	養護教諭	小児科医	精神科医	看護師	管理栄養士	心理士	薬剤師
退院後 X+1年7月下旬 40.8kg （標準体重87.9%）	「前はこんなにいい加減ではなかったのに」と振り返る言葉もみられた。 クラスのなかでゆっくり仲間作りを始めた。	「退院してから、カリカリと勉強しなくなったのに、成績も下がりました。でも、本人はそれはどショックを受けているようではなく、イライラなどイチイチ止め、大切に受け止め、〈下がった〜〉というくらいでした」	保健室に定期的に呼び、バイタルチェックを行いながら、心身の状況を把握し、日常生活のなかでの心配事や不満、イライラなどマイナスの感情も大切に受け止め、相談にのった。	身体面です丁寧な支援。毎回、血液検査／尿検査。運動を許可。	退院後の方針を学校へ連絡。 学校と連絡を取り合い、方針を確認し、本人を支援した。	摂食障害親の会で母親と話す機会があった。母親の表情は明るく、入院中の戸惑ったようなことではなく、感じではなく、成績のことを気にしていることも受けなかった。	退院後の食事摂取量・状況の確認。困ったことはないか、できていることのねぎらいを行い、主治医へ報告した。	カウンセリング継続。学校や、家庭で困ったことを相談。中学卒業まで継続。	
X+1年9月	休まず部活動の練習に参加した。みんなで怒られたり、ふくれたり、……	運動制限があるうちは、制限時間を保健室で過ごした。	学校論に、学校生活での経験は貴重だが、体調面では無理をさせないという認識が必要であることを伝えた。	部活動を許可。	「今まで頑張り過ぎていた」という本人の言葉に共感した。	入院生活を通して、さまざまな問題に向き合って、母子一体となって解決したことで摂食障害特有の「こだわり」がゆるやか軽減したと感じた。			
X+2年1月 154.0cm 43.0kg （標準体重86.0%）	進路について迷い、考えることもあったが、自分を見つめ、将来の夢をもちながら、両親担任と相談し進路選択をし、受験、高校進学。		本人、保護者の了解を得て、進学先高校への引き継ぎを行った。	高校入学時に終診となった。	高校卒業まで受診を続けた。大学に合格し、終診となった。		中学卒業まで定期的に栄養指導を継続した。		
X+5年3月 154.5cm 45.2kg （標準体重86.1%）	体重に対するこだわりもなくなる。母が作った物を何でも食べられるようになった。				そのときどきのその本人からの相談にのった。				

- 養護教諭の列における対応指針の段階1〜5は，「エキスパートコンセンサスによる摂食障害に関する学校と医療のより良い連携のための対応指針」に従っている。
- ミーティング：治療方針決定には患児，家族の参加方式をとり，患児，母親（父親），看護師，小児科医，精神科医，研修医，公認心理師，管理栄養士らによる週1回のミーティングを設け，行動範囲などの方針を決定している。患児の言葉での表現を促進する場という役割も担っている。
- チームカンファレンス：チームに参加しているスタッフのみによる合同チームカンファレンスを精神科医の司会のもと月2回実施している。そこでは，それぞれの立場から最近の様子を報告し合い，対応方法などの方針を決定している。カンファレンスでは，他職種に学ぶ姿勢が大切である。

まとめ

　チームで綿密に連絡を取り合ったことで，早く患者の変化に気づき対応することができた。特に学校（養護教諭）がチームに参加する協力支援体制は他にはみられない点である。そして，対応も患者を取り巻く人のスタンスに一貫性があるため，患者が安心感をもって治療に協力的になった。また，家族がチームに参加することで，家庭内コミュニケーションを自然に改善させることができた（図 30-1）。

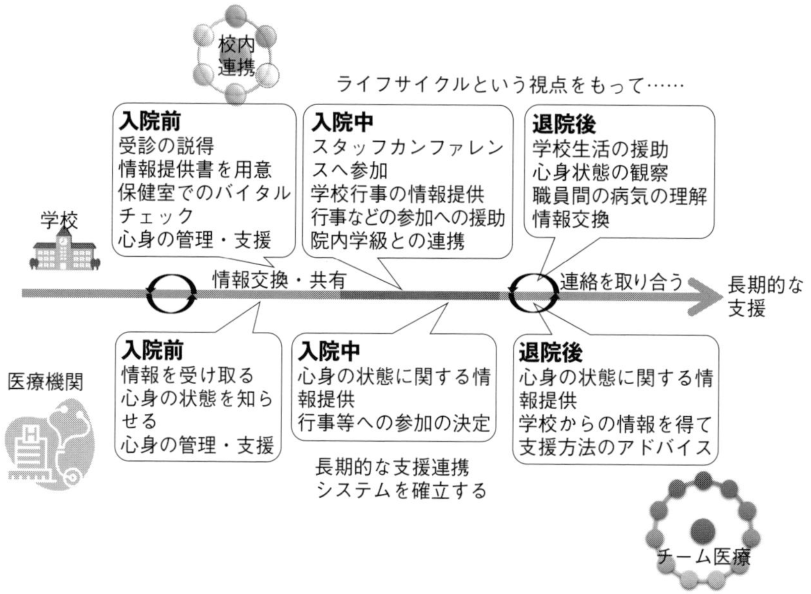

校内
連携

ライフサイクルという視点をもって……

入院前
受診の説得
情報提供書を用意
保健室でのバイタル
チェック
心身の管理・支援

入院中
スタッフカンファレン
スへ参加
学校行事の情報提供
行事などの参加への援助
院内学級との連携

退院後
学校生活の援助
心身状態の観察
職員間の病気の理解
情報交換

学校

情報交換・共有 　　　　　　　　　　　　　連絡を取り合う 　長期的な
支援

入院前
情報を受け取る
心身の状態を知ら
せる
心身の管理・支援

入院中
心身の状態に関する情
報提供
行事等への参加の決定

退院後
心身の状態に関する情
報提供
学校からの情報を得て
支援方法のアドバイス

医療機関

長期的な支援連携
システムを確立する

チーム医療

図 30-1　外来から退院後までの連携

付　録
子どものメンタルヘルスケア

新型コロナウイルス感染症（COVID-19）

　現代はトラウマとなる事柄で溢れかえっている。新型コロナウイルス感染症（COVID-19）のような感染経路などはっきりせず瞬く間に世界に広がる感染症では，さまざまな不安やトラウマをもたらす。目に見えないだけに余計に恐怖が広がりやすい。また，長期休校を余儀なくされ，日常生活の変化（睡眠をはじめとした生活リズムの乱れなど），栄養の問題（給食の提供がなくなることや，家庭内での食行動の乱れ）学習機会の喪失，運動量の低下，他者との交流機会の減少，家庭内での緊張などをもたらし，子どもの心身の健康に大きな影響を及ぼすことが実際に認められている。医療関係者は常に感染リスクに直面し，増え続ける業務に疲弊する。医療関係者の家族である子どもたちが，保育所や学校で受け入れてもらえず，バイ菌扱いされ，新型コロナウイルス感染症に関わることで受けるダメージは相当なものである。ただ，保護者と共に自宅に長期間いることで家族内の交流が増し，子どもたちの成長がみられるなど，良い面もあったのは事実である。

　ここでは，不安が増大した症例を提示し，解説する。

●症例（14歳　中学２年生　女子）

　もともと清潔好きで，よく手を洗い，持ち物もきれいに整頓して，大人から褒められていた。新型コロナウイルス感染症に関する報道をテレビで観る

ようになってから，もっときれいにしなければならないと帰宅後1時間以上石けんで手を洗い，それを何回も繰り返すようになった。学校が休みに入る前には，学校から帰宅後，制服を洗濯機に入れ，シャワーを浴びないと自分の部屋に入れなくなった。休校措置がとられるようになり，自宅での生活が始まると，まったく外へ出られなくなったが，外に出ずに済み安心したのか，手洗いは収まり制服の洗濯もしなくなった。

ポイント 新型コロナウイルスの報道をきっかけに強迫症状が出現し，休校措置後，家から出なくなり強迫症状が改善した例である。

症状

外部からの大きなストレスにより不安症状，強迫症状，うつ症状，適応反応症などが出現したり，今まで抱えていた不安症状，強迫症状，虐待，ネグレクト，家庭内暴力などが悪化する。一方，不登校などで肩身の狭い思いをしていた子どもたちの症状が軽減することも多い。登校再開した後，症状が悪化したりつらさが増したりすることもある。

対応

テレビのニュースはつけっぱなしにしない。ニュースの内容の反応に注意する。知らないうちに傷ついていたり，不安な気持ちを言葉にできなかったり，不安からくる症状や行動が遅れて現れたりすることを知っておく。トラウマインフォームドケアの概念を思い起こす。不安な気持ちを隠さなくてもよいと伝えていく。問題となっているストレスとは関係のない時間を子どもと過ごす。孤立を防ぐ。迅速な行動をとる。ストレス関連症候群の章を参考にして対応方法を学ぶ。

予防

ストレス関連症候群の章を参考にする。

❖ 学校でできること ❖

①オンラインなど利用できる媒体を使い，連絡を欠かさない。孤立を防ぐ。
②オンラインなどを利用して，学習の機会を提供する。

③オンラインなどを利用して，不安軽減のため，正しい情報を提供する。

④オンラインなどを利用して，保健便りを通して，感染症の場合，感染予防の正しい方法を丁寧に教える。

⑤オンラインなどを利用して，保護者と連絡を取り合い，子どもの心身の健康を協力して見守り支援する。

⑥医療機関などの支援機関と連絡を取り合い，学校内外での継続したメンタルヘルスケアサービスを提供する。

【新型コロナウイルス感染症の影響を受けた例】

・マスクをしない（感覚過敏のためマスクを着用できない）と保育園，幼稚園に通わせてもらえないため不安が強くなる

・保護者が保育園や幼稚園の再開後も子どもへ感染することが怖くて，保育園や幼稚園が予防対策をしていても通わせられない

・外出できず発散する場所がなく，家で暴れてしまう

・休校中にのんびりした在宅生活（もともと家のほうが好き）をしていたので，学校再開後，集団生活に戻れず苦しんでいる

・休校中の課題ができておらず，登校日や学校再開時に提出しないといけないと思ってしまい，登校できなくなった

・在宅勤務になった父親が家にいることで家族のバランスに変化が生じ，心身の症状が出現した

・外出時に電車に乗ったときに手すりを持ってしまうことへの不安が強くなった

・外出時に施設のドアノブやエレベーターのボタンなどに触れることへの恐怖が生じた

・消毒液（過敏症のため）を使えない不安が増大した

・休校中に食べ方がわからなくなり，体重の急減や急増がみられた

・入学式が延び，小学1年生や中学1年生が進路先の学校生活に適応するのに時間を要した

文　　献

●第1章
1) 日本小児心身医学会編：初心者のための小児心身医学テキスト．南江堂，東京，p.142-240，2018.
2) 日本小児心身医学会編：小児心身医学会ガイドライン集 改訂第2版．南江堂，東京，p.25-85，2015.
3) 田中英高：子どものこころの発達を知るシリーズ⑤心身症の子どもたち ストレスからくる「からだの病気」．合同出版，東京，p.179-186，2014.

●第3章
1) 愛媛大学医学部附属病院睡眠医療センター：未就学児の睡眠指針．厚生労働省科研費補助金研究，愛媛，2018.

●第4章
1) 西川隆：PTSD —忘却の障害—．こころの科学，138；90-95，2008.

●第5章
1) 日本精神神経学会日本語版用語監修，髙橋三郎，大野裕監訳，染矢俊幸，神庭重信，尾崎紀夫，三村將，村井俊哉訳：DSM-5 精神疾患の診断・統計マニュアル．医学書院，東京，2017.

●第6章
1) 髙宮靜男：強迫症，初学者のための小児心身医学テキスト．日本小児心身医学会編，南江堂，東京，p.252-255，2018.

●第7章
1) 髙宮靜男：子どものこころの発達を知るシリーズ⑨摂食障害の子どもたち—家庭や学校で早期発見・対応するための工夫—．合同出版，東京，2019.
2) 山下大輔，向井隆代，千葉比呂美ら：小児摂食態度調査票（ChEAT-26）の有用性について．子どもの心とからだ，28；51-57，2019.
3) 心の健康教室サニタ：文部科学省高等学校学習指導要領改訂に向けた教材（https://sanita-mentale.jp/）

●第8章
1) 花田照久，八木眞佐彦：ゲーム依存からわが子を守る本—正しい理解と予防・克服の方法—．大和出版，東京，2019.
2) エドワード・J・カンツイアン，マーク・J・アルバニーズ（松本俊彦訳）：人はなぜ依存症になるのか．星和書店，東京，p.5-12，2013.

3）毎日新聞：ゲーム依存回復へのヒント―どうすれば安心安全―．p.2，2019年10月3日夕刊.
4）樋口進監修：ネット依存・ゲーム依存がよくわかる本．講談社，東京，2018.

●第9章
1）原田謙：「キレる」はこころのSOS．星和書店，東京，p.19-28，2019.
2）日本精神神経学会日本語版用語監修，髙橋三郎，大野裕監訳，染矢俊幸，神庭重信，尾崎紀夫，三村將，村井俊哉訳：DSM-5 精神疾患の診断・統計マニュアル．医学書院，東京，2017.

●第10章
1）日本精神神経学会日本語版用語監修，髙橋三郎，大野裕監訳，染矢俊幸，神庭重信，尾崎紀夫，三村將，村井俊哉訳：DSM-5 精神疾患の診断・統計マニュアル．医学書院，東京，2017.

●第14章
1）吉田敬子：アタッチメント障害とボンディング障害．そだちの科学，7：88-95，2006.
2）牧之段学：精神科領域の愛着のトピックス．そだちの科学，33；27-31，2019.

●第17章
1）「小児内科」「小児外科」編集委員会共編：小児疾患の診断治療基準第5版．東京医学社，東京，p.764-765，2018.
2）中川栄二：子どものてんかんと発達障害．月刊波，p.148-156，2019（7月）.

●第18章
1）齊藤万比古：増補不登校の児童・思春期精神医学．金剛出版，東京，2016.
2）こころの科学，212（二宮貴至編：ひきこもりに現場で向き合う），2020.
3）近藤直司：ひきこもりの評価・支援に関するガイドライン：「思春期のひきこもりをもたらす精神科疾患の実態把握と精神医学的治療・援助システムの構築に関する研究（主任研究者　齊藤万比古）」（2007年度～2009年度）.
4）斎藤環：医療者として「ひきこもり」に関わるために．月刊保団連，1307；1-11，2020.

●第19章
1）和久田学：学校を変える いじめの科学．日本評論社，東京，p.20-34，2019.

●第21章
1) 松本俊彦：自傷・自殺する子どもたち. 合同出版, 東京, p.130-133, 2014.
2) 同上, p.101-105.
3) 同上, p.62-65.
4) 渡辺由香, 尾崎仁, 松本英夫：子どもの自殺. 児童青年精神医学とその近接領域, 56：137-147, 2015.

●第23章
1) こころの科学, 194（金生由紀子編：チックとトゥレット症）, 2017.

●第25章
1) 仲野由季子, 冨田和巳：慢性疾患における心身医療, 小児心身医学の臨床：診断と治療社, 東京, p.128-131, 2003.

●第28章
1) 八木和一：抗てんかん薬新時代におけるてんかん治療の展望. 臨床精神薬理, 21：723-732, 2018.

●第29章
1) 髙宮静男, 磯部昌憲, 河村麻美子, 上月遥, 石川慎一, 大谷恭平：学校教職員との面談. 日本小児心身医学雑誌, 23；64-68, 2014.

参 考 文 献

青木省三, 宮岡等, 福田正人監修：こころの科学, 日本評論社（各巻を幅広く参考にしている）

アニタ・タパー, ダニエル・パイン, ジェームス・レックマン, スティーブン・スコット, マーガレット・スノーリング, エリック・テイラー編（長尾圭造, 氏家武, 小野善郎, 吉田敬子監訳）：ラター児童青年精神医学 原書第6版. 明石書店, 東京, 2018.

市川宏伸, 海老島宏編：臨床家が知っておきたい「子どもの精神科」心の問題と精神症状の理解のために 第2版. 医学書院, 東京, 2010.

牛島定信編：境界性パーソナリティ障害〈日本版治療ガイドライン〉. 金剛出版, 東京, 2008.

大川匡子編著：子どものこころの発達を知るシリーズ⑥睡眠障害の子どもたち 子どもの脳と体を育てる睡眠学. 合同出版, 東京, 2015.

菊池良和：吃音の合理的配慮. 学苑社, 東京, 2019.

菊池良和：吃音の世界. 光文社新書, 東京, 2019.

康純編：子どものこころの発達を知るシリーズ⑦性別に違和感がある子どもたち トランスジェンダー・SOGI・性の多様性. 合同出版, 東京, 2017.

近藤直司編著：子どものこころの発達を知るシリーズ③不安障害の子どもたち. 合同出版, 東京, 2014.

近藤雄生：吃音─伝えられないもどかしさ─. 新潮社, 東京, 2019.

齊藤万比古：不登校の児童・思春期精神医学. 金剛出版, 東京, 2006.

清水將之監修, 髙宮静男, 渡邉直樹編：内科医, 小児科医, 若手精神科医のための青春期精神医学. 診断と治療社, 東京, 2010.

清水將之：子どもの精神医学ハンドブック第2版. 日本評論社, 東京, 2010.

清水將之：養護教諭の精神保健術. 北大路書房, 京都, 2013.

清水將之：子どものメンタルヘルス事典. 日本評論社, 東京, 2014.

社団法人日本心身医学会用語委員会編：心身医学用語事典. 医学書院, 東京, 1999.

「小児内科」「小児外科」編集委員会共編：小児疾患の診断治療基準第5版. 小児内科2018 Vol.50 増刊号, 東京医学社, 東京, 2018.

精神科治療学, 31巻4号（特集：学校と精神医学Ⅰ）, 2016.

精神科治療学, 31巻5号（特集：学校と精神医学Ⅱ）, 2016.

髙尾龍雄編著：思春期のこころと身体Q&A④心身症. ミネルヴァ書房, 京都, 2018.

髙宮静男：子どものこころの発達を知るシリーズ⑨摂食障害の子どもたち 家庭や学校で早期発見・対応するための工夫. 合同出版, 東京, 2019.

田中英高：子どものこころの発達を知るシリーズ⑤心身症の子どもたち ストレスからくる「からだの病気」. 合同出版, 東京, 2014.

冨田和巳編：小児心身医学の臨床. 診断と治療社, 東京, 2003.

日本小児心身医学会編：初学者のための小児心身医学テキスト. 南江堂, 東京,

2018.

日本小児心身医学会編：小児心身医学会ガイドライン集　改訂第 2 版．南江堂，東京，2015．

日本精神神経学会日本語版用語監修，髙橋三郎，大野裕監訳，染矢俊幸，神庭重信，尾崎紀夫，三村將，村井俊哉訳：DSM-5 精神疾患の診断・統計マニュアル．医学書院，東京，2017．

日本総合病院精神医学会，児童・青年期委員会企画・編集：子どもこころの診療ハンドブック―日本総合病院精神医学会治療方針 7 ―．星和書店，東京，2016．

花田照久，八木眞佐彦：ゲーム依存からわが子を守る本．大和出版，東京，2019．

原田謙：「キレる」はこころの SOS．星和書店，東京，2019．

樋口進監修：ネット依存・ゲーム依存がよくわかる本．講談社，東京，2018．

星加明徳，宮本信也：よくわかる子どもの心身症．永井書店，大阪，2003．

星野仁彦：気付いて！子どもの心の SOS．ヴォイス，東京，2006．

本城秀次，野邑健二，岡田俊編：臨床児童青年精神医学ハンドブック．西村書店，東京，2016．

松下正明監修，神庭重信編集主幹，神庭重信編集：講座精神疾患の臨床　気分症群．中山書店，東京，2020．

松下正明監修，神庭重信編集主幹，笠井清登編集：講座精神疾患の臨床　統合失調症．中山書店，東京，2020．

松本俊彦：子どものこころの発達を知るシリーズ①自傷・自殺する子どもたち．合同出版，東京，2014．

山崎晃資，牛島定信，栗田広，青木省三編著：現代児童青年精神医学．永井書店，大阪，2002．

和久田学：学校を変える―いじめの科学―．日本評論社，東京，2019．

お わ り に

　教育機関において経験する心身医学，精神医学に関連する症状に対して，早期発見に加えて，適切な対応・支援が必要といわれてきました。また，支援には，毎日の生活のなかでの気づきと多くの工夫が必要です。工夫された支援が早期に開始されれば，子どもたちや家族，教職員など学校関係者，医療スタッフもかける労力が少なくて済みます。学校での先生方のちょっとした言葉により悪循環に陥ると，回復まで長期の時間が必要になります。本書は気づき，支援，工夫，ねぎらいに関して，学校での出来事を中心に記載しています。そのため限られた内容になったのは否めません。内容に問題点を見つけられましたら，ご指摘，ご意見をお願いいたします。

　本書執筆の依頼を受けてから，超多忙の職場で，執筆に時間を取ることは不可能に近いことでした。途中でストップしたことが何度もありました。そのため，編集の桜岡さおりさんには多大なご迷惑を長期にわたっておかけしました。この場を借りて心からお詫びいたします。執筆がなかなか進まない間，たかみやこころのクリニックの服部紀代さん，和田幸恵さんらスタッフの皆さん，兵庫県内の養護教諭の先生方からの支援は，本書完成の後押しになりました。特に，心療内科，精神科の両方の専門医でもあり摂食障害のスペシャリストである齊藤麻里子先生，若き児童精神科医の渡辺由香先生，西神戸医療センターでご一緒して以来，クリニックでも相談にのってもらっている別所和典先生，高橋弘継先生，養護教諭の「こころ」を教えてくださった唐木美喜子先生，細川愛美先生からは率直なご意見をいただき，百万の力を得ることができました。いつも温かく見守っていただいている前院長の増井美保子先生にはこの場を借りて御礼を申し上げます。また，西神戸医療センターに在職中に歴代の小児科の先生方と共に学校との協力支援体制のもと，さまざまな症状に取り組みました。特に，はりがや小児科の針谷秀和先生には，漢方薬についてご教示いただきました。精神科では植本雅治先生か

らの教えを実践し，磯部昌憲先生ら若い先生方とタッグを組めたのは幸運でした。西神戸医療センターに研修に来られた，現愛媛大学医学部附属病院子どものこころセンターの堀内史枝先生には子どもの睡眠について教えていただきました。柔らかいほのぼのとした挿絵は西神戸医療センター時代の後輩，河村麻美子先生に描いていただきました。小児病棟看護師，外来看護師，リエゾン看護師，臨床心理士，公認心理師，管理栄養士，薬剤師，作業療法士，理学療法士の方々と共に研鑽したのは貴重な財産です。そして，最後になりますが，心身の症状に対して一緒に向かい合っていただいた子どもたちと家族の皆さんに深く感謝いたします。本書が，養護教諭，スクールカウンセラー，一般教諭に加え，学校ソーシャルワーカー，児童精神科医などの専門職の方々が実践する子どもたちへの日常的支援の一助になるよう祈っております。

　2020年から2021年3月にかけて，本書の内容に基づき，3回目のシリーズ研修「養護教諭，スクールカウンセラー，一般教諭のための心身医学・精神医学」がウェブにて行われました。本書を手に取り，興味をもたれた方は収録録画をお申し込みください。このシリーズ研修は，若手の先生に引き継いでいただき，4回目，5回目と「学校精神医学」，「学校心身医学」が発展していくことを願っております。

●著者紹介

髙宮　静男（たかみや　しずお）

たかみやこころのクリニック院長。大分県出身。神戸大学医学部卒業。学校との連携などを中心に総合病院にて診療。神経発達症（発達障害），小児心身症，小児摂食症（摂食障害）をはじめとする子どもの診療に多く携わる。2016年8月，クリニックを開設，現在に至る。日本摂食障害学会理事，日本摂食障害協会参与，子どものこころ専門医，日本精神神経学会指導医，日本心身医学会指導医。著書に『摂食障害の子どもたち』（合同出版）などがある。

学校で知っておきたい精神医学ハンドブック

2021年3月12日　初版第1刷発行

著　　　者　髙宮靜男
発　行　者　石澤雄司
発　行　所　株式会社　星 和 書 店
　　　　　　〒168-0074　東京都杉並区上高井戸1-2-5
　　　　　　電話　03（3329）0031（営業部）／03（3329）0033（編集部）
　　　　　　FAX　03（5374）7186（営業部）／03（5374）7185（編集部）
　　　　　　http://www.seiwa-pb.co.jp
印刷・製本　株式会社光邦

学級担任のための
発達障害支援ガイド

自閉スペクトラム症のある子どもが学校生活で輝くために

デボラ・ファイン，ミシェル・A・ダン 著

神尾陽子 監訳

岩渕デボラ 訳

A5判　424p　定価：本体3,600円＋税

自閉スペクトラム症（ASD）をもつ子どもをクラスに迎えることになったときに役立つガイド。発達障害の基本的理解から対応の具体例まで系統的に解説。子どもの特性に合った適切な教育・支援のために。

「キレる」はこころのSOS

発達障害の二次障害の理解から

原田 謙 著

A5判　228p　定価：本体2,500円＋税

怒りを爆発させ、暴言を吐き、攻撃性が顕著に表れる "キレる" 子どもたちに向き合い続けてきた児童精神科医が、教育機関・福祉施設の支援者や親がすぐに実践できる具体的な支援方法を詳細に紹介する。

発行：星和書店　http://www.seiwa-pb.co.jp

発達障害の子
るーくんとお母さんの
マンガ子育て日記

裕木晶子 著

山国英彦 監修

A5判　96p　定価：本体 1,400円＋税

発達障害の子どもをもつお母さんが、迷いながらも工夫して子育てをしてきた経験を描いた四コマ漫画。発達障害をもつ子への、家庭や学校での支援に役立つエッセンスがたくさん詰まった一冊。

僕は発達凸凹の大学生

「発達障害」を超えて

山田隆一 著

今村 明 協力

四六判　208p　定価：本体 1,600円＋税

発達障害のうち、自閉スペクトラム症の診断を受けた一人の少年が、自身の凸（強み）と凹（困難さ）を見つけながら成長していく、事実に基づく物語。巻末資料として主治医による検査結果の解説付き。

発行：星和書店　http://www.seiwa-pb.co.jp

自閉スペクトラム症の
理解と支援

子どもから大人までの発達障害の臨床経験から

本田秀夫 著

四六判　248p（DVD付き）　定価：本体1,800円＋税

発達障害を持つ人との二十余年にわたる臨床経験に基づき、すべてのライフステージをまたいだ自閉スペクトラム症の概観を、豊富な事例を盛り込み解説。支援のヒントが満載。本講義を収録したDVD付き。

すばらしい子どもたち

成功する育児プログラム

キャロライン・ウェブスター＝ストラットン 著

北村俊則 監訳

A5判　496p　定価：本体3,200円＋税

子どもの心理状態に大きな影響を与えるのは、親の育児態度である。本書のプログラムを学ぶことで、親の育児態度が変化し、それにより子どもの行動に良い変化が生じてくる。成功する育児のためのヒントが満載。

発行：星和書店　http://www.seiwa-pb.co.jp